编委会

University Student Work Manual

高校学生工作手册

• 主　编：闫晓燕
• 副主编：蒋存耀

上海社会科学院出版社
SHANGHAI ACADEMY OF SOCIAL SCIENCES PRESS

目　录

第一章　学生党建与思想政治引领　001
第一节　学生党支部　001
第二节　学生党支部工作机制　005
第三节　学生党员发展　008
第四节　学生党员教育　020
第五节　学生党员管理　028
第六节　主题教育工作　036
第七节　网络思想政治教育　046

第二章　团学工作　053
第一节　高校团学工作意义、目的和主要内容　053
第二节　班团一体化工作　098
第三节　社团工作　103

第三章　学风建设工作　124
第一节　学风建设管理工作　124
第二节　课外科技学术实践活动　131

第四章　学生日常事务管理　139
第一节　奖学金工作　139
第二节　资助工作　169
第三节　其他日常事务管理工作　186

第五章　心理健康教育与咨询工作　203
第一节　心理健康教育咨询工作重点　203
第二节　心理健康教育咨询工作内容　205

第六章 职业规划与就业创业指导 221
第一节 职业规划与就业创业指导工作重点 221
第二节 职业规划与就业创业指导工作内容 222

第七章 学生园区建设与危机事件应对 227
第一节 学生园区建设 227
第二节 校园危机事件应对 241

第八章 理论与实践研究 245
第一节 辅导员理论学习的重要性与内容 245
第二节 辅导员加强理论学习的途径 246
第三节 学术与实践交流 248

第一章　学生党建与思想政治引领

第一节　学生党支部

学生党支部是党联系青年学生的桥梁和纽带，承担着学生党员培养发展和教育管理监督的重要职责，肩负着团结带领广大学生勤奋学习、成长成才全面发展的重要使命。

一、加强学生党支部建设的重要意义与指导思想

加强高校学生党支部建设，对于全面贯彻党的教育方针、落实立德树人根本任务，对于做好新形势下大学生思想政治教育工作、培养中国特色社会主义事业建设者和接班人，具有十分重大而现实的意义。

加强高校学生党支部建设，要坚持以习近平新时代中国特色社会主义思想为指导，深入学习贯彻党的十九大以及十九届三中、四中、五中、六中全会精神，深入贯彻落实全国、上海高校思想政治工作会议精神，坚持以提升组织力为重点，突出政治功能，努力把学生党支部建设成为教育管理监督学生党员和组织宣传凝聚服务广大学生的坚强战斗堡垒，引导广大学生党员发挥先锋模范作用，引导广大学生树立为共产主义远大理想和中国特色社会主义共同理想而奋斗的信念和信心，为实现社会主义现代化和中华民族伟大复兴、培养社会主义建设者和接班人，提供坚强组织保证。

二、学生党支部的组织设置与职责分工

（一）学生党支部设置原则

《中国共产党章程》（以下简称《党章》）规定："企业、农村、机关、学校、科研院所、街道社区、社会组织、人民解放军连队和其他基层单位，凡是有正式党员三人以上的，都应当成立党的基层组织。"党的基层组织，根据工作需要和党员人数，经上级党组织批准，分别设立党的基层委员会、总支部委员会、支部委员会。根据这个规定，凡正式党员超过 3 人、不足 50 人的，可设立党支部。学生党支部由学校学生工作党委指导二级学院党组织进行设置。设置原则如下：

(1) 党支部一般依托单一学院的若干班级建立，充分考虑专业相近、以老带新、有利管理等要素，实现全班级覆盖。

(2) 党支部的规模在常态下一般不超过 30 人，非常态下（临毕业前）一般不超过 50 人。

(3) 党支部按序号命名，规范全称为"中国共产党××大学第×学生支部委员会"，一般简称"××大学第×学生党支部"。

(4) 根据工作实际，可依托课题组、项目组、学生社区、学生社团等建立临时党支部，探索学生党建工作向最活跃、最具创新的方向拓展，扩大党的覆盖面。此类型党支部以发挥党员先锋作用、凝聚学生共同成长进步为主要功能，不改变党员的组织隶属关系。

（二）学生党支部工作职责

基层党支部是党在社会基层组织中的战斗堡垒，是党的全部工作和战斗力的基础。学生党支部是以在校大学生党员为主体的党的基层党组织，肩负着培养、教育、管理、监督学生党员和组织、宣传、凝聚、服务广大学生的重要职责，具体如下：

(1) 宣传贯彻党的理论和路线方针政策，宣传执行上级党组织的决议，发挥党员先锋模范作用，带动学生班级、学生宿舍团结进步。

(2) 加强对学生党员的教育、管理、监督和服务，定期召开组织生活会，开展批评和自我批评，维护和执行党的纪律。突出思想政治教育，强化党的创新理论学习，筑牢学生理想信念之基。

(3) 组织学生党员参与班级、院系事务管理工作，维护院校稳定；支持、指导和帮助团支部、班委会及学生社团根据学生特点开展工作，促进学生党员全面发展。

(4) 培养教育学生中的入党积极分子，坚持把政治标准放在首位，严格按照标准、遵照程序做好经常性的发展党员工作。

(5) 积极了解学生的思想状况，经常听取他们的意见和建议，并及时向上级党组织报告重要情况，有针对性地做好答疑解惑。

（三）党支部委员会设立与支部书记选配

党支部委员会是党支部日常工作的领导机构。有正式党员 7 人以上（含 7 人）的党支部，应当设立党支部委员会。

党支部委员会由 3～5 人组成，由 3 人组成时，设书记和组织委员（兼纪检委员）、宣传委员；由 5 人组成时，设书记、副书记和组织委员（兼纪检委员）、宣传委员、群工委员。正式党员不足 7 人的党支部，不设支部委员会，设书记 1 人、副书记 1 人。

党支部委员会由学生党支部党员大会选举产生，党支部书记、副书记一般由党支部委员会会议选举产生，不设支部委员会的党支部书记、副书记则由学生党支部党员大会选举产生。选出的党支部委员，报二级学院党组织备案；选出的党支部书记、副书记，报二级学院党组织批准，并报校学生工作部备案。学生党支部书记一律由辅导员或党员教师担任。党支部委员会每届任期 3 年。二级学院党组织对任期届满的党支部，一般提前 6 个月提醒做好换届准备。对需要延期或者提前换届的，延长或者提前期限一般不超过1年。届期内党支部书记、副书记、委员出现空缺时，应当及时进行补选。因工作需要，二级学院党组织可指派党支部书记或者副书记。

严格选配标准，按照守信念、重品行、有本领、敢担当、讲奉献的要求，选优配强学生党支部书记。本、专科生党支部书记一般由辅导员、党员教师担任，研究生党支部书记可由党员导师或优秀研究生党员担任。学生党支部书记要认真履行职责，全面负责党支部各项建设，注重增强党员的组织观念和党性意识，努力使党支部成为引领广大学生团结进步和开展思想政治教育的核心力量。

（四）党支部书记、委员工作职责

1. 党支部书记工作职责

党支部书记是党支部的主要负责人，由党的支部委员会选举产生、不设支部委员会的由党员大会选举产生，报上级党委批准。党支部书记根据《党章》规定的基本任务，在党支部委员会的集体领导下，按照党员大会、党支部委员会的决议，负责党支部的日常工作。主要职责如下：

负责召集支部委员会和党员大会。结合本单位的具体情况，传达贯彻党的路线、方针、政策和上级党委的决议、指示，保证本单位各项工作任务的完成。

制订支部工作计划并组织实施。将支部工作中的重大问题及时提交支部委员会和党员大会讨论决定。对支部工作计划、决议的执行情况进行检查，抓好落实。定期向支部委员会、支部党员大会和上级党委报告工作。

做好基层服务型党组织建设。找准开展服务、发挥作用的着力点，不断提升服务水平，关心党员、群众思想、工作、学习和生活，帮助他们解决实际困难，对不能解决的问题及时向上级党组织或者有关领导反映，提出意见和建议。

抓好支部委员会自身建设。严格开展党的组织生活，按时召开支部组织生活会，认真开展批评与自我批评，不断增强党支部的凝聚力和战斗力。

做好党员教育管理工作。充分调动党员的积极性、主动性和创造性。加强对入党积极分子的培养、教育和考察工作，做好经常性的发展党员工作。

经常与支部委员会其他委员交流思想和工作情况，支持他们根据集体的决定和分工，切实履行自己的职责，协调与单位内部有关部分的关系，充分调动各方面的工作积极性，共同做好本单位党的工作。

2. 党支部组织委员工作职责

党支部的组织委员在支部委员会的集体领导下，负责支部的组织工作，其主要职责有以下几点：

了解和掌握支部的组织状况，根据实际情况，提出党小组的划分和调整的意见，检查和督促党小组过好组织生活。

了解和掌握党员的思想状况，协助宣传委员、纪检委员对党员进行思想教育和纪律教育，搜集和整理党员的模范事迹，及时向支委会提出表扬、奖励党员的建议。

负责做好发展党员工作。及时了解和掌握入党的积极分子情况，并负责对积极分子的培养、教育和考察。按照发展党员工作的指导方针，制订切实可行的发展党员计划。具体办理接收新党员和预备党员转正的手续。

做好党员的管理工作。例如接转党员的组织关系、按时收缴党费、定期完成党员的统计工作、党员登记和鉴定等。

3. 宣传委员的主要职责

党支部的宣传委员在支部委员会的集体领导下，分管宣传工作，其主要职责：

了解掌握党员和群众的思想情况，提出宣传教育工作的意见，拟订和提出学习计划和建议。

组织党员认真学习马克思列宁主义、毛泽东思想、邓小平理论、“三个代表”重要思想、科学发展观、习近平新时代中国特色社会主义思想，学习时事政治以及完成上级布置的学习任务，组织党课学习，做好思想政治工作。

围绕支部的中心工作。开展多种形式的宣传鼓动工作和主题教育活动。指导本单位的群众学习科技文化知识，组织开展丰富多彩的文化体育活动等。

搞好党报党刊的通讯报道和发行工作，办好本单位的宣传阵地。

4. 纪检委员的主要职责

党支部的纪检委员在支部委员会的集体领导下，分管纪律检查工作，其主要职责有以下几点：

经常对党员进行党风党纪教育，不断提高全体党员遵纪守法的自觉性。

负责检查党员执行《关于党内政治生活的若干准则》《廉洁从政若干准则》《纪律处分条例》的情况，同各种违纪行为和腐败现象作坚决斗争。

维护党员的民主权利，使之不受侵犯。负责受理和转递党员的控告和申诉。考察了解受处分党员改正错误的情况。

经常对党员进行纪律监督，认真调查、及时处理党员违反党的章程和违反党的纪律案件。

经常向支部委员会和上级党组织汇报和反映本单位党风党纪情况。

5. 青年委员的主要职责

党支部青年委员在支部委员会的集体领导下，负责青年工作，其主要职责：

指导团支部加强对团员和青年的政治思想教育，教育团员和青年努力学习马克思列宁主义、毛泽东思想、邓小平理论、“三个代表”重要思想、科学发展观、习近平新时代中国特色社会主义思想，学习党的路线、方针、政策，教育团员和青年做有理想、有道德、有文化、有纪律的社会主义新人。

认真贯彻执行上级政治机关和党支部关于共青团工作的指示和要求，围绕党的中心工作，指导团支部积极开展活动，充分发挥其党的助手作用。

督促团员和青年学习科学文化知识，热爱本职工作，精通业务。

发动团员、青年参加健康有益的活动，组织他们参加社会公益活动，为本单位的物质文明和精神文明建设做贡献。

做好团干部的教育管理工作，对团组织的“推优”工作及时给予指导。

第二节　学生党支部工作机制

一、学生党支部工作内容与运行方式

（一）“三会”

1. 党支部党员大会

党支部党员大会是党支部的议事决策机构，由全体党员参加，一般每季度至少召开1次。党支部党员大会由党支部书记召集并主持。书记因故不能参加会议的，可委托副书记或者委员召集并主持。党支部党员大会的职权是：

听取和审查党支部委员会的工作报告。

按照规定开展党支部选举工作，推荐出席上级党代表大会的代表候选人，选举出席上级党代表大会的代表。讨论和表决接收预备党员和预备党员转正、延长预备期或者取消预备党员资格。

讨论决定对党员的表彰表扬、组织处置和纪律处分。

决定其他重要事项。

党支部党员大会议题表决前，应当经过充分讨论，表决时必须有半数以上有表决权的党员到会方可进行，赞成人数超过应到会有表决权的党员的半数为通过。

党支部党员大会进行选举时，有选举权的到会人数超过应到会人数的4/5，会议有效。

2. 党支部委员会

党支部委员会是党支部日常工作的领导机构。党支部委员会会议由党支部书记召集并主持，一般每月召开1次，根据需要可以随时召开，对党支部重要工作进行讨论、作出决定等。根据学生党支部的实际，对学生党支部委员会会议的出席人数和表决规则做出决定：

由3人组成的支委会，党支部委员会会议须全部3名委员到会方可举行，表决事项以赞成人数超过2人（含2人）为通过。

由5人组成的支委会，党支部委员会会议须至少4名委员到会方可举行，表决事项以赞成人数超过3人（含3人）为通过。

3. 党小组会

在确有必要且便于管理的情况下，经二级学院党组织同意，可在党支部中划分若干党小组，每个党小组的党员一般不少于10人。党小组组长由党支部指定，也可由所在党小组党员推荐产生，但必须为正式党员。

党小组主要落实党支部工作要求，完成党支部安排的任务。党小组会一般每月召开1次，组织党员参加政治学习、谈心谈话、开展批评和自我批评等。

（二）“一课”

“一课”即党课，学生党支部每季度开展1次党课，二级学院党组织书记、副书记（含兼任副书记的院长）每学期深入一个学生党支部讲1次党课，学生党支部书记每学年讲1次党课。

（三）主题党日

党支部每月开展1次主题党日，组织党员参加专题学习实践，过组织生活、进行民主议事等，每年累计不少于9次（寒暑假除外），每次时长不少于半天。

在实际工作中，党支部专题学习实践、组织生活、民主议事的总频次高于主题党日的频次。因此，党支部主题党日应统筹安排、突出重点、有所选取，并在每学期初制订主题党日计划，报二级学院党组织备案。

主题党日由党支部委员会策划组织，全体党员共同参与。应当在充分征求意见的基础上，提前确定主题和内容，积极创新方式和载体，努力让学生党员乐于参与。经二级学院党组织同意，个别的主题党日可由2～3个学生党支部联合开展。但上级党组织牵头开展的全体党员活动，不得算作党支部主题党日。

二、学生党支部重点梳理与工作示例

（一）党支部党员大会召开流程及示意图

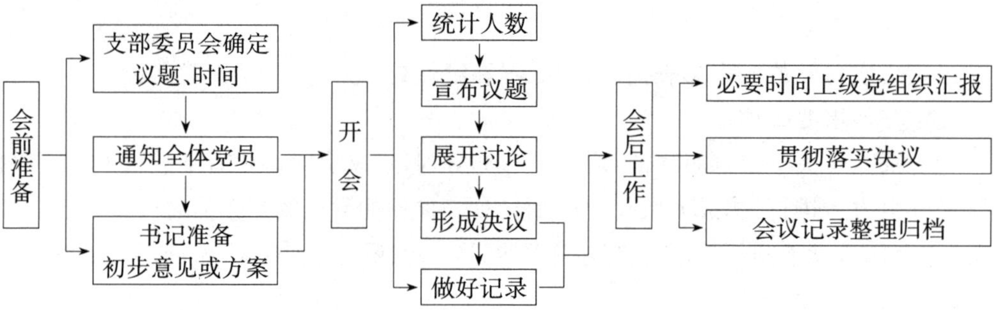

1. 会前准备

2. 统计到会人数

支委会组织委员统计到会人数告知支部书记，并负责做好会议记录。

（1）根据上级党组织的指示和工作需要，确定支部党员大会的议题、时间、地点。

（2）将会议的议题、时间、地点和要求通知全体党员。

3. 宣布开会

开展讨论，支部书记（主持人）引导全体党员围绕会议议题展开讨论、阐述个人意见。

（1）宣布开会。

（2）提出议题。

（3）形成决议。

4. 宣布闭会

支部书记（主持人）做好会议记录的归档。

（1）需要对议题形成决议时，书记提请与党员表决，以少数服从多数的原则形成决议。

（2）组织委员统计并宣布表决结果，做好记录。

（二）党支部委员会召开流程

1. 会前准备

（1）按照上级党组织精神和支部实际情况确定议题，准备初步意见或方案。

（2）通知各委员地点与议题。

2. 宣布开会

（1）支部书记向与会人员讲明议题和讨论要求。

（2）组织委员负责会议记录。

3. 开展讨论

支部书记、委员围绕议题充分讨论、发表意见后，归纳正确意见。

4. 形成决议

5. 明确分工

（1）对具体落实支委会的决定，要做好明确分工。

（2）宣布闭会。

（3）组织委员整理记录归档。

（三）主题党日示例

例 1-2-1　“学习红船精神 感受榜样力量”主题党日活动实施方案

一、活动背景、目的

近日，中组部办公厅印发《关于认真做好〈榜样 3〉专题节目学习宣传工作的通知》（组厅字〔2018〕42 号），要求各级基层党组织把组织学习《榜样 3》专题节目作为深入学习贯彻习近平新时代中国特色社会主义思想、推进“两学一做”学习教育常态化制度化的重要内容。

在前期观看《榜样 3》，并充分学习、交流的基础上，学院党总支研究决定，利用好周边的红色教育资源，带领党员赴中国共产党第一次代表大会会址之一——浙江嘉兴南湖，现场学习老一辈共产党人为了民族和国家的未来，不忘初心、牢记使命的光辉事迹，学习“红船精神”，感受老一辈共产党人的榜样力量。

二、党日活动形式和安排

（一）活动主题：学习“红船精神”，感受榜样力量。

（二）活动时间：2018 年 11 月 19 日，2018 年 11 月 23 日。

（三）活动地点：学院会议室（2018 年 11 月 19 日）；浙江嘉兴南湖（2018 年 11 月 23 日）。

（四）参与人员：学院教工、学生党员。

（五）活动流程：

（1）乘车前往嘉兴南湖，首先到南湖革命纪念馆参观，由讲解员引导介绍，学习相关党史知识，学习各位重要人物的光辉事迹，感受他们为中国人民、为新中国、为党的建设不懈奋斗的榜样力量。

（2）党员于纪念馆宣誓处重温入党誓词，举行宣誓仪式，各党校学员现场观摩学习。

（3）前往南湖红船学习相关党史知识，了解党的一大召开的相关情况，重点把握“红船精神”的实质和精髓。

（4）学院党总支书记为参观人员现场讲授党课，并为本次主题党日活动做总结讲话。

（5）全体人员乘车返回学校。

（6）各支部党员、党校学员结合自身实际开展观后座谈、交流。

三、保障措施

（一）高度重视

学院各党支部书记应充分认识本次主题党日活动的重要意义，切实担负起相应责任，以强烈的政治责任感抓好本次活动的宣传、组织、考勤等环节的工作，支部党员参与活动的情况要进行归档保存，并及时上报学院党总支。

（二）精心组织

活动的前期通知、宣传，要保证落实到学院每位党员和每位党校学员，确保大家明确活动的具体安排，充分调动大家参与活动的主动性和积极性。对于活动中的具体流程，可广泛征求参与人员的意见，不断加以修改以至完善，以便取得良好的活动效果。

（三）做好宣传

各支部须切实做好本次主题党日活动的宣传工作，活动前应向参加人员详细说明本次活动的目的意义和具体安排，活动结束后及时上报学习总结、学习图片，以便及时在学校、学院媒体上予以报道，扩大活动影响，强化活动效果。

（四）做好后勤保障

学院要与出行车辆、参观地点的工作人员事先联系好，提前准备好活动所需宣传品、党旗、院旗等，并做好参与人员的安全与纪律教育，以便活动的各个程序顺利进行，确保活动的后勤保障准时到位。

××学院党总支

2018年11月15日

第三节　学生党员发展

一、学生党员发展总体要求

党员发展是学生党建工作的基础性工程，是学生党支部的持续性任务，必须把保证质量摆在最重要的位置，达到发展一个党员、带动一批学生的效果。

全面把握和坚持党员标准，成熟一个，发展一个。坚持把政治标准放在首位，坚持把综合素质作为党员发展的重要考察内容，注重将学生的一贯表现和关键时刻表现、自我评价和群众评议、学习情况和社会实践情况相结合，坚决防止把学习成绩作为党员发展的主要条件。

二、学生党员发展的流程与规范

全面把握和执行发展程序，一步不少，一步不松。认真落实《中国共产党发展党员工作细则》，从严把住推荐、培养、预审、公示、谈话、审批和接收、转正等发展关口，注重把发展党员的过程作为端正入党动机、提高思想觉悟的思想政治教育过程。探索实施预备党员考察答辩制。

学校建立学生党员发展工作责任追究制，对不坚持标准、不履行程序和培养考察失职、审查把关不严的责任人进行批评教育，情节严重的给予纪律处分。对违反规定吸收入党的，一律不予承认。

三、学生党员发展的流程和规范

学生党员发展工作基本流程表

阶段	工作流程	党员发展工作相关材料						第一责任人
		归入个人档案材料		作为工作档案留存材料			其他相关材料	
		A类:编号印材料上	B类:编号不印材料上	学生党(团)支部留存	二级学院党组织留存	学校相关部门留存		
入党启蒙教育	0. 新生入学教育中激发向党组织靠拢的政治热情							班级辅导员
	1. 团支部集中开展党章学习小组活动 (自本科一年级上学期起,不少于8学时)	A1. 党章学习小组学员鉴定表						分团委书记 班级辅导员
申请入党	2. 手写入党申请书并向学生党支部递交 (须年满18周岁)		B1.入党申请书** (专用纸张X1)				X1. 统一印制的纸张	党支部书记
	3. 填写入党申请人登记表 (党支部审查入党申请书之后)	A2. 入党申请人登记表*					X2. 入党申请人花名册 (及时更新)	党支部书记
	4. 党支部派人同申请人谈话	A3. 谈话记录表1						党支部书记
	5. 撰写个人思想汇报 (每季度一次)		B2 入党申请人思想汇报* (专用纸张X1)					党支部书记
	6. 选修党史党情通识课选择性开展 (《中国共产党的历史、现实与未来》)	选修情况记入A2、A4、A11、B4及X1						党支部书记

（续表）

<table>
<tr><th rowspan="3">阶段</th><th rowspan="3">工作流程</th><th colspan="6">党员发展工作相关材料</th><th rowspan="3">第一责任人</th></tr>
<tr><th colspan="2">归入个人档案材料</th><th colspan="3">作为工作档案留存材料</th><th rowspan="2">其他相关材料</th></tr>
<tr><th>A类:编号印材料上</th><th>B类:编号不印材料上</th><th>学生党(团)支部留存</th><th>二级学院党组织留存</th><th>学校相关部门留存</th></tr>
<tr><td rowspan="8">入党积极分子的确定和培养教育</td><td>7. 共青团组织“推优”并公示(申请入党须满1个月,有效期2年★)</td><td>A4. 共青团“推优”登记表**</td><td></td><td>C1. 团支部委员会原始会议记录
C2. 公示文本</td><td></td><td></td><td></td><td>分团委书记</td></tr>
<tr><td>8. 从“推优”人选中民主推荐入党积极分子
(一般应已修或在修党史党情通识课)</td><td></td><td></td><td>C3. 推荐计票(计分)结果</td><td></td><td></td><td></td><td>班级辅导员
党支部书记</td></tr>
<tr><td>9. 研究确定入党积极分子</td><td></td><td>B3. 党支部委员会原始会议记录(模板X3)</td><td></td><td></td><td></td><td>X3. 党支部会议记录模板(可打字记录)</td><td>党支部书记</td></tr>
<tr><td rowspan="2">10. 二级学院党组织备案</td><td rowspan="2"></td><td rowspan="2"></td><td></td><td>D1. 党支部备案报告</td><td></td><td></td><td>党支部书记
草拟组织员
审核留存</td></tr>
<tr><td>C4. 二级学院党组织批复意见
(有文号)</td><td></td><td>E1. 二级学院党组织备案报告
(只备案不复文)</td><td></td><td>组织员草拟
党支部
书记留存</td></tr>
<tr><td>11. 指定1～2名正式党员担任培养联系人,联系人按规定履职,并认真记录培养考察情况(为期不少于一年)</td><td></td><td rowspan="3">B4. 入党积极分子培养考察登记表**</td><td colspan="2"></td><td></td><td></td><td>党支部书记</td></tr>
<tr><td>12. 组建模拟党支部,制度化系统化实施入党积极分子培养考察选择性开展</td><td></td><td colspan="2"></td><td></td><td></td><td>试点单位
负责人</td></tr>
<tr><td>13. 开展入党积极分子短期集中培训(不少于16学时)</td><td>A5. 入党积极分子培训登记表*</td><td colspan="2"></td><td></td><td>X4. 入党积极分子培训班结业证书</td><td>分党校
负责人</td></tr>
</table>

（续表）

阶段	工作流程	党员发展工作相关材料						第一责任人
		归入个人档案材料		作为工作档案留存材料			其他相关材料	
		A类:编号印材料上	B类:编号不印材料上	学生党(团)支部留存	二级学院党组织留存	学校相关部门留存		
入党积极分子的确定和培养教育	14. 开展除集中培训以外的入党积极分子培养工作		B4. 入党积极分子培养考察登记表**					培养联系人 党支部书记
	15. 撰写个人思想汇报（每季度一次）		B5. 入党积极分子思想汇报*（专用纸张X1）					培养联系人 党支部书记
发展对象的确定和考察	16. 差额确定发展对象，并以适当形式于其所在班级公布(非公示)	A6. 征求意见记录表1	B6. 党支部委员会原始会议记录（模板X3）					党支部书记
	17. 报上级党组织备案（党支部报二级学院党组织备案，二级学院党组织报校级党组织备案，此后逐级反馈）				D2. 党支部备案报告	E2. 二级学院党组织备案报告		D2 由党支部书记草拟 E1 由组织员草拟
				C5. 二级学院党组织备案通知	D3. 校级党组织批复意见(有文号)			D3 由校党建中心草拟 C5 由组织员草拟
	18. 政治审查（发展对象本人和直系亲属、主要社会关系）	A7. 发展对象政审情况汇总表**					X5. 入党政审函	组织员 党支部书记
	19. 开展发展对象短期集中培训	A8. 发展对象培训登记表*					X6. 发展对象培训班结业证书	校党校负责人
	20. 确定 2 名正式党员为入党介绍人，入党介绍人与发展对象进行谈话	A9. 谈话记录表 2						党支部书记 入党介绍人

（续表）

阶段	工作流程	党员发展工作相关材料						第一责任人
		归入个人档案材料		作为工作档案留存材料			其他相关材料	
		A类：编号印材料上	B类：编号不印材料上	学生党(团)支部留存	二级学院党组织留存	学校相关部门留存		
预备党员的接收	21. 填写预审表，党支部对发展对象进行审查	A9. 谈话记录表2 A10. 征求意见记录表2* A11. 发展对象预审表**	B7. 党支部委员会原始会议记录（模板X3）*		D4. 党支部预审报告	E3. 发展对象材料审查确认单（逐级审查）		党支部书记 D4 由党支部书记草拟 组织员 审核留存
	22. 报二级学院党组织预审，填写“发展对象材料审查确认单”，并对拟接收预备党员进行公示（不少于5个工作日）	公示情况记入A11表			D5. 公示文本 D6. 二级学院党组织预审会议原始记录（模板X7）	E4. 二级学院党组织预审报告	X7. 二级学院党组织会议记录模板（可打字记录）	组织员
	23. 报校级党组织预审	A12. 预审结果通知书(一人一份，二级学院党组织)			D7. 校级党组织预审意见(有文号)			D7 由校党建中心草拟 A12 由组织员草拟
	24. 发放和填写入党志愿书		B8. 入党志愿书**					党支部书记 组织员
	25. 党支部大会讨论	A13. 接收预备党员票决情况报告*	B9. 党支部大会原始会议记录(模板X3)*	C6. 接收预备党员表决票				党支部书记
	26. 上级党组织派人谈话		谈话情况记入B8					组织员
	27. 二级学院党组织审议		审议情况记入B8		D8. 二级学院党组织审议会议原始记录和会议纪要(模板X7)	E5. 二级学院党组织报批请示		组织员
	28. 校级党组织审批		审批情况记入B8	C7. 接收预备党员审批结果通知书(党总支发)	D9. 校级党组织接收预备党员批复(有文号)	E6. 校级党组织审批会会议记录和会议纪要 E7. 校级党组织审批会表决票		校党建中心 D9 由校党建中心草拟 C7 由组织员草拟

（续表）

阶段	工作流程	党员发展工作相关材料						第一责任人
		归入个人档案材料		作为工作档案留存材料			其他相关材料	
		A类：编号印材料上	B类：编号不印材料上	学生党（团）支部留存	二级学院党组织留存	学校相关部门留存		
预备党员的接收								校党建中心
	29. 发布发展党员公告					E8. 公告文本		校党建中心
预备党员的教育考察和转正	30. 编入学生党支部						X8. 学生党支部党员花名册（及时更新）	党支部书记
	31. 组织入党宣誓（以二级学院为单位）				D10. 宣誓仪式议程和新闻报道、图片		X9. 入党宣誓仪式规范流程	组织员
	32. 预备党员教育考察一年（集中学习培训一般累计不少于32学时）		B10. 预备党员教育考察登记表** B11. 校党校（分党校）培训登记表*					教育考察联系人 党支部书记 校党校（分党校）负责人
	33. 个人思想汇报（每季度一次）		B12. 预备党员思想汇报*（专用纸张X1）					教育考察联系人
	34. 预备期达到半年时考察评议预备党员考察答辩选择性开展		B13. 党支部委员会原始会议记录（模板X3）* 可设计相应表单					党支部书记 试点单位负责人
	35. 手写转正申请书，并向党支部按时递交（期满前一周之内递交）		B14. 转正申请书**（专用纸张X1）					党支部书记
	36. 党支部对预备党员进行审查	A14. 征求意见记录表3*	B15. 党支部委员会原始会议记录（模板X3）			E9.预备党员材料审查确认单（逐级）		党支部书记

（续表）

阶段	工作流程	党员发展工作相关材料						第一责任人
		归入个人档案材料		作为工作档案留存材料			其他相关材料	
		A类:编号印材料上	B类:编号不印材料上	学生党(团)支部留存	二级学院党组织留存	学校相关部门留存		
预备党员的接收	37. 报二级学院党组织对预备党员进行审查,并对拟转正预备党员进行公示(不少于5个工作日)		公示情况记入B10		D11. 公示文本			组织员
	38. 党支部大会讨论	A15. 预备党员转正票决情况报告*	B16. 党支部大会原始会议记录(模板X3)*	C8. 预备党员转正表决票				党支部书记
	39. 党总支审议		审议情况记入B8		D12. 二级学院党组织审议会议原始记录和会议纪要(模板X7)	E9. 预备党员材料审查确认单(逐级) E10. 二级学院党组织报批请示		组织员
	40. 学生工作党委审批		审批情况记入B8	C7. 预备党员转正审批结果通知书(二级学院党组织)	D13. 校级党组织预备党员转正批复(文号)	E11. 校级党组织审批会会议记录和会议纪要 E12. 校级党组织审批会表决票		校党建中心 D13由党建中心草拟 C9由组织员草拟
								校党建中心
	41. 发布预备党员转正公告					E13.公告文本		校党建中心
	42. 党支部书记与转正党员谈话	A16. 谈话记录表3						党支部书记
	43. 转正后将全部发展材料整理齐备,转交辅导员归入学生人事档案	A0. 归档材料清单						党支部书记 组织员 辅导员

(续表)

阶段	工作流程	党员发展工作相关材料						第一责任人
		归入个人档案材料		作为工作档案留存材料			其他相关材料	
		A类:编号印材料上	B类:编号不印材料上	学生党(团)支部留存	二级学院党组织留存	学校相关部门留存		
党组织关系及相关材料接转	H1. 入党积极分子在校期间党组织鉴定意见		记入 B4					党支部书记
	H2. 预备党员在校期间党组织鉴定意见		记入 B10					党支部书记
	H3. 毕业时将已经完成和正在进行阶段的发展材料整理齐备,转交辅导员归入学生人事档案	A0. 归档材料清单						党支部书记 组织员 辅导员
	D4. 党组织关系转出,开具转出介绍信						X10. 转出介绍信及回执	党支部书记 校党建中心 组织员
	D5. 转入材料审查确认(符合基本条件** 方可接收)	A0 附. 党员(积极分子)转入材料审查确认单					X11.转入介绍信	党支部书记 组织员

备注 1:A、B类材料归入个人人事档案;A类材料由学校提供标准模板,并在显著位置编号,以便识别;B类材料多为个性化手写材料,材料上不编号,清单上有对应编号;申请书、思想汇报由学校提供统一规格的书写纸张。

备注 2:C、D、E类材料作为工作档案留存备查,不再归入个人档案;C类材料由学生党支部书记保管,D类材料由二级学院党组织保管,E类材料由校党建中心保管;批复类材料建立统一的文号编制规则。

备注 3:加 * 和 ** 材料是市教卫党委要求必须归档的材料,学校归档材料可大于此范围:加 ** 材料是学校审核外校党员(积极分子)转入材料时必不可缺的内容。

发展预备党员的时间轴

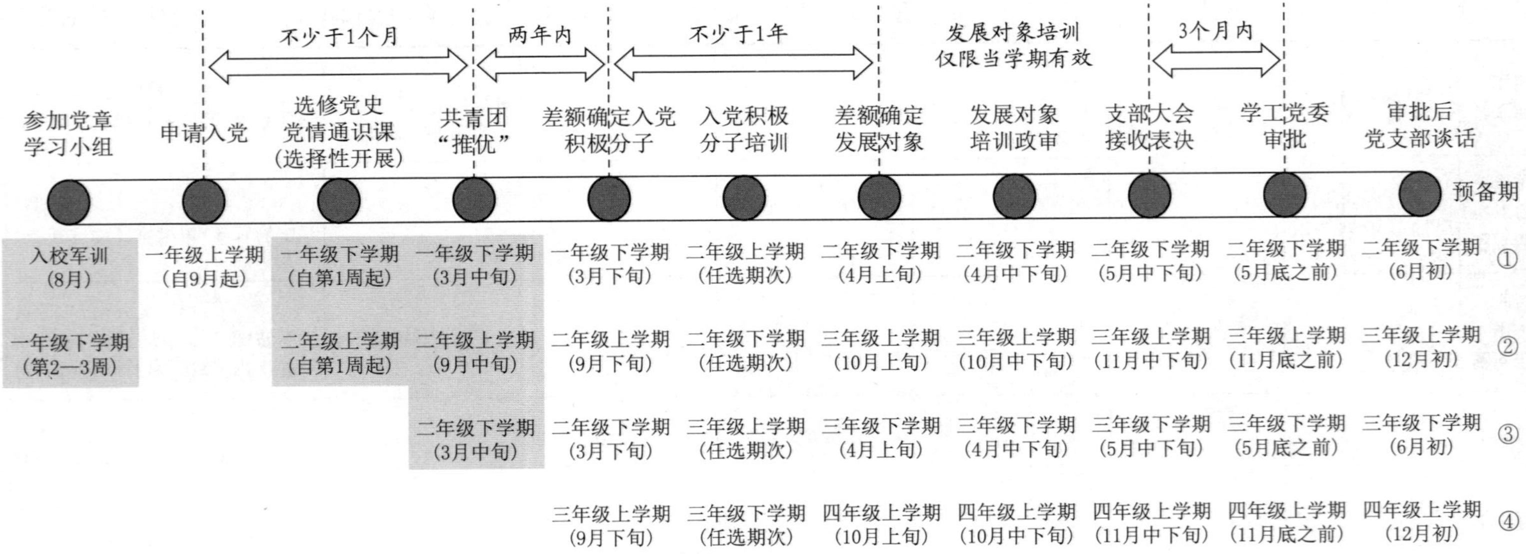
不少于1个月
两年内
不少于1年
发展对象培训仅限当学期有效
3个月内
参加党章学习小组
申请入党
选修党史党情通识课（选择性开展）
共青团"推优"
差额确定入党积极分子
入党积极分子培训
差额确定发展对象
发展对象培训政审
支部大会接收表决
学工党委审批
审批后党支部谈话
预备期
入校军训（8月）
一年级下学期（第2—3周）
一年级上学期（自9月起）
一年级下学期（自第1周起）
二年级上学期（自第1周起）
一年级下学期（3月中旬）
二年级上学期（9月中旬）
二年级下学期（3月中旬）
一年级下学期（3月下旬） 二年级上学期（任选期次） 二年级下学期（4月上旬） 二年级下学期（4月中下旬） 二年级下学期（5月中下旬） 二年级下学期（5月底之前） 二年级下学期（6月初） ①
二年级上学期（9月下旬） 二年级下学期（任选期次） 三年级上学期（10月上旬） 三年级上学期（10月中下旬） 三年级上学期（11月中下旬） 三年级上学期（11月底之前） 三年级上学期（12月初） ②
二年级下学期（3月下旬） 三年级上学期（任选期次） 三年级下学期（4月上旬） 三年级下学期（4月中下旬） 三年级下学期（5月中下旬） 三年级下学期（5月底之前） 三年级下学期（6月初） ③
三年级上学期（9月下旬） 三年级下学期（任选期次） 四年级上学期（10月上旬） 四年级上学期（10月中下旬） 四年级上学期（11月中下旬） 四年级上学期（11月底之前） 四年级上学期（12月初） ④

发展党员工作中的 8 份名册

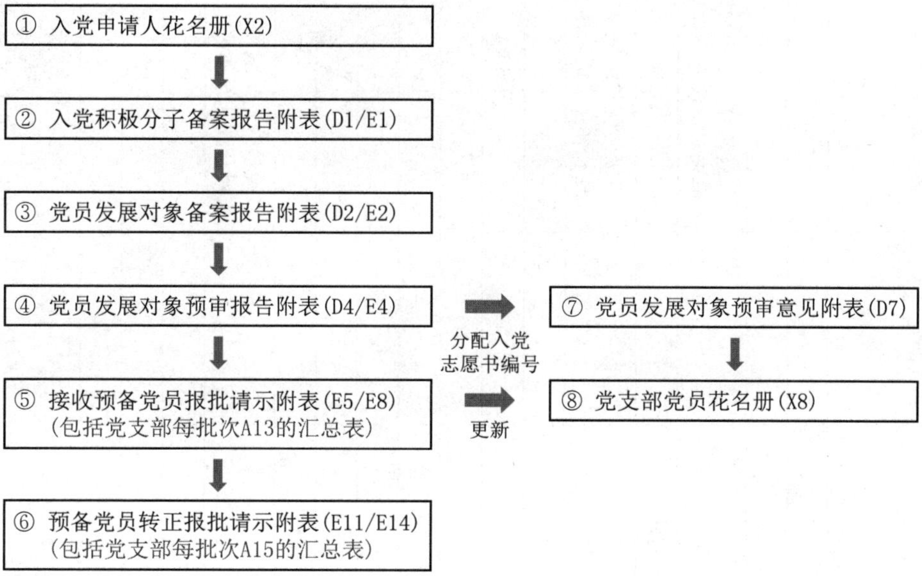

①～⑥ 名册呈递进关系，栏目增加，人数减少。
①～⑥ 名册的栏目设计要保持连贯，便于填报。
⑦～⑧ 名册自成体系，栏目相对简单。

发展党员工作中的 13 份会议记录

工作流程	团支部委员会会议	党支部委员会会议	党支部党员大会	二级学院党组织全体会议	校级党组织全体会议
1. 团支部集中开展党章学习小组活动	团支部须讨论作出鉴定意见,但未对会议记录作要求				
2. 共青团组织“推优”并公示	C1				
9. 研究确定入党积极分子		B3			
10. 报上级党组织备案入党积极分子				二级学院党组织须审查但未对会议记录作要求	
16. 差额确定发展对象		B6			
17. 报上级党组织备案发展对象				二级学院党组织须审查但未对会议记录作要求	
21. 党支部对发展对象进行审查		B7			
22. 报二级学院党组织预审				D6	
25. 党支部大会讨论接收预备党员			B9		
27. 二级学院党组织审议接收				D8	
28. 校级党组织委审批接收					E6
35. 预备期半年考察评议		B13			
37. 预备党员转正审查		B15			
38. 报二级学院党组织审查并公示			B16	二级学院党组织须审查,但未对会议记录作要求	
39. 党支部大会讨论预备党员转正					
40. 二级学院党组织审议转正				D12	
41. 校级党组织审批转正					E12
备　注		会议记录使用统一模板 X3,打字或手写均可,一式两份,一份归入个人档案,一份粘贴于党支部工作记录本		会议记录使用统一模板 X7,打字或手写均可,一式两份,一份上报,一份粘贴于二级党组织会议记录本	

发展党员工作中的5次报审

NO.1 入党积极分子审查备案

NO.2 党员发展对象审查备案

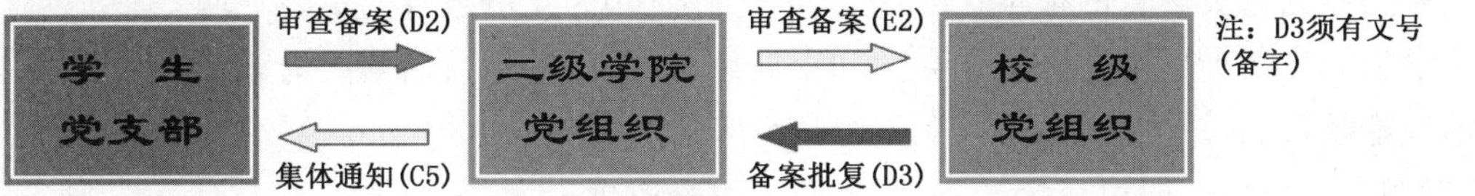

NO.3 党员发展对象预审

NO.4 接收预备党员审批

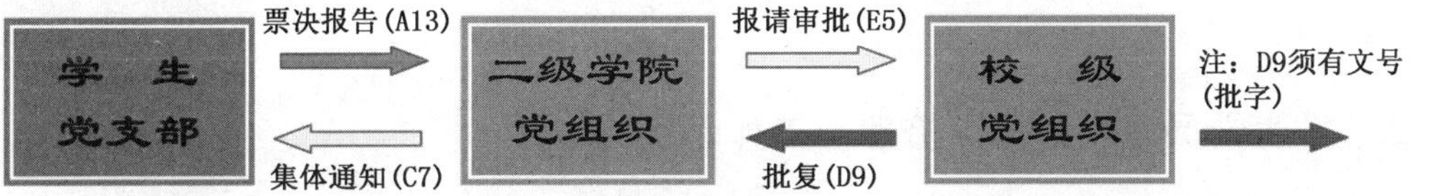

NO.5 预备党员转正审批

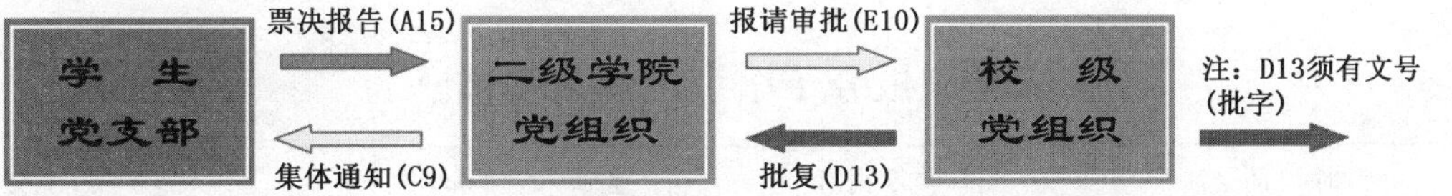

第四节　学生党员教育

一、学生党员教育的重要性

思想入党是终身必修课，学生党员每年集中培训时间一般不少于32学时。学校构建以校院两级党校培训（含网络培训）为主体、党员自学为重点、党支部专题学习和实践为支撑的学生党员经常性学习教育体系，坚持集中学习与日常教育相结合、组织学习与自我教育相结合、理论学习与实践锻炼相结合，把学习贯彻习近平新时代中国特色社会主义思想作为党员教育的根本任务，把“学习强国”作为党员教育的重要平台。

学生党支部专题学习以增强党性和党员意识、提高思想政治素质为重点，主要开展政治理论教育、党章党规教育、革命传统教育和形势政策教育等。专题学习一般包括党课、读书会、分享会、研讨会等形式，让身边人讲身边事。

学生党支部专题实践以知行合一为导向，开展参观考察、志愿服务（结对帮扶）、社会调查、承诺践诺等活动，巩固学习成效。专题实践既可以结合重大节庆、重要节点，开展一次性活动；也可以针对实际需要，开展持续性活动。

学生党支部专题学习和实践应注重突出党员的主体性，鼓励学生党员自主策划实施，防止包办代替；注重突出方式的多样性贴近党员思想实际，防止表面化、形式化、娱乐化；注重突出教育的实效性，促进党员发挥模范带头作用，在优良校风、学风班风建设中做表率。

二、学生党员教育的重点梳理与工作示例

例1-4-1　入党积极分子培训班流程

入党积极分子培训班学习安排

时　间		学习内容	主讲人/参加人	负责人	地　点
（周二）10月22日	(13:30～13:45)	开班仪式	××	××	×××会议室
	(13:45～14:30)	尊崇党章　严守党规	××	××	×××会议室
（周三）10月23日	(12:00～12:45)	党员发展的流程及注意事项	××	××	×××会议室
	(20:00～21:00)	观看纪录片《面向世界的中国共产党》	所有入党积极分子	××	×××会议室
（周四）10月24日	(12:00～12:45)	铁血筑军魂　共筑强国梦	优秀退伍士兵	××	×××会议室
	(20:00～21:00)	小组研讨（一）从个人实际出发，结合当前形势，阐述自身对党员标准的认识	所有入党积极分子	小组长	自行组织

（续表）

时　间		学习内容	主讲人/参加人	负责人	地　点
（周五） 10月25日	(12:00～12:45)	向祖国表达爱意——礼赞新中国　讴歌新时代	所有入党积极分子	××	×××会议室
	(20:00～21:00)	小组研讨(二)怎样发挥模范带头作用，做一名合格党员	所有入党积极分子	小组长	自行组织
（周六至周日） 10月26日～10月27日		以小组为单位开展一次“不忘初心　牢记使命”主题实践活动，围绕“传承红色基因”有选择地开展：重读红色经典、重踏红色足迹、重听红色故事活动，制作微视频并通过PPT展示活动成效	所有入党积极分子	小组长	自行组织
（周一） 10月28日	(12:00～12:45)	主题实践活动成果展示	所有入党积极分子	××	×××会议室
	(20:00～21:00)	结业考试(闭卷)、提交学习笔记和党课小结	所有入党积极分子	小组长	另行通知
（周二） 10月29日	(13:00～13:45)	正确理解学生综合素质与学生党员素质的关系	××	××	×××会议室
	(14:00～14:30)	结业典礼	××	××	×××会议室

入党积极分子培训班学员结业评定细则

一、关于结业评定的依据

学员结业评定的依据为培训期间的总评成绩。总评成绩由考勤、学习笔记、党课小结、结业考试四部分组成。设置总评成绩为100分，其中结业考试成绩占总成绩的60%，学习笔记成绩占总成绩的15%，党课小结成绩占总成绩的15%，出勤情况占总成绩的10%。

	等　级	标　准	分　值
学习笔记评分标准	第一等级	字迹清晰、字体工整； 条理清楚；内容全面； 重点突出	13～15分
	第二等级	字迹较清晰、字体较工整； 条理较清楚；内容较全面； 重点较突出	9～12分
	第三等级	字迹不清；条理混乱； 内容简单；没有重点	0～8分

（续表）

<table>
<tr><td rowspan="4">党课小结
评分标准
（黑色水笔书写，
字数在2 000字左右）</td><td>等　级</td><td>标　准</td><td>分　值</td></tr>
<tr><td>第一等级</td><td>思想正确，积极向上，与党中央保持一致；
紧密结合党的方针政策及自己的思想实际；
语言流畅，结构完整，逻辑性强；
对积极分子培训班提出合理的意见与建议；
字数在2 000字左右</td><td>13～15分</td></tr>
<tr><td>第二等级</td><td>思想正确，积极向上，与党中央保持一致；
结合党的方针政策及自己的思想实际；
语言较为流畅，结构相对完整，有一定逻辑性；
对积极分子培训班提出合理的意见与建议；
字数在2 000字左右</td><td>9～12分</td></tr>
<tr><td>第三等级</td><td>思想认识错误；
全文引用、摘录各种文件；
党课小结未涉及自身的思想实际；
字数在1 500字以下，明显不符合要求</td><td>0～8分</td></tr>
</table>

二、各单项考核的具体标准

1. 结业考试：结业考试形式为闭卷，卷面成绩至少为百分制下的60分。未达此分数线，不予结业。

2. 学习笔记及党课小结评分标准。

3. 考勤评分标准：

考勤标准：全勤——10分，请假——每次扣2分；迟到/早退——扣1分，2次以上（含2次），将视为考勤不合格，不予结业；旷课（即无故缺勤）——不予结业，且一年内不得参加学院党校培训。

三、入党积极分子培训班“优秀学员”评选条件

1. 思想正确，积极向上，与党中央保持一致。

2. 严格遵守党校的各项制度，积极参加各项培训活动，服从组织安排，做到不迟到、不早退，确保全勤。

3. 学习态度端正，学习笔记记录认真，小组讨论积极发言。

4. 党课小结能联系自己的思想工作和学习实际，有一定的深度。结业考试（闭卷）成绩和综合成绩均获得85分以上。

5. 日常生活中遵纪守法，举止文明，关心集体，热情为同学服务，有良好的群众基础。

例 1-4-2　党员培训班流程

中共××大学党委党校 2020 年第 4 期党员培训班
教学计划安排表

序号	教学内容	主持人/参与人员	地　点	授课时间
1	开班典礼	××学院 党总支书记　××	×××(会议室)	11 月 24 日(周二) 13:00～13:30
2	学好“四史”　实现中华民族伟大复兴中国梦	上海大学教授、博导　××	×××(会议室)	11 月 24 日(周二) 13:30～15:30
3	结构化讨论培训	分党校工作人员	×××(会议室)	11 月 24 日(周二) 15:30～16:00
4	结构化讨论(一)	各小组组长	自行安排	11 月 24 日(周二) 16:30—18:00
5	做新时代有担当的新青年 ——读《习近平七年知青岁月》	校党委组织部、统战部　××	×××会议室	11 月 25 日(周三) 12:00～12:45
6	坚定理想信念 践行初心使命	校纪委监察室　××	×××会议室	11 月 26 日(周四) 12:00～12:45
7	井冈山斗争与井冈山精神	校机关党委　××	×××会议室	11 月 27 日(周五) 12:00～12:45
8	党内法规的历史考察	校办　××	×××会议室	11 月 30 日(周一) 12:00～12:45
9	“老三篇”与共产党人精神世界的建构	市委党校 教授　××	×××会议室	12 月 1 日(周二) 13:00～15:00
10	观摩红色影片	分党校工作人员	×××会议室	12 月 1 日(周二) 15:15～16:00
11	结构化讨论(二)	各小组组长	自行安排	12 月 1 日(周二) 16:30～18:00
12	党课实践——校史陈列馆参观学习	分党校工作人员	校史陈列馆	12 月 2 日(周三) 12:00～12:45
13	撰写党课小结	全体学员	自行安排	11 月 30 日～12 月 3 日
14	结业典礼	××学院党总支副书记　××	×××会议室	12 月 4 日(周五) 12:00～12:30
备注	1. 学员需遵守纪律，上课时认真做好笔记以备检查评分；教学安排如有变动另行通知			
	2. 结构化讨论环节要严格考勤，组长要负责做好讨论记录			
	3. 学员登记表需用黑色水笔认真填写，登记表和党课小结必须严格按时间节点上交			
	4. 学员确因特殊情况需要请假，需由党总支开具证明，否则一律视为无故缺勤			

中共××大学委员会党校党员培训班学员“结业评定”的若干意见

为提高我校党员培训的质量，全面检验我校党员培训班学员的学习成效，现就学员“结业评定”事项提出以下意见：

一、关于结业评定的依据

学员结业评定的依据为培训期间的总评成绩。总评成绩由考勤、学习笔记、党课小结三部分组成。设置总评成绩为100分，其中：学习笔记成绩占总成绩的30%，党课小结成绩占总成绩的50%，考勤情况占总成绩的20%。

二、各单项考核的具体标准

1. 学习笔记：学习笔记根据评定标准分为3个等级，并给出相应的分数(评定等级标准见附件)。

2. 党课小结：党课小结评定按等级给出相应的分数(评定等级标准见附件)。

3. 考勤情况：实行随机“抽考”的考勤制度(评定标准见附件)。

三、予以结业的综合标准

1. “总评成绩”必须在60分以上。

2. “考勤”“党课小结”必须及格。

3. 凡通过各项考核者，由学校党校颁发结业证书。

中共××大学委员会党校党员培训班学员“考勤”评定标准

一、考勤是学员在培训期间参加开班典礼、专家授课、结构化讨论、结业典礼等环节的出勤情况记录。

二、考勤记录包括“出勤”“旷课”“请假”“迟到/早退”4种情况。

三、在整个培训过程中都能严格按时按量出勤所安排的各项活动，应视为全勤。“全勤”在总评成绩中占20%。各学院、各小组应努力争取“考勤零记录”。

四、因病、因事请假，经二级学院党总支同意，学生工作部备案，可给予请假2次。请假1次扣2分。

五、在培训期间任何一个环节出现无故缺勤(缺席15分钟以上)情况即视为“旷课”，不予结业，并且一年内不得参加学校党校培训。

六、在培训期间参加党校组织的所有活动时均不得迟到、早退。迟到或早退1次扣1分，达到3次以上(含3次)的，将视为考勤不合格，不予结业。

七、经二级学院上报、学生工作部批准参加党校培训而又无故未参加培训的，在校期间不得再参加学校党校组织的培训。

八、因请假、迟到或早退而导致考勤不合格，经半年考察表现确实较好的，可由二级学院统一推荐参加下期培训班(占推荐名额)。

九、培训期间一旦发现代课现象，立即取消培训资格，不予结业，并且同年度不得参加学校党校培训。

中共××大学委员会党校党员培训班学员“学习笔记”评定标准

一、学习笔记评定从字体是否工整、条理是否清楚、内容是否全面、重点是否突出 4 个方面加以评定。评定结果分为 3 个等级：第一等级：25～30 分；第二等级：18～24 分；第三等级：0～17 分。

二、学习笔记评定为第一等级的标准

（一）字迹清晰、字体工整（不强求字迹美观、漂亮）。

（二）条理清楚，能按老师上课讲授的内容分层次、分要点记录。

（三）内容全面，能将老师上课讲授的内容全面体现在听课笔记中，无论主次，均不遗漏。

（四）重点突出，能将老师上课讲授的重点内容有详有略地体现在笔记中，做到层次分明，主次得当。

三、学习笔记评定为第二等级的标准

（一）字迹较为清晰、字体较为工整（不要求字迹美观、漂亮）。

（二）条理较为清楚，能按老师上课讲授的内容分别记录。

（三）内容较为全面，能将老师上课讲授的内容基本体现在听课笔记中。

（四）重点较为突出，能将老师上课讲授的重点内容体现出来。

四、学习笔记评定为第三等级的标准

（一）字迹不清。

（二）条理混乱，对老师上课讲授的内容不分层次、不分要点加以记录。

（三）内容简单，对老师上课讲授的内容缺记较多。

（四）没有主次之分，没有重点。

中共××大学委员会党校党员培训班学员“党课小结”评定标准

一、党课小结的评定分为 3 个等级。第一等级：40～50 分；第二等级：30～39 分；第三等级：0～29 分。

二、党课小结被评定为第一等级的标准

（一）思想正确，积极向上，与党中央保持一致。

（二）紧密结合当前党的方针政策、党员培训班的办班情况以及自身的思想实际撰写党课小结，做到情感真挚、实事求是，深刻剖析自己的思想，体现出参加党员培训班前后的思想变化。

（三）对党员培训班提出合理的意见与建议。

（四）语言流畅，结构完整，论据充分，逻辑性强。

（五）格式规范，字数在 2 000 字左右。

三、党课小结被评定为第二等级的标准

（一）思想正确，积极向上，与党中央保持一致。

（二）结合当前党的方针政策、党员培训班的办班情况以及自身的思想实际撰写党课小结，能够体现出参加党员培训班前后的思想变化。

（三）对党员培训班提出合理的意见与建议。

（四）语言较为流畅，结构相对完整，有一定的逻辑性。

（五）格式较为规范，字数在 2 000 字左右。

四、有下列任何一种情况，党课小结均被评定为第三等级

（一）思想认识错误。

（二）全文引用、摘录各种文件。

（三）党课小结未涉及自身的思想实际。

（四）字数在 1 500 字以下，明显不符合要求。

五、党课小结出现抄袭情况，不予结业

附：党课小结格式要求：

1. 题目自拟，字体为黑体，字号为小二，居中。

2. 正文字体为仿宋，字号为四号。

3. 行间距为固定值 28 磅。

4. 页眉中注明学院、专业、班级、姓名、学员编号。

中共××大学党委党校 2020 年第 4 期党员培训班
结构化研讨安排

结构化研讨(一)

时　间：2020 年 11 月 24 日(周二)16:30～18:00

地　点：自行组织

负责人：各小组组长

研讨主题：入党申请人在党章学习方面存在的问题、原因和对策

实施步骤：

第一时段：列举现象。联系身边同学和本人实际，列举入党申请人在党章学习方面存在的突出问题。要求每人发言言简意赅，不超过 90 秒钟。

第二时段：分析原因，即分析入党申请人在党章学习方面存在以上突出问题的主要原因。通过民主的方式梳理各种原因，聚焦主要原因，找出问题的症结。

第三时段：提出针对性建议，即紧密联系实际，有针对性地提出主要举措。组长对学员的各种意见进行归类，形成能代表大部分学员看法的主要对策意见。

每一时段的讨论规则是：人人平等依次发言，不抢言，不打断，不评论，不重复；只说

意见，不加解释。

每一时段的讨论步骤是：

1. 每人独立思考，提出自己的观点，每条观点用一句话概括。

2. 每人轮流说一条观点，不要重复。没有新观点则越过。只说意见，不作详细解释。

3. 澄清问题。对每条观点进行简要浏览，不清楚的可请提出观点的人作出解释。删除重复问题和伪问题。

4. 集体决策。组长逐一提出每条观点，学员通过举手确定重要程度，举手人数最多的问题则最重要，每个时段的问题根据重要性取前5条作为集体决策。

结构化研讨（二）

时　间：2020年12月1日（周二）16:30～18:00

地　点：自行组织

负责人：各小组组长

研讨主题：大学生理想信念存在的问题、原因和对策

实施步骤：

第一时段：列举现象。联系身边大学生和本人实际，列举当前大学生在理想信念方面存在的突出问题。要求每人发言言简意赅，不超过90秒钟。

第二时段：分析原因，即分析当前大学生理想信念方面存在问题的主要原因。通过民主的方式梳理各种原因，聚焦主要原因，找出问题的症结。

第三时段：提出针对性建议，即紧密联系实际，有针对性地提出促使大学生坚定理想信念的主要举措。组长对学员的各种意见进行归类，形成能代表大部分学员看法的主要对策意见。

讨论规则和讨论步骤与结构化研讨（一）相同。

中共××大学党委党校2020年第4期党员培训班学员必学材料和思考题

一、必学材料

1.《中国共产党章程》

2.《决胜全面建成小康社会，夺取新时代中国特色社会主义伟大胜利》（党的十九大报告）

3.《中国共产党发展党员工作细则》（2014年印发）

4. 张荣臣主编《入党培训教材》（2018年版）

5.《习近平新时代中国特色社会主义思想三十讲》

6.《给"90后"讲讲马克思》（音频党课）

7. 课堂内容

二、思考题

1. 如何正确认识习近平新时代中国特色社会主义思想的核心要义和创新观点?

2. 新时期如何做一名合格的共产党员?

3. 结合实际,谈谈如何坚持和发展新时代中国特色社会主义的基本方略。

中共××大学委员会党校2020年第4期党员培训班
分组名单
(共×名)

具体名单略

第五节 学生党员管理

一、学生党员管理的主要内容

(一) 组织生活(民主评议)

加强党员管理监督的重点是严格党的组织生活。学生党支部应严格执行组织生活制度,确保党的组织生活经常、认真、严肃,确保任何党员都不能游离于组织生活之外。

学生党支部和党小组应按期组织党员大会(每季度至少1次)和党小组会(每月1次)。全体党员必须认真参与,向组织讲心里话、晒真思想、交明白账。

学生党支部在每年年初召开1次组织生活会(可作为第一季度党员大会),对党员进行民主评议。在组织生活会前,学生党员在认真听取其他党员和普通学生意见的基础上,对照合格党员标准、对照入党誓词,联系个人实际进行党性分析,着重查摆问题。组织生活会上,学生党员开展批评和自我批评,同时按照个人自评、党员互评、民主测评的程序,对党员进行评议(民主测评由党员所在班级学生集中填写测评表,可安排在会前进行)。组织生活会后,学生党员制订整改措施,逐一整改落实;党支部委员会根据评议情况和党员日常表现情况,研究确定评议结果并反馈本人。

学生党支部应当经常开展谈心谈话。党支部委员之间、党支部委员和党员之间、党员和党员之间,每年谈心谈话一般均不少于1次。谈心谈话应坦诚相见、交流思想、交换意见、互助提高。

(二) 组织关系

党员组织关系是指党员对党的基层组织的隶属关系。每名学生党员都必须编入一个学生党支部,并保持稳定,确保组织隶属关系明晰。学生党支部应编制支部党员名册,规范登记,及时更新。

1. 组织关系转出

学生党员的组织关系一般随着个人档案进行转移。学生党员取得学籍(含退役复学)后，二级学院党组织在审查其档案中的党员发展材料合规基础上，凭“中国共产党党员组织关系介绍信”接收组织关系，编入一个学生党支部，并以适当方式及时反馈给转出组织关系的党组织。对于档案材料不符合规定的，在补齐相关材料或作出合理解释前，一律不得接收组织关系。学生党员办理离校手续期间，二级学院党组织应认真做好党员发展材料归档工作，出具“中国共产党党员组织关系介绍信”；学生党支部应针对离校党员普遍开展一次严格的党性教育，并督促学生党员在规定时间内有效衔接组织关系。

按规定将档案保留在学校的毕业生党员，可经二级学院党组织批准后，将组织关系保留在其原隶属党支部，并作出每月缴纳党费、每季度递交思想汇报等承诺。其所属党支部应与其建立稳定的联系渠道，承担教育管理责任，防止出现“失联党员”。

出国(境)学习的毕业生党员，确实无法落实组织关系接收单位的，可参照上述档案留校情形办理，组织关系保留时间一般不超过 5 年。

2. 组织关系转入

接收转入学生党员，特别是预备党员，应在接收组织关系前审核其档案中的发展材料，审核标准参考市教卫工作党委发放的《发展党员工作指南》，对于材料缺失、存疑的，应及时进行函询。在相关材料(含函复)符合标准前，不得接收其组织关系。

(三) 党费收缴

经党支部党员大会通过、基层党委审批接收的预备党员，自党员大会通过之日起，即取得党籍，应向所在党支部缴纳党费。学生党员每月缴纳党费 0.2 元。

学生支部应每月固定 1 天为“党费日”，督促党员按时缴纳党费。学生党员按月缴纳党费后，支部全额上缴至学院党总支并填写提交党费收缴报告表。组织员汇同教工支部党费与教工党费收缴报告表到学校党委组织部开具“××大学缴费通知单”后至学校财务处刷卡(现金)缴费，并将财务处加盖红章的“××大学缴费通知单”副联分别交学校党委组织部、学院党总支留存备案。

(四) 经费使用

1. 学生党建专项经费

学校按照每年人均 100 元的标准向二级学院党组织划拨学生党建专项经费，用于学生党支部建设与各项工作开展。适用于：购置党建读物、资料印制、学生党员发展政审函调、主题党日特色活动策划开展、实践参观活动路费(不可报销门票)、优秀奖彰、贫困帮扶等。该笔经费一般授权至组织员名下，各支部在网上填报销单打印由支部书记签字报部门负责人审核签字，再送至财务处，实行实报实销并做好经费使用台账。

2. 学生党建培训经费

学校党委组织部按照实际培训人次向二级学院分党校划拨学生党建培训经费。适用于：邀请专家讲授专题党课课时费、购置党建读物、证书与资料印制、实践教学活动开展等。该笔经费由组织员根据分党校开展情况填写白单子报学院党总支书记审核签字，报学校党委组织部。

（五）组织处置

纪律是党的生命线。党纪面前一律平等，执行党纪绝不因学生身份而有例外。

学生党支部应当通过严格组织生活、听取群众意见、检查党员工作等多种方式，监督党员遵守党纪国法、履行党员义务、联系服务群众、发挥先锋模范作用等方面情况。发现党员有思想、工作、生活、作风和纪律方面苗头性倾向性问题的，以及群众对其有不良反映的，党支部书记应当及时进行提醒谈话，抓早抓小、防微杜渐。

对党员不按照规定参加党的组织生活、不按时缴纳党费的，以及存在其他与党的要求不相符合的行为、情节较轻的，学生党支部应当采取适当方式及时进行批评教育，帮助其改进提高。在上年度参加党支部活动次数不足80%的学生党员(海外交流等特殊情形除外)，原则上不得参评校级及以上荣誉。没有正当理由，连续6个月不参加党的组织生活，或者不缴纳党费，或者不做党组织所分配的工作，按照自行脱党予以除名。

对违反党纪的党员，按照《中国共产党纪律处分条例》规定给予党纪处分。

（六）评奖评优

学校设立“校优秀学生共产党员”奖项，每学年春季学期依托学生党支部组织开展评选，通过选树先进典型，用身边人、身边事教育学生党员，影响广大学生。获评者同时授予“校三好学生”荣誉称号。

例 1-5-1　关于开展 2020 年××大学“优秀学生共产党员”评选方案

各二级学院党总支：

为树立大学生党员的先进典型，充分发挥优秀大学生党员的先锋模范作用，引领全体学生党员和普通学生严谨求实，锐意进取，树立“品行优、学风正、党性强”的学习目标，现在全校学生党员中开展2020年“优秀学生共产党员”的评选活动。评选办法如下：

一、评选条件

1. 中共正式党员。参评年度党员民主评议为“优秀”。

2. 具有坚定的共产主义理想信念。努力学习马克思列宁主义、毛泽东思想、邓小平理论、“三个代表”重要思想、科学发展观、习近平新时代中国特色社会主义思想，志存高远，具有在中国共产党领导下走社会主义道路、实现中华民族伟大复兴的远大理想和坚定信念。模范执行党的路线、方针、政策，在思想上、政治上、行动上与党中央保持高度一致。

3. 自觉履行党员义务，党员意识强，积极完成党组织交给的各项任务。自觉参加党员设岗定责活动，并主动、及时参与岗位任务。

4. 切实发挥先锋模范作用。德智体全面发展，在学习、工作和社区生活中起模范带头作用，坚决服从组织安排，勇挑重担，尽职尽责。在校、院、班级担任主要学生干部的同学在同等条件下优先考虑。

5. 以实际行动践行全心全意为同学服务的宗旨。热爱集体，正确对待名利，具有艰苦奋斗精神和奉献精神，带头参加公益活动，出色完成上级党组织和党支部安排的各项工作，在同学中有较高威信。能够密切联系和团结同学，关心他们的思想、学习和生活，积极主动地做好同学思想政治工作。

6. 学习刻苦，成绩优良，上一学年无不及格课程且在本专业成绩排名前30%。

7. 组织观念强，自觉参加组织生活和党组织开展的各项活动，参评学年参加组织学习和活动请假次数不超过2次，并积极完成党组织交给的各项任务。

8. 模范遵守党纪国法和校纪校规。

9. 如有其他突出事迹，经党总支严格审查后，可优先考虑。

二、评选名额

各学院党总支优秀学生共产党员评选名额分配详见《××大学"三好学生"评选方案》。

三、评选时间

2020年3月～4月。

四、评选程序

1. 优秀学生共产党员由各学生党支部按照评选条件和比例，在民主评议的基础上，召开支部大会，按照由下而上的民主推荐方式进行。填写"××大学优秀学生共产党员评选登记表"和主要事迹材料（1 500字以内）之后，上报到所在学院党总支。所在学院党总支本着确保模范性的原则，在广泛听取各方面意见和对申报材料进行审核的基础上，提出优秀学生共产党员建议名单，学院层面公示5个工作日，无异议后报学工部。

2. 学工部汇总优秀学生共产党员评选情况，校级层面公示5个工作日，公示无异议后上报学工党委审议通过。

五、材料上报

优秀学生共产党员推荐汇总表电子版请于4月17日前发××××××@163.com，签字盖章纸质版提交时间另行通知。

六、评选要求

1. 各学院党总支要充分重视评选工作，认真按照评选条件进行推荐评比，把评选工作作为推动学生基层党组织建设，加强党员先进性、模范性教育的重要手段。

2. 各学院党总支要加强对优秀学生共产党员先进事迹的宣传，树立先进典型，营造争先创优的氛围。通过争先创优活动，努力把党支部建成加强和改进大学生思想政治工作的坚强堡垒，不断增强学生党建工作和思想政治教育工作的活力。

3. 评选工作要坚持公开、公平、公正原则。

七、宣传和表彰

通过校园网、易班网公众号对优秀学生共产党员进行宣传，对获奖个人颁发荣誉证书，同时授予“三好学生”荣誉称号。

学生工作党委

2020 年 3 月 16 日

例 1-5-2　××大学优秀学生共产党员登记表

姓　名	刘×琳	性　别	女	民　族	汉	
出生年月	199×年××月	所在支部		××大学第×学生党支部		
入党时间	201×年×月×日	设岗定责岗位名称		××××班级　学习委员		
平均绩点	3.79	专业排名及综合排名		7/36；7/36		
曾受表彰情况	1. 2018～2019 学年，学校优秀学生奖学金三等奖 2. 2018～2019 学年，国家励志奖学金 3. 2019 年 4 月，第三届全国大学生环保知识竞赛优秀奖 4. 2019 年 5 月，“锦年奖”校园文化之星 5. 2020 年 3 月，“我的战疫”阅读马拉松线上快闪赛参与奖					
主要事迹	（1 500 字，另附页）					
党支部推荐意见	（支部书记签名） 年　月　日					
学院党总支意见	（盖章） 年　月　日					
学工部审批意见	（盖章） 年　月　日					

填表说明：1.本表电子版填写打印，用黑色笔签字。2.主要事迹填写本人 2019～2020 学年的思想政治表现、学习、参与各类活动的情况以及获奖情况。

主要事迹

我是××大学201×级××专业学生刘×琳，在班内担任学习委员一职。作为一名中共党员，我时时以党员的标准严格要求自己，约束自己的言行，在工作、学习、生活中尽力做到最好，保持积极乐观的生活态度，发挥好模范带头作用。

一、坚定信念，不忘初心

自申请入党以来，我一刻也没有忘记主动学习党的理论知识，始终牢记党的宗旨，积极要求进步。在完成专业学习的同时通过"学习强国"平台收看新闻，了解近期国内外发生的时事。我还积极参加线下线上的党日活动，听从党组织的安排，站好每一班垃圾分类志愿岗，协助宿管阿姨督促同学们做好垃圾分类工作。

经过党组织对我的不断教育，我认识到"远大理想""奋斗终身的精神"一定要和自己的现实生活紧密地结合在一起，在自己担任的不同角色中做好每个角色应该做的事情。作为学生，我努力学习专业知识，不逃课、不挂科，不断提高自己的学习成绩，和同学们共同进步，曾获得两次学校奖学金、一次单项奖学金以及两次国家励志奖学金；作为班委，和班内同学相互学习、相互鼓励，帮助同学解决在疫情期间关于毕业、就业的相关问题，协助班长开展工作；作为子女，孝敬父母，主动为父母承担家庭责任；作为学生党员，发挥先锋模范带头作用，不做违反校规校纪、与法律道德相悖的事情，同时在新冠疫情期间，不断向家人、邻居普及防疫的相关知识，提醒身边的人戴口罩、少出门、勤洗手、看新闻，听从村委会的安排做好个人防疫工作。居家期间，我经常反思自己的思想与行为，保持在校期间的作息习惯，不放松对自己的要求，依旧努力学习。

二、刻苦学习，发展兴趣

作为一名大学生，我深知自己的任务还是努力学习，我时刻提醒自己一分付出一分收获，要先付出才有可能收获果实。因此在平时的学习中除了学习专业课知识，还努力拓宽自己的知识面，先后通过了全国计算机二级等级考试、大学英语四六级考试、普通话水平考试以及初级会计职称考试，在考试中积累经验与知识。疫情期间也不放松，除了完成毕业论文的撰写外，我还正在学习注册会计师考试的相关知识，旨在拓宽视野，学习经济方面的知识，挑战自己并收获学习的喜悦。

学习之余，我也积极参加文娱活动，发展自己的兴趣爱好。因为喜欢读书，我经常参加上海市阅读马拉松比赛，丰富自己的课外知识，并向其他同学推荐此项活动，一同组队参加，体验参与集体活动的快乐。同时，我也会参加各类知识竞赛，通过知识竞赛的题目了解各方面的知识，认识自己的不足，以便查漏补缺。因为喜爱舞蹈，大学期间多次参加文艺演出，丰富自己的校园生活。

三、热爱生活，树立榜样

在日常生活中，我牢记自己是一名学生党员，要处处体现作为一名学生党员的模范带头作用。我坚持"惜衣惜时惜食"的理念，勤俭节约，从不铺张浪费；热爱集体，喜欢参加集体活动，有很深的集体荣誉感；乐于助人，在同学、朋友有困惑时，帮助他们正确认识问题并自我解决问题。在新冠疫情期间，有很多朋友会因长时间在家中而产生焦虑的情绪，我常主动和朋友联系，帮助他们寻找消除焦虑的方法，并支持他们提高自制力，主动在家开展学习，同时与父母加强沟通联络感情。我个人也一直保持积极乐观的生活态度，遇到问题时不抱怨不气馁，努力寻找问题的解决方式或求助他人帮助共同解决。

另外，作为学生党员应该有自己的梦想，敢于为自己的梦想拼搏，在个人的人生路程中不断进步，做新一代的追梦人。因此对于自己的梦想，我制订了详细的目标规划，并正在努力完成自己的目标，向着自己的梦想不断前进。

身为共产党员，在今后的生活中我会继续自己的学习，在思想、学习、生活、工作等各个方面不断追求进步，自我完善、自我发展，树立坚定的理想信念，积极投身于国家的建设当中，维护党和人民的利益，接受党和人民的监督。我也要以更加积极的态度面对生活，不忘初心，不断努力，不断付出，向着自己的人生目标前进。

（七）结对帮扶

学生党支部应主动关心在学业、生活、工作等方面遇到困境的学生党员，给予温暖的情感支撑和具体支持，帮助其分忧解难。对于遭遇重病、重大自然灾害等特殊情形的学生党员，可协助其向校党委组织部申请适当慰问金。二级学院党政领导分别联系至少一个学生支部、教工支部与学生支部两两结对，加强师生党员联系、强化指导。

（八）党管系统

党管系统是针对支部生活的后台管理系统，面向支部书记、各级党组织管理人员开放，包含对党组织信息、党员信息进行维护管理等事项。自学生提交入党申请书起即录入上海市党管系统，并根据发展进程按步骤更新身份，依次从入党申请人、入党积极分子、发展对象到预备党员、正式党员、毕业生党员；党员党费缴纳、党组织选举换届等信息均实时更新维护。

（九）学习强国

为进一步加强对习近平新时代中国特色社会主义思想的学习，中宣部建设了"学习强国"学习平台，要求全体党员依托"学习强国"平台开展学习。全体学生党员需完成"学习强国"APP下载注册并实名认证，申请加入所属的组织机构并每日登陆学习。

（十）工作台账

学校统一印发党支部工作记录本，每年一册。包含：党员名册与党费缴纳信息、党员变动情况、发展对象名单、党支部工作主要内容和基本要求一览表、党支部年度工作计划。支部记录本应由支部指定相关工作人员认真记录、妥善保管，记录的内容包括："三会一课"记录、组织生活记录、其他活动记录。学院党总支季度抽查并在每年年初将上一年记录本汇总归档。

二、学生党员管理重点梳理与工作示例

（一）组织生活会流程

1. 会前准备阶段

(1) 学习教育；(2)谈心谈话；(3)查找问题；(4)撰写对照检查材料；(5)研究确定专

题组织生活会主题。

2. 召开支委会,开展批评和自我批评

(1) 支部书记代表支部班子作对照检查;(2)班子其他成员对支部的对照检查提出意见、认领责任;(3)支部书记带头对照检查、自我批评,班子成员逐一对其开展批评,批评结束后支部书记作简要表态;(4)班子成员逐一对照检查、自我批评,其他成员对其开展批评。

3. 召开党员大会,开展民主评议党员工作

设支委会的党支部:(1)支部书记通报支部班子的对照检查情况;(2)支部书记代表支部班子作对照检查;(3)全体党员对支部班子的对照检查开展评议、提出批评意见;(4)支部书记和班子成员带头,党员依次开展个人自评;(5)每名党员个人自评后,其他党员对其提出批评意见;(6)支部书记对全体党员逐一进行讲评;(7)上级党组织参会领导对会议情况进行点评,提出指导意见;(8)发放测评表进行民主测评;(9)对本支部组织生活会和民主评议党员工作进行满意度测评。

不设支委会的党支部:(1)支部书记带头作对照检查,进行个人自评;(2)全体党员对支部书记提出批评意见;(3)每名党员个人自评后,其他党员对其提出批评意见;(4)支部书记对全体党员逐一进行讲评;(5)上级党组织参会领导对会议情况进行点评,提出指导意见;(6)发放测评表进行民主测评;(7)对本支部组织生活会和民主评议党员工作进行满意度测评。

会后及整改工作:(1)评定党员格次;(2)公示评议结果;(3)制订整改措施。

(二) 组织关系转入流程

接收转入学生党员组织关系,依据《中国共产党发展党员工作细则》审核党员档案材料,如审查合格则接收其组织关系。如审核党员材料不规范,则可按以下步骤处理:

(1) 详细列出该党员的档案材料缺失、存疑之处;

(2) 告知党员本人其党员材料归档存在问题,需联系原学校辅导员、党建负责老师进行更正或补入等手续,请提供相关联系人信息;

(3) 对于材料缺失、存疑处及时进行函询,函询文内容可参见如下示例。

例 1-5-3 关于××同志党员发展材料补入情况说明

××同志,女,汉族,中共预备党员。身份证号:××××,2018 年 11 月 27 日于××大学××学院学生党支部加入中国共产党。

2019 年 9 月因毕业,其党组织关系转入××大学第×学生党支部。由于××市与××市关于发展党员的细则规定不同,故其发展党员工作档案袋中部分材料缺失或未单独成分,具体缺失材料如下:

1. 党支部派人同申请人谈话记录表

2. 确定积极分子支部委员会(支部大会)会议记录

3. 向上级党委备案材料

4. 确定为发展对象公示材料

5. 确定为发展对象报备书、通知书

6. 入党预审表

7. 预审通知书

8. 思想汇报有缺漏、超过3个月

请配合予以补入。谢谢!

××学院党总支

2019年10月8日

经原单位补全党员缺失的相关材料，或就存疑、无法补全的材料进行说明，加盖公章后作为佐证放入党员档案，方可接收。

第六节 主题教育工作

大学生主题教育是大学生思想政治教育的有机组成部分，主题教育工作是每一个辅导员的本职工作之一。主题教育工作内容较为广泛，主要围绕社会主义核心价值观和中华优秀传统文化等主题开展，引导学生在学习、生活中保持积极、健康、向上的身体状态和精神状态。

一、主题教育工作重点

（一）认真贯彻党的教育方针，紧密围绕学校中心任务开展大学生思想政治教育工作，落实思想政治教育工作的各项方案、政策。

（二）指定专人负责主题教育工作，围绕社会主义核心价值观和中华优秀传统文化等主题，制订符合学院特点的主题教育活动方案，并将活动开展情况及时留档备案、总结上报。

（三）积极拓展大学生主题教育的有效途径，利用线上线下、校内校外等多种方式和资源发挥全员合力育人的功效。

（四）组织国史国情、党史党情、校史校情专项教育活动；积极开展符合地区、学校、学院、专业特色的各类主题教育活动。

（五）注重调查研究，结合实际，积极探索新形势下大学生主题教育的新思路、新方法，促进主题教育的针对性和实效性不断增强。

（六）积极组织上级部门建议开展的主题教育活动，积极参加上级部门组织的各项思想政治教育活动(新生入学教育、首日教育、军训、毕业教育等)。

二、主题教育工作主要内容梳理

（一）大学一年级

大学一年级的学生处于刚结束中学生活，踏入大学生活的阶段，从被安排、被约束的状态过渡到独立自主进行学习生活。如何帮助新生顺利进行学习生活状态的过渡，是大学一年级主题教育的主要内容。新生入学教育是大学一年级学生进入大学后的第一次主题教育，需要系统地将大学生活中可能面临的诸多事宜尽可能向新生介绍，让新生对大学生活有一个初步了解。与此同时，校史校情教育、党史党情教育可以让新生对中国共产党和所在学校有基础的了解；假期安全教育、生命意识教育等则是让新生对于自身状态的调整有一个良好的心态和方式；组织无偿献血活动、征兵动员宣讲会、军训动员、感恩教育等，旨在培养新生的感恩、奉献精神，促使新生明白有所获得也要有所付出。

1. 开展新生入学教育

新生入学教育包括新生班会，学校开学典礼，学生学籍、户籍、政治面貌管理，新生家长会，新生破冰素质拓展，新生年级大会，大学生活指导，心理测试等一系列工作的总称。

一是开展新生班会。

准备议程

例 1-6-1 ××学院××班级新生班会议程

时间：××××年×月×日　××：××

地点：××教室

出席人员：××学院××班级辅导员×××

××学院××班级班主任×××

××学院××班级导生×××、×××

××学院××班级全体新生

主持：××学院××班级辅导员×××

议程：

××学院××班级辅导员介绍基本情况、学习、生活、心理等相关事宜；

××学院××班级班主任介绍专业、学业等相关事宜；

××学院××班级导生代表×××介绍新生注意事项；

××学院××班级导生发放各类材料、表格及说明相关事项。

准备班会大纲

例 1-6-2 ××学院××班级新生班会大纲

1. 辅导员基本情况介绍

(1) 辅导员的身份定位

(2) 辅导员的工作内容

(3) 辅导员的相关个人信息

2. 学习

(1) 大学学习的意义

(2) 学习学生手册

(3) 重视首日教育

(4) 重视课堂纪律

(5) 关于社会实践学习

3. 生活

(1) 关注班级通知

(2) 关于班委的竞选和任免

(3) 社区制度

(4) 关于宿舍关系

(5) 注意人身安全、防盗窃防诈骗

4. 心理

(1) 关注心理问题

(2) 关注以自我为中心问题

根据班会大纲准备 PPT

二是安排组织新生参加开学典礼。

新生开学典礼是新生入校以后参加的第一次最大型的集体活动,也是第一次在全校面前展示新生风采、班级风貌、学院风气的时刻。因此辅导员要在开学典礼前强调纪律,让新生以最好的面貌参与其中。

三是学生学籍、户籍、政治面貌管理。

新生的学籍、户籍和政治面貌材料需要在入学期间收齐、整理、归档,如在期间发生任何问题,及时解决。

四是组织新生家长会。

二级学院在新生报到当天组织新生家长会,让新生家长了解学校、二级学院、学生专业等相关信息,增强家校合作,共同培养学生。

例 1-6-3　××学院 20××级新生家长会议程

时间:××××年×月×日　××:××

地点:×××会议室

出席人员:××学院党总支书记×××
××学院院长×××
××学院党总支副书记×××
××学院副院长×××
××学院新生辅导员

主持:××学院党总支副书记×××

议程:

(1) ××学院院长×××介绍学院概况

(2) ××学院副院长×××介绍学院学科建设与专业发展方向

(3) ××学院党总支副书记×××介绍学院学生工作情况

(4) ××学院新生辅导员分别介绍带班情况及所带条线情况

(5) ××学院党总支书记×××讲话

五是组织新生破冰素质拓展。

二级学院在新生入学教育期间组织各新生班级开展破冰素质拓展，让各班级新生尽快互相熟悉起来，并借此培养新生们的集体荣誉感，发掘新生的特长。

六是召开新生年级大会。

二级学院在新生入学教育期间组织全体新生召开新生年级大会，由学院党总支副书记对新生进行系统的、宏观的入学教育，告知新生们大学期间合理的时间安排，有利于新生们系统了解大学生活。

七是组织心理测试。

由于心理问题已是普遍存在的问题，大学生心理问题不容忽视。在入学伊始对新生进行心理测试排摸，有助于对新生的心理状态有基本了解。对于存在一定心理问题的学生，及时进行心理疏导，同时，在辅导员后续工作中，可以对于存在心理问题的学生多关注。在心理测试前，告知新生，务必如实回答测试问题，客观面对心理测试。

2. 校史校情教育

为了让新生更好地了解校史校情，传承学校精神文化，增进爱校荣校情怀，激发“知校、爱校、荣校、兴校”的自豪感、荣誉感和责任感，可以组织新生参观校史馆。让新生通过参观校史馆内陈列的一幅幅老照片，切身实际地感受学校初期办学的不易，同时也看到克服各种困难之后取得的一系列改革成果。一些优秀校友的事迹分享也可以鼓舞新生奋发图强的决心。

3. 假期安全教育

“十一”假期是新生入学后第一个小长假，大部分新生第一次远离父母进入陌生的城市、陌生的学校生活、学习，对于陌生的世界有强烈的探索欲。“十一”假期期间，新生离开校园外出游览是十分常见的现象。所以，对于假期的安全教育十分必要。

在“十一”假期放假前，召开专题班会，对新生假期的出行安全进行教育和强调，教育新生如遇突发事件应如何应对，做好节假日期间紧急突发事件的预案。同时，告知学生，在返校截止时间前，未按时返校的学生，要及时告知辅导员未返校原因。辅导员应认真统计好“十一”期间离校学生的名单，内容包括：班级、姓名、离校时间、返校时间、离校原因等。

安全教育注意事项：

(1) 放假前对学生进行一次安全教育，提高学生的安全防范意识，同时特别强调按时返校。

(2) 叮嘱学生不在校期间务必保护好自己的人身和财产安全，严禁参与非法活动，谨防在各类活动中上当受骗。

(3) 提醒学生增强防火防盗意识。学生离校前要把门窗锁好，留校学生要严格遵守学校关于宿舍管理的规定，严禁违章用电，严禁抽烟、酗酒、留宿外人等。

(4) 外出旅游、探亲的学生要注意交通安全、饮食卫生，妥善保管贵重物品。如出现安全问题，要尽快寻求当地公安部门的援助，并在第一时间告知辅导员。

例 1-6-4　节假日期间学生出行情况登记表

班级	姓名	学号	在校	离校	离校去向		离校出行的时间段	手机	家长联系方式
					回家	旅行或其他出行地点			

注：1."在校""离校""回家"栏视个人情况划"√"；2.旅行或其他出行要求注明具体地点。

4. 党史党情教育

按照规定，年满 18 周岁的优秀青年，可以申请加入中国共产党。大一新生正是对党组织向往、可以符合入党条件的新生力量，大一上学期是开展入党启蒙教育的最佳时期。通过入党启蒙教育，可以激发学生政治热情；通过让学生严格要求自己、加强学习、端正入党动机等途径积极向党组织靠拢。由院党总支主要负责，学院党建中心执行，各学生党支部书记、团委书记配合，紧密结合社会主义核心价值观的培育工作开展入党启蒙教育。

入党启蒙教育可以邀请相关领域教师、优秀学生党员共同参与，也可以加入参观红色教育基地、组织社会实践等让学生把理论学习与社会实践有机结合，从而加强教育成效。可通过以下方式展开教育：

(1) 开展入党流程相关讲座，介绍入党积极分子选拔标准与流程，就入党动机、入党条件、入党程序等做详细讲解。

(2) 开展优秀党员事迹交流会，邀请学生党员为新生讲述自己在向党组织靠拢过程中的思考、行动以及鼓舞人心的故事，让新生感受榜样的力量，并且通过党员的言传身教，使新生感受到自己通过学习和践行也可以做到、做好。

(3) 开展红色电影放映活动，让新生通过观看红色电影，体会中华人民共和国成立前后先进党员的事迹，启发学生向先进学习，争取思想上入党。

此部分为普适性活动，学生具备入党积极分子身份后的党史党情教育，详见本书第一章第一节。

5. 生命意识教育

生命意识是人的基础性意识，是对生命的意识。当前，在少数大学生中存在生命意识淡漠的现象。人生的基础和前提是生命，没有良好的生命意识，就很难建构起健康积极的人生观。大学生正处于人生观形成阶段，开展生命意识教育，对大学生的成长发展具有重要意义。生命意识的培养，是要形成一种健康积极的生命意识，这种生命意识，不仅要对自身的生命有清醒的意识，而且要对自身之外的生命有强烈的认同感。这种生命意识，不只是一种观念，而且应当是一种感知能力，也就是说，能够真切地感知到其他生命体的存在。这样，才能克服生命意识的片面性，确立自身在世界的位置和价值。

针对新生开展“珍惜生命·享受生活”活动。新生大部分是外地生，初到学校可能会有生理以及心理各方面的不适应，开展该活动有助于促使大一新生养成对于享受大学生活的认识，从而远离轻生的念头。活动围绕“珍惜生命·享受生活”的主题，讲述初入大学时应该如何规划大学生活，大学期间应该如何调整自己的生活规划。由此提高在校学生对于生活的积极态度与激情，从而提高学生的生命意识。

6. 首日教育

每学期开学第一天都要开展首日教育，对上一学期的班级工作进行总结，对新学期的工作进行布置。对上一学期的总结，包括：结合上学期成绩进行班级学风教育、针对上学期发生的各类情况及突发事件对学生进行教育等；对新学期的学习进修引导，包括：制订新学期的学习计划、提示新学期专业学习的重点等；对新学期的工作布置，包括：爱国主义教育、遵纪守法教育、安全防范教育、社区安全卫生教育、突发事件应对处理教育等，以及介绍新学期中特定的事件，如学雷锋活动、“3·15”消费者权益日活动、“五四”评奖评优活动、义务献血活动等，让学生对新学期有宏观认识。

7. 组织无偿献血活动

无偿献血是医疗救助的需要，是科学和道义的选择，也是社会文明进步的标志。国家鼓励国家工作人员、现役军人和高等学校在校学生率先献血，为树立社会新风尚做表率。为了促使大学生自愿分担社会责任、积极奉献爱心，在学校组织并无偿献血的基础上，二级学院在贯彻落实无偿献血工作的同时，需要细化此项工作，事前仔细告知相关事宜，事中规范引导、维持秩序、及时处理突发情况、加强心理疏导，事后周密确认统计。

在学校下发无偿献血活动的相关通知后，各辅导员组织召开班会，详细向学生介绍无偿献血的目的和注意事项，发动符合条件的学生积极做出贡献，劝说不符合条件的学生推迟或放弃参与。献血者健康检查标准为：①年龄：18～55 周岁；②体重：男≥50 千克，女≥45 千克；③血压：12～20/8～12 kPa，脉压差≥4 kPa 或 90 mmHg～140 mmHg/60 mmHg～90 mmHg，脉压差≥30 mmHg；④脉搏：60～100 次/分，高度耐力的运动员≥50 次/分；⑤体温正常；⑥皮肤无黄染，无创面感染，无大面积皮肤病，浅表淋巴结无明显肿大；⑦五官无严重疾病，巩膜无黄染，甲状腺不肿大；⑧四肢无严重残疾，无严重功能性障碍及关节无红肿；⑨胸部：心肺正常（心脏生理性杂音可视为正常）；⑩腹部：腹平软、无肿块、无压痛、肝脾不肿大。

正式献血前，提醒学生注意：①献血者当天必须携带本人身份证；②献血者必须进食早餐，10:00 以后献血者必须进食午餐，清淡饮食；③献血登记表填写完善，以便收到血液中心反馈的信息；④献血者在献血时配合学院工作人员登记信息，在确认个人信息无误后方可离开；⑤本次无偿献血学校统一请假一天，献血者若在献血后仍感身体不适，可自行前往校医务室开具病假单请假；⑥因献血时间持续较长，各学院安排有各自时间段，请学生务必按照规定时间段献血。

8. 征兵动员宣讲会

每年 2 月～3 月、8 月～9 月是大学生应征入伍的时间，10 月～12 月、4 月～6 月是征兵工作的最佳时期。针对大学生士兵，国家和军队出台了众多的优惠政策，辅导员要及时向大学生传达和解释相关政策，并了解学生的反应和相关选择意向。

9. 军训动员

军训对当代大学生来说意义非凡，在强健体魄、锻炼素质的同时，军训活动的开展不仅有助于大学生对国家军队以及国防的了解，还能提升大学生的组织纪律性，为将来投身祖国建设打下一个坚实的基础。大学生只有抓住每一次“受苦”的机会，才能努力突破自我。大学生应当在军训中发扬顽强拼搏精神，服从学校的安排，听从教官的指挥，克服艰苦条件，积极参与训练，通过军训提高身体素质，培养吃苦耐劳的精神，学会团结协作，为大学生活画上浓墨重彩的一笔，在军训中成长进步。

（二）大学二年级

进入大学二年级，学生对于大学的学习生活已经基本适应，学习上基本形成自己的学习方法，生活上基本习惯大学校园的生活方式。同时，不再只是单纯接受学长学姐的帮助，也可以向学弟学妹们传递一些经验。对于大二学生的教育，除了常规的基础的需要向学生强调的内容之外，结合他们的现状，亦即对于自身状态调整不顺利而可能存在心态问题、具备服务社会的能力但缺乏实践等情形，进行针对性的主题教育。

1. 挫折教育

顺利考入大学的学生都是中学的佼佼者，很多学生入学时对自己的未来有着明确的目标，但有时也会期望值过高。进入大二，他们会逐渐发现竞争的激烈、现实的残酷，清晰地看到一些真实存在的问题，如学生会竞选失利、恋爱失败、学习成绩下滑、人际关系棘手、对未来的不知所措、宿舍矛盾凸显等。特别是有的学生还会对自己的未来选择产生挫折感与困惑，在找工作、出国、考研、创业等具体抉择中没有足够的信心和能力，表现出摇摆不定。有的学生可能会听天由命，任其发展；有的学生可能会非常苦恼，不知该如何改变；还有的学生可能会一蹶不振，破罐子破摔。辅导员要抓住机遇适时介入，引导他们正视各种问题，帮助他们分析原因，找回自信，鼓励他们顺利渡过挫折，开始新的学习生活。

2. 安全教育

随着社会的不断发展变化，高校已不再是只闻朗朗读书声的世外桃源和一方净土，社会上的各种思潮——是与非、正与误、直与曲、好与坏、善与恶，都以各种形式在神圣的大学殿堂里投射。社会上的治安问题也在高校里有所反映，大学生安全问题无时不在，无处不在。因此，大学生安全问题是高校发展过程中一个突出的大问题，安全是高校进行一切活动的前提和基础，是高校生命的保障。大学生增强安全防范意识，掌握必要的安全知识和安全防范技能，消除各种安全隐患，对于确保大学生安全具有十分重要的意义。很多大学新生是第一次离家远行，离开了家庭的保护，走入校园这个小型社会，必然会面临种种意想不到的情况。因此我们需要提醒学生可能出现的安全问题，提高学生的安全警惕性，增强防范意识，保护自己不受到伤害。

召开主题班会，针对防诈骗、防传销、防火防盗、出行安全、人身安全、财产安全、网络安全等安全问题进行详细说明解释，教会学生正确的处理方法。

节假日、假期前召开安全教育班会，对学生假期的出行安全进行教育和强调，认真统计好假期留/离校的学生名单，做好节假日、假期前紧急突发事件的预案。

3. 国史国情教育

认知认同是培育和践行社会主义核心价值观的前提和基础。在大一进行了校史校情教育的基础上，为更好地践行社会主义核心价值观，引导学生深入学习社会主义核心价值观，大二阶段是开展国史国情教育的好时机。辅导员可以利用"十一"国庆节的机会，鼓励各班在微信、QQ、微博等新媒体上参与"我和国旗合影""我和我的祖国"等活动，培养学生的爱国主义情怀；可以利用校园宣传栏，深度宣传介绍中华人民共和国成立以来，在中国共产党的领导下从站起来到富起来再到强起来的伟大飞跃；可以通过"知国情、学国史、庆国庆"系列主题教育活动，让同学们对中华人民共和国成立70多年来的历史有更加深入的了解，对中华人民共和国成立70多年来所取得的巨大成就有更加深刻的认识。回顾辉煌历程，面对新的时代，为中华人民共和国成立70多年来所取得的巨大发展成就备感自豪，这将激励同学为实现中华民族伟大复兴的中国梦贡献自己的力量。

4. 志愿服务教育

大学生作为志愿服务的主要主体之一，在帮助有需要的人群的基础上服务社会，同时锻炼自身沟通协调等能力。通过广泛、多样的社会服务活动，为理论与实际相结合提供有利条件，巩固和提高社会德育工作，促进社会主义精神文明建设，并成为新时期传统美德教育和共产主义理想教育的新载体。参与志愿工作既是"助人"，亦是"自助"，既是"乐人"，同时也"乐己"。参与志愿工作，既是在帮助他人、服务社会，同时也是在传递爱心和传播文明。因此，辅导员要积极引导大学生积极参加各类志愿服务，让学生在服务他人、服务社会的同时，自身得到提高、完善和发展，精神和心灵得到满足。

组织学雷锋志愿服务活动、火车站志愿服务活动、社区志愿服务活动、各类展览馆志愿服务活动、普法主题日志愿服务活动等志愿活动，形成互帮互助的氛围，传递正能量，以"积极帮助身边人，认认真真做小事"为目标，促使每一位参与的学生成为和谐校园文化的维护者，成为社会良好风尚的创造者和正能量的传递者。

（三）大学三年级

大学三年级学生的主要特点是迷茫，升入大三以后，即将面临毕业后何去何从的道路选择，父母、老师都会给出不同的道路方向，身边的同学也在进行着选择，可是到底什么是最适合自己的道路，自己又是否有能力为自己的选择努力并且顺利踏上那条道路，一切充满未知。这个阶段，针对性地开展就业教育、感恩教育和健康教育，以帮助学生用更好的心理状态和身体状态迎接挑战，从迷茫中寻找方向。

1. 就业教育

三年级的大学生即将面临毕业后就业的选择，不少学生在大一、大二期间都会有一个基本就业目标，工作、考研、出国、创业，都是学生可能的选择方向。到了大三时，大学生涯过半，学生对于自己的前途选择更加重视，当他们把实现目标需要的条件和目前自己所具备的能力联系起来时，不少学生觉得自己还不够优秀、离目标还太远，从而导致自信心不足或者产生挫折感。此时，辅导员可以通过首日教育、主题班会、个体咨询等方式，从面到点、以点带面的方式开展就业教育。三年级第一学期的首日教育时，辅导员就要开展第一次就业教育，帮助和引导学生对自身的能力和目标之间差距有正确认知，同时告诉学生，大三阶段是缩短现状与目标之间距离的关键时期，务必认真对待，不可轻言放弃。对于选择工作、考研和出国的学生，可以有针对性地开展主题班会，对于其可能在接下来各时间段要做的事情给出大致规划，帮助学生定立时间节点。与此同时，结合学生个体的具体问题开展咨询服务工作，帮助学生更好的进行自我认知和目标确定。

2. 感恩教育

大一、大二的学生是一个“被输血”的群体，他们需要在很多方面得到学校、老师和学长学姐的帮助。进入大三的学生开始从“被输血”阶段过渡到“造血、输血”阶段。高年级的感恩教育尤为重要，应当把责任、回馈等作为感恩教育的主要内容。例如：引导高年级学生捐献爱心基金帮助有困难的学生、引导高年级学生积极参加社会兼职工作补贴生活开销等。

由二级学院设立一个爱心基金，性质为公益性、互助性基金。建立本基金的目的是推进和谐校园的建设和资助突发性经济困难学生工作的开展，倡导“一方有难，八方支援”的互助精神，使遭遇特殊困难的学生感受到学院大家庭的关怀，提升大学生的社会责任意识，学会感恩。基金接受学院分团委的业务指导和学院党总支的监督。爱心基金管理委员会由分团委书记、分团委副书记、学生会主席和各班级生活委员组成。基金来源包括：学院教师的定额资助、各行政班级每月“爱心基金”特殊团费或特殊班费的定期捐款、学生个人捐助、校内外企事业单位捐助及其他合法收入等。

3. 安全教育

大三学生对安全教育工作的内容已经非常熟悉了，但是大三的安全教育也有与大一、大二的不同之处，大一、大二是防止受侵害，而大三加入了“防止侵害他人(物)”的内容。作为低年级学生的学长学姐，大三学生客观上基本具备了侵害他人(物)的能力，也正因如此，需要提升大三学生的主观认识，提示他们要有主人翁意识，不能在社会利益的诱惑下成为诱骗学弟学妹之人。

4. 健康教育

我们要通过有计划、有组织、有系统的教育活动，使学生自觉地采纳有益于健康的行为和生活方式，消除或减轻影响健康的危险因素，预防疾病，促进健康，提高生活质量。健康教育的核心是教育学生树立健康意识，促使学生改变不健康的行为生活方式，养成良好的行为生活方式，以降低或消除影响健康的危险因素。通过健康教育，能帮助学生了解哪些行为是影响健康的，并能自觉地选择有益于健康的行为生活方式。当代大学生可能存在的因沉迷游戏而导致的健康危机、因营养过剩而导致的超重危机、因不了解性知识而导致的生育危机、因低估传染性疾病而导致的传染危机等，需要辅导员客观看待并做出有效引导。

开展夜跑活动，将跑步与游戏相结合，让同学们感受健康夜跑的同时也愉悦身心，达到宣传健康、阳光运动的目的。通过夜跑，让学生暂时放下手机，感受运动所带来的愉悦感，体会健康的生活模式，从而促使学生养成放下手机、离开宿舍、锻炼身体的良好习惯。

（四）大学四年级

大学四年级学生即将和大学生活告别，和大三阶段相比，毕业的压力更近、更清晰，学生们处在找工作、考公务员、考研、出国留学、创业等的最关键时刻，此时我们需要格外注意学生们的心理状态，及时开展生命意识教育以及针对个案进行一对一辅导。临近毕业时，开展诚信教育以及毕业教育，在毕业生离校前做好最后的思想教育工作，让毕业生带着学校的叮嘱出发，为大学四年的主题教育收尾。

1. 生命意识教育

针对大四学生开展“珍惜生命·享受生活”活动。大四学生面对升学或者就业的压力，对于生活容易产生悲观态度，自然很难将精力集中在享受生活上，开展该活动有助于大四学生找回对于生活的正常态度，适当调节压力，不因压力过大而放弃生命。活动围绕“珍惜生命·享受生活”的主题，讲述即将毕业时应该如何调整生活状态以适应升学或者就业。借由此提高在校学生对于生活的积极态度与激情，从而提高学生的生命意识。

2. 安全教育

毕业生需要注意的是防止与就业、恋爱相关的诈骗。即将离开大学生活进入新阶段的毕业生，需要面临升学、择业等中诸如接触另一座城市、进入另一所学校、选择哪一个单位、选择居住在哪一个社区等具体问题，一些不法分子可能会趁学生毕业的阶段进行诈骗。因此，我们需要格外提醒毕业生谨防被骗。

3. 征兵动员宣讲

从 2009 年起，对普通高等学校应届毕业生实行预征兵制度。3 月是着手做好征兵报名工作的黄金时期。对毕业生的预征兵制度，国家和军队相应出台了众多的优惠政策，因此，这对于辅导员缓解大学生就业压力及学业困难学生毕业压力，帮助就业困难和学业困难群体解决出路，是一个不错的途径。辅导员要在最新征兵政策下发以后，第一时间向毕业生发布，特别是毕业生预征兵的最新优惠政策、优先政策、招收军士政策、学费补偿政策、助学贷款代偿政策等，并跟进学生的反馈和相关选择意向。同时，针对学业困难和就业困难学生，开展一对一的征兵政策宣讲，提高征兵宣讲的针对性。

4. 困难生助学贷款还款诚信教育会

助学贷款项目是针对家庭经济困难学生的学杂费贷款工作，在困难生接受助学贷款资助即将完成大学学业的阶段，展开“困难生助学贷款还款诚信教育”，一方面可以促使这些学生尽快诚信还款；另一方面也可以教育其他已经贷款以及未贷款的学生诚信的重要性。通过进行困难生助学贷款还款诚信教育活动，有针对性地进行诚信教育，避免教育内容过于广泛而缺乏现实教育性。教育内容主要围绕诚信的重要性、助学贷款项目的公益性以及诚信还款的必要性而展开。教导大学生在毕业后及时偿还贷款，确保自己的信用不被损坏。

5. 毕业教育

毕业教育是大学生思想政治教育工作的重要组成部分，是大学生走向工作岗位前的重要教育环节。对毕业生开展以文明教育、纪律教育、责任教育、职业道德教育、学习教育等为主题的教育工作，为毕业生毕业离校提供了明确的指导方向。辅导员对毕业生各方面的问题，要给予足够的关心和帮助，及时发现问题并解决问题。通过为毕业生提供及时周到的服务，解决毕业生离校前的后顾之忧，为他们顺利离校提供保障。

毕业教育可以分为三方面：就业教育、安全教育和日常教育。就业教育方面，系统地向毕业生介绍职业意识、职业规划、职业道德、就业心理等相关知识，告知学生如何了解就业信息，教授简历写作技巧、面试技巧、求职技能，提供创新创业信息及支持等。安全教育方面，要认真做好毕业生人身安全、财产安全、防火、防盗、防诈骗等安全教育工作，教育毕业生增强安全意识，妥善保管好钱物及有效证件等物品，仔细排查安全隐患，确保毕业生平安顺利的离校。发动毕业班学生党员、学生干部在毕业离校前起到模范带头作用。在日常教育方面，辅导员要及时了解和掌握毕业生的思想动态，对毕业生加强思想政治教育、心理健康教育等，引导学生树立正确的世界观、人生观和价值观，以积极健康的心态迎接毕业。

第七节　网络思想政治教育

网络自 1994 年全面进入我国，经过飞速发展，对人们的思维方式和交往方式产生了极大的影响，也深刻地改变了我国思想政治教育的教育主体、对象、空间等，这些改变对于思想政治教育既是机遇也是挑战，网络和思想政治教育的关系也因此而成为学界所不断关注的问题。网络思想政治教育因环境改变而产生，是应网络需要而生的思想政治教育新形态。高校校园网络对当代大学生的思想和行为，特别是意识形态的影响日益显著。如何在迅速发展的网络技术环境中，将理论与实践相结合，抓住这一机遇和挑战，使其成为满足大学生精神文化需求的新途径，是我们思想政治教育工作者所面临的重大现实问题。

一、网络思想政治教育重点

网络思想政治教育者主动深入网络，提升自身的网络生存技能，设置重要事件提醒，注意“时时在线”，灵活运用云备忘开展工作。即便如此，随着网络技术的大发展，他们在网络空间的话语权和权威性仍然不强。如何利用网络（易班）开展思想政治教育，是高校能否紧抓网络思想引领主导权的关键。习近平总书记指出：“大国网络安全博弈，不单是技术博弈，还是理念博弈、话语权博弈”“没有网络安全就没有国家安全”“我们过不了互联网这一关，就过不了长期执政关。”[①]我国一些高校开始着眼于国家发展战略的内外部环境以及学生的自主意识等特性，利用易班平台正确引导大学生认可、落实社会主义核心价值观，在刻苦求实、开拓创新、明德勤学等方面努力，促使大学生将思想意识落实于行动，将理论教育与易班线上线下有机联动，达到对大学生进行集中化与日常化网络思想政治教育的目的。

（一）网络思想政治教育的概念

网络思想政治教育作为网络环境下思想政治教育的一种新形态，是一定社会或社会组织、群体用一定思想观念、政治观点、道德规范和网络素养要求，以现代信息网络为新媒介，以互动引导、建设管理、制度规范等为基本方式，传递和宣扬我们党的路线方针政策与社会的主旋律、正能量和积极因子，对社会成员进行有目的、有计划、有组织的教育和影响，促进社会成员在教育活动中自主性的发挥和思想政治品德的自主建构，从而使社会成员形成符合一定社会或一定阶级所需要的思想政治品德的社会实践活动，是在增强“四个自信”上发挥应有职责和功能的思想政治教育。[②]

（二）基于互联网+思想政治教育模式的高校易班网络思想政治教育

易班，又称“E-CLASS”，是提供网络思政、教学管理、教育、服务等功能的综合性网络社区平台。网站充分融合高校现有各级信息化平台，对接校园数据库，实现一站式管理和浏览，并支持PC客户端、手机客户端、微信公众号等多种访问形式。易班在各高校中设立工作站，为学校开展线上线下网络思政教育和文化活动提供平台，让高校和学生都能充分发挥自主创新能力参与网络生活建设。毛泽东曾指出：“我们的任务是过河，但是没有桥或没有船就不能过。不解决桥或船的问题，过河就是一句空话。”[③]在易班平台建设上，“过河”就是指育人，“桥”和“船”就是易班阵地[④]。作为一种网络信息化平台，其具有以下两个特征：

一是非商业性公益网站。主要是对高校内部信息平台的局限性进行补充，高校教育教学资源免费共享，传播方式开放交互、传播内容丰富，可充分发挥“易班”平台带来的公益性、高度覆盖、高度灵活的优势。

二是服务型网站。各高校教师的课件资源共享，让学生不但能掌握自己学校的教学内容，更能了解到其他优秀大学教师的课件教案。数字化和多媒体的优势可以有效帮助辅导员管理班级，开展网络思想政治教育，引导学生树立正确的世界观、人生观和价值观。

对于大学生来说，网络生活是他们日常学习生活的重要组成部分，如何在易班开展思想政治教育，是目前高校所需面对的一大时代性问题。基于易班正确引导大学生认可并进一步落实社会主义核心价值观，在刻苦求实、开拓创新、勤学明德等方面努力，促

---

① 习近平：《在网络安全和信息化工作座谈会上的讲话》，《人民日报》2016年4月19日。

② 黄超主编：《高校网络思想政治教育研究》，世界图书出版社2012年版，第53～54页。

③ 《毛泽东选集》（第1卷），人民出版社1991年版，第139页。

④ 曹文泽：《“互联网+思想政治教育”模式的实践和创新：对高校“易班”网络思政教育的探索和思考》，《社会科学家》，2016年第12期。

使学生将思想意识落实于行动，紧抓网络思想引领的主导权。将理论教育与易班线上线下有机联动，对大学生进行集中化与日常化网络思想政治教育。

二、网络思想政治教育工作重点流程范例

（一）网络思想政治教育发展过程

正如习近平总书记所说："坚持传统媒体和新媒体优势互补、一体发展，坚持先进技术为支撑、内容建设为根本。"[①]近年来，高校思想政治教育工作实践表明，传统型的网络思想政治教育平台吸引力正日渐式微。[②]网络思想政治教育是思想政治教育的新形态，它不是网络与思想政治教育的简单结合体，且随着互联网的发展而形成的一种全新的思想政治教育新形态，它经历了从萌芽到形成，再到成熟壮大的发展过程。

1. 思想政治教育的"网外关注"时期

1994～1999 年，我国思想政治教育活动更多的表现为网下关注状态，只是作为一个"认知"工具，网络内容的建设处于空白期，思想政治教育者更无话语权，无法真正利用网络开展思想政治教育，基本处于一种弱势和被动状态。

2. 思想政治教育的"走进网络"时期

2000～2007 年，思想政治教育开始大步"走进网络"。2000 年左右，中国教育和科学计算机网(CERNET)的高速主干网建设顺利完成，高校校园网建设更加完善，用户日益猛增，网络成为大学生生活新的重要空间。1999 年，中共中央下发《中共中央关于加强和改进思想政治工作的若干意见》，2000 年，国家教育部下发《教育部关于加强高等学校思想政治教育进网络工作的若干意见》，推动了高校校园网在文化和内容建设上的大发展。高校思想政治教育工作者紧跟网络技术发展的步伐，深入走进网络，教育者渐渐拥有了网络话语权。[③]

3. 思想政治教育的"主导网络"时期

2007 年以后，思想政治教育工作力求主导网络"声音"，掌控话语权。占领网上高地，掌握和引领网络文化和话语权，打好网络持久战成为思想政治教育者必须承担的任务。2007 年，胡锦涛总书记在关于《以创新的精神加强网络文化建设和管理》的讲话中指出："加强网络文化建设和管理，充分发挥互联网在我国社会主义文化建设中的重要作用，有利于提高全民族的思想道德素质和科学文化素质，有利于扩大宣传思想工作的阵地，有利于扩大社会主义精神文明的辐射力和感染力，有利于增强我国的软实力，我们必须以积极的态度、创新的精神，大力发展和传播健康向上的网络文化，切实把互联网建设好、利用好、管理好。"自此，网络思想政治教育抢占网络文化高地的持久战正式拉开序幕，思想政治教育者不仅要全面认知网络，深度潜入网络，更要善用网络，提高在

---

① 杨直凡、胡树祥：《网络思想政治教育方法的构建与创新》，《思想理论教育导刊》2007 年第 7 期。

② 《辽宁省教育厅办公室关于印发辽宁省易班推广行动计划建设实施方案的通知》(辽教办〔2017〕91 号)，http://www.stuln.com/yi-ban/info-883406。

③ 黄超主编：《高校网络思想政治教育研究》，世界图书出版社 2012 年版，第 31 页。

网络中的生存能力和生存质量,才能掌握教育的主动权和引领权。①

（二）网络思想政治教育与传统思想政治教育的联系与区别

思想政治教育的现代化要求和肩负的时代使命,使得网络必然成为思想政治教育的新领域,网络思想政治教育活动已然呈现诸多不同于传统思想政治教育的特点,相关的教育新方法和新途径不断出现,为思想政治教育者提供了更大的教育空间。万变不离其宗,作为一种思想政治教育创新和发展的基础土壤,网络思想政治教育与传统思想政治教育既存在着联系,也有明显的区别。

1. 网络思想政治教育与传统思想政治教育的联系

网络思想政治教育是传统思想政治教育在互联网上的延伸和发展,是思想政治教育与互联网有机融合的产物,其在传统思想政治教育学理论研究中具有重要地位,能够极大地提高人们进行网络思想政治教育的自觉性,增强思想政治教育的有效性。传统思想政治教育对网络思想政治教育起到了奠基的作用,网络思想政治教育顺应时代发展,不断突破传统思想政治教育的现实局限。两者同属于思想政治教育,虽然方式不尽相同,但内里和核心思想却互为表里。

一般而言,传统思想政治教育更为直接、深刻,网络思想政治教育更具普遍和多样性,更容易进行学习,两者各有优劣。作为一种思想政治教育方法,对于一些学习者,可以以网络思想政治教育的方式进行教育,对于其中思想觉悟比较高的,我们可以用传统思想政治教育方式对其进行深一步的教导和教育,两种形式相互结合,能够适应不同人群的教育。

2. 网络思想政治教育与传统思想政治教育的区别

（1）传播途径不同。网络思想政治教育借助互联网的产生发展与完善,随着大众传播方式的更新应运而生,而传统思想政治教育存在于现实生活当中,与人的生活思想等息息相关。相对于网络思想政治教育来说,传统思想政治教育更加具有广泛的受众,但是可能因为一些刻板的观念以及方式方法传统,传统思想政治教育带给人的可能更多是一种强制意味在其中。网络思想政治教育更具有极高的自由度。

（2）受众不同。网络思想政治教育是以现代信息网络为媒介而进行的思想政治教育实践活动,它有特殊的教育环境(线上、虚拟)、教育对象(较多接触网络、偏年轻、灵活运用网络的人群)和教育过程(网络思想政治教育者的素质、领导、管理和评估等,受教育者的培养、接收、教育效果等),这些特殊的教育过程,是其不同于传统思想政治教育的重要特性。方式多种多样,内容丰富多彩,也更能激发人们的学习热情。

（3）便利度不同。和其他相关部分一样,对于传统思想政治教育而言,网络思想政治教育更具有便利性。比如某些普适性教育(青年大学习、学习强国),传统可能需要线下集结共同学习,但是网络思想政治教育则不同,受教育者可自由选择时间地点进行学习,在空间和时间上具有很大的自由性,同时网络宣传的电子信息更容易获取。

① 黄超主编:《高校网络思想政治教育研究》,世界图书出版社 2012 年版,第 32 页。

（三）网络思想政治教育的“主导网络”模式

思政教育工作要强化基础，抓住重点，建立规范，落实好责任，真正做到“虚”功“实”做，把“软指标”变为“硬约束”，把立德树人、规范管理的严格要求和春风化雨、润物无声的灵活方式相结合。这就对思政教育的模式提出了很高的要求，提升大学生思想素养是最终目标。教育模式向来是一个非常重要的方面，在与互联网的配合中，我们力求能够做到 1＋1＞2。

例 1-7-1　高校网络突发舆情事件处置应对

1. 案例介绍

20××年××月××日中午，静谧的午休突然被一阵电话铃声打破，电话那头传来一个急切的声音：“你看到微博热搜了嘛？我们学生干部刚才在上面关注到一条消息，我转发给你，你赶紧联系学生了解情况，并做好相应的应急工作！”打电话的是主管学生工作的某领导，声音很急促，根本来不及细说就挂断了。职业的本能告诉辅导员，这恐怕是一件发酵的网络舆情事件，而且可能很棘手。果然，微信随即闪烁起来，一位党员班委发来了一张截图，某大 V 博主刚刚更新的博文：“拜托，强迫我们搬出××宿舍楼给留学生住？××学校××学院真是厉害了！”

据爆料，“整个××学院××号楼现住的学生必须全部搬出，腾出这栋楼给留学生住。原因竟是从学校某部门流出的一份《关于××学校学生宿舍搬迁规定（暂定稿）》（简称《暂定稿》），说学校为了对部分宿舍楼进行休整，所以调整学校现有的宿舍入住结构，××号楼的现住学生必须在××号前搬到××号楼和××号楼，此楼在装修完成后，将会成为留学生的宿舍楼，这也可以？”看到这样的热搜内容和大量转载，不禁一阵惊诧，学校何时发布过这样的规定，而且还是暂定稿？学院也从没有开会传达过这份所谓的宿舍搬迁规定。所谓“好事不出门，坏事传千里”，谣言从来都是不胫而走，并且一旦形成舆论热点，形成网络舆情事件，基本上就很难扭转了。在找班级学生干部、党员了解清楚情况后，辅导员急忙拨通了主管院领导的电话，经过详细的汇报和分析，学院决定由主管院领导为组长，部分辅导员为组员，成立工作小组，第一时间找相关学生来学院面对面作出解释说明，并在网上进行跟帖澄清，同学们在了解清楚情况之后，也跟帖反驳博主的不实言论，舆论风向一时得到了控制，但还是造成了一定的负面影响。

2. 案例思考

随着互联网时代的到来，网络成为满足人民精神文化需求的新途径，网络文化日新月异发展和充满感染力的特性，逐渐成为公共信息集散地和公众参与社会管理、表达公众诉求的主要载体和意识形态斗争的新阵地。网络思想政治教育也成为高校开展立德树人工作的重要方面。大学生作为网络媒体的深度参与者，群体基数巨大而且集体兴奋点高度趋同，具有较高的知识层次、较重的猎奇心理、更明显的个性化特征以及较强的参与意识，使得高校网络舆情呈现潜在性、复杂性、交互性、突然性和难控性等特点，危机一旦爆发，很容易实现“线上线下”的互动，引发群体性事件，对学校的学生安全管理和教育工作都极为不利，也会对高校的声誉造成巨大损害。在如此环境之下，辅导员该如何正确识别、有效应对突发网络舆情事件呢？

3. 应对措施

(1) 建立健全舆情实时监测体系，准确识别危机。据了解，该事件最初是在微信群和QQ空间进行传播，随后是某同学借助于家里的传媒人关系在微博进行发布，引发大量网友热议，继而演变成热搜事件。高校网络舆情直接反映出当下大学生正在关注或时刻关注的和自身利益相关的热点话题，若能及时利用完善的舆情实时监测体系，全面监测正在传播的不实舆情信息，势必有助于了解涉事学生的思想动态和个性化需求，增强学校思想政治教育的针对性和实效性；另外，也有助于及时掌握网络舆情热点，识别可能存在的危机，防患于未然。案例中，班级学生干部第一时间发现此次网络舆情危机，并及时反馈给学院领导和辅导员，学院领导和辅导员及时跟进，果断处置(4小时内)，避免了网络舆论进一步发酵，是危机事件得到有效解决的关键。

(2) 真诚沟通，正面回应舆情，控制舆情。网络舆情发生的初期，广大网友都在持续关注事件真相，期待学校官方能及时进行"学校发布"，道出实情。此时如果校方瞻前顾后，不及时给学生一个正面的、满意的答复，很容易引发一系列不可控的猜疑，甚至流言蜚语。引发学生在不了解事实的情况下，信谣传谣。这势必会造成校方公信力的缺失，形象大跌；错过最佳的控制舆情时间之后再出面澄清，也很容易被不信任，甚至诋毁，造成难以挽回的局面。因此，在网络舆情危机爆发之初，就要以负责任的态度，进行真诚、公开、及时的沟通，第一时间告知公众事件真相，防止矛盾进一步激化。在本次事件中，学院领导和辅导员在发现网络舆情危机之后，及时找相关学生干部、党员了解情况，对网上流传的信息进行事实调查，利用易班线上平台，线上线下相结合，第一时间做这些学生的思想政治教育工作，引导他们明辨是非，不信谣不传谣，积极发挥党员的模范带头作用。对网络流传的那份《暂定稿》做出解释说明，还原事件真相，充分保护和尊重他们的知情权，并带领同学们一起跟帖纠正网络谣言。这种不回避、不遮掩的态度，不仅能安抚公众及涉事学生因真相缺失所产生的不满、恐慌情绪，而且提升了学校在学生和公众心中的公信力，为此次事件的进一步解决打下了良好的基础。

(3) 认真吸取教训，总结经验。网络自媒体时代的来临为更多的"网民"，特别是"00后"大学生提供了发声的平台，网络话语权被打碎散落到社会的每个角落，但这并不代表着网络舆论处于一种无规则的状态，更不代表"网民"和"键盘侠"可以不负责任地发布任何不实言论。相反，网络舆论决不能脱离基本事实和法理道德的约束，这就涉及高校能否掌握网络话语权，能否广泛、有效开展网络思想政治教育的关键问题。此次宿舍搬迁风波尽管最终得到了妥当处置，但广大辅导员必须以此为戒，做有责任有温度的摆渡人，深刻认识网络舆情的重要意义和开展网络思想政治教育的必要性。树立正确的舆情危机观，掌握正确识别和有效应对舆情危机的方法。当然，最重要的是引导大学生合理利用网络，树立正确的"网民观"和价值观，以事实为依据，以法律为准绳，理性分析，正确表达，不造谣、不信谣、不传谣。

例 1-7-2　××大学创新易班服务模式

和许多高校一样，××大学投入了大量的经费用于网络硬件建设，确保网络畅通，党政办公、教务管理、图书信息、后勤服务等均实现了网络化。学校投入大量精力建设校园门户网站、新闻网和各类主题教育网站，但是传统的校园网单向发布、缺乏沟通、趣味性不够、用户分散等问题难以解决，学生被百度、腾讯、新浪等社会网站和微博、微信等互联网应用吸引，学校始终缺乏一个聚集学生的主阵地，网络思政缺乏实实在在的抓手，校园文化活动缺乏分享交流的平台，校内信息资源缺乏集中展示的窗口。学校在意识形态工作、思政教育、信息化管理与服务、校园文化等方面都难以通过传统的校园网聚集学生、开展有效的工作。如何切合青年大学生交流习惯，建设一个吸引绝大多数在校学生的网络主阵地，从而有效推进网络思想政治教育，成为一个值得探索的问题。

面对前述困境，××大学尝试过很多方式。学校建设校园新闻网，围绕教学科研、师生生活提供丰富的新闻资讯，但是校园网主页要闻的展示空间有限，上万师生的校园，网络要闻的平均点击量始终在 2 000 左右徘徊；学校结合党建、团学和易班建设了多个专题网站，但红网的点击量低，以至于该网站往往成为上级文件和党报党刊言论的集中展示窗口和工作汇报平台，未能达到预期的思想政治教育宣传目的；学校开设信息门户、微博和论坛，提供丰富的免费资源下载吸引学生，但很快充斥各类吐槽和兼职广告，教师的主导作用难以发挥，优秀的博文淹没在各类垃圾信息之中；学校建设了多个业务系统，但因为每个系统都独立开发，数据资源不能共享，用户必须用多个账号密码登录，使用非常不便捷；学校要求辅导员开展网络思想政治教育工作，鼓励辅导员撰写博客、建设个人网络空间，但是许多老师的网上言论往往是个人生活、情感和观点，难以针对学生具体情况开展思想政治教育，学校对辅导员开展的网络思政工作也难以评估考核。

经过多年实践探索，××大学从面临的现实困境出发，认为需要构建一个互联网环境下的思政育人“信息系统”：这个系统以爱党、爱国、爱校为统领，让学生回归思想政治教育的核心地位，发挥学生自我教育的主体性。这个系统通过依托一个融合了信息发布与沟通、新媒体互动、校园信息化一站式服务、在线学习、校园网络文化等全功能的基础平台，有效整合线上线下、校内校外、政府社会等多方教育资源和力量，形成协同创新的合力，为学生提供全方位全过程的服务，让学生在系统中互动、分享、创造，实现自我成长和隐性的思想引领。

易班以服务“每个学生的终身发展”为基本目标，通过提供即时信息、相册、资料库、题库、微社区、轻博客、“快搭”平台、“易班云”平台等主流网络产品和教育信息化一站式服务功能，将一个个校园信息化的“孤岛”连接起来，重构校园信息化服务。此外，易班将线上线下校园用户关系同构，并依托其独家的优势资源，将互联网思维运用于教育教学资源、模式的创新和校园网络文化建设，不仅为高校开展在线教育提供了丰富的资源和平台服务，还与高校合作每年开展超过 4 000 场互动主题活动，其中包括“高校校园好声音网络大赛”“大学生微电影创作大赛”“大学生网络创新创业大赛”等极具影响力的品牌活动，吸引超过 1 000 万名学生参与。

第二章 团学工作

第一节 高校团学工作意义、目的和主要内容

一、高校团学工作的意义和目的

党的十九届四中全会提出，要加强和改进学校思想政治教育，建立全员、全程、全方位育人体制机制。组织育人是指高校各级组织在遵循学生成长成才规律的基础上，发挥其政治、组织、管理、服务功能和优势，通过有目的、有计划的组织行为落实立德树人根本任务，实现培养担当民族复兴大任的时代新人这一培养目标的育人行为。组织育人重在将组织建设与教育引领结合起来，把思想价值引领贯穿教育教学全过程和各环节，增强思想政治教育的实效性。

高校团学工作承担着组织育人、解决学生成长成才需求、发挥思想政治引领骨干力量的重要作用。新时期做好高校团学工作具有十分重要的意义，这不仅关系到青年一代的成长成才和共青团组织的长远发展，更关乎着国家的未来和民族的命运。

（一）实现中国梦的重要依托

2018 年 5 月 2 日，在北京大学师生座谈会上，习近平总书记指出："青春理想，青春活力，青春奋斗，是中国精神和中国力量的生命力所在。"①引领广大青年团员坚定理想信念，自觉以实际行动践行社会主义核心价值观是高校共青团工作必须围绕的中心，唯有紧紧围绕这个中心，才能为中国梦的实现输送合格人才。在基层团建工作中，要引导团员认识个人的命运与国家和民族命运的关系，持续引导青年大学生以新时代背景为奋斗底色，培育其奋斗意识，提升奋斗能力，团结带领青年学生在实现中华民族伟大复兴的新征程中书写人生精彩。

（二）培养担当民族复兴大任的时代新人

中国特色社会主义事业的薪火相传、蓬勃发展需要一代又一代政治坚定、理想远

---

① 新时代学习工作室：《15 句话感受习近平在北大对青年和教育的殷切希望》，http://cpc.people.com.cn/xuexi/n1/2018/0503/c385474-29962770.html。

大、素质全面的优秀青年为之不懈奋斗。高校团组织承担着为国家培养优秀后备人才的重要职责。高校团学工作在大学生思想政治教育中有着非常重要的作用，因为团学工作的目的就是要不断培养出中国特色社会主义事业的合格建设者和可靠接班人。

（三）服务大学生成长成才的需要

当代大学生具有鲜明的时代特点。在“四个多样化”的社会背景下，当代大学生的成长发展、学习生活、择业交友都遇到了一些新问题，迫切需要团组织的关心和帮助。高校团学工作的本质是服务学生，凝聚学生，助力大学生成长成才。高校共青团积极适应经济社会发展对人才成长的需要，在团结和带领青年学生跟党走、服务青年学生成长成才等方面发挥了重要作用。

二、高校团学工作主要内容梳理

共青团有其明确的身份定位，《中国共产党章程》第51条规定：“中国共产主义青年团是中国共产党领导的先进青年的群团组织……是党的助手和后备军。”①这一规定明确了党与团的关系。高校共青团和学生会是学校党委联系、凝聚、引领广大青年学生的中介和纽带，发挥着不可替代的激励凝聚、政治引领、能力提升等组织功能。共青团组织通过社团建团、班级建团、宿舍建团、专业建团等多重形式，将思想政治教育阵地延伸至每一个角落。

习近平总书记明确指出：“团的工作要把培养中国特色社会主义事业建设者和接班人作为根本任务，把巩固和扩大党执政的青年群众基础作为政治责任，把围绕中心、服务大局作为工作主线。”按照全团“培育当代新青年、创造时代新业绩、服务青年新需求、激发组织新活力、凝聚社会新组织、进军网络新媒体、锤炼团干新风貌”的部署，以实施大中学生“中国梦”成长工程为统揽，实施思想引领行动、素质拓展行动、权益服务行动、组织提升行动，注重促进学生健康成长、全面成长、公平成长，形成学校共青团带领广大青年学生践行“中国梦”的工作新格局。

（一）抓好思想政治教育，引领凝聚新青年

实施思想引领行动，筑牢大中学生奋力实现“中国梦”的思想基础。深入开展中国特色社会主义和“中国梦”宣传教育，深入学习贯彻习近平新时代中国特色社会主义思想，培育和践行社会主义核心价值观，站在理想信念的制高点上，以思想道德素质为基础，引导大中学生爱学习、爱劳动、爱祖国，树立正确的世界观、人生观、价值观，增强对中国特色社会主义的理性认同和自觉践行，树立和坚定在中国特色社会主义道路上实现“中国梦”的理想信念。

广泛开展专题学习会、宣讲报告、培训研讨、实践教育等活动。组织团员广泛参与“青年大学习”网上主题团课学习。围绕重要时间节点，广泛开展主题宣传教育实践活动。如中华人民共和国成立70周年、“五四运动”100周年、澳门回归20周年等，探索“爱国主义教育与爱党、爱社会主义相结合”的有效载体与方式。以“政治引领”为主线贯穿团学工作全过程。

---

① 《中国共产党章程》，人民出版社2017年版，第60页。

例 2-1-1 “五四运动”100 周年快闪活动

《我和我的祖国》×××大学视频脚本

序号	歌词(段落)	演唱者	画　面	拍摄地
1	前奏 1	口琴 & 小提琴	两人中景 & 乐器特写(可边走)	桥上
2	前奏 2(交响起)	—	校门 & 校园航拍 & 校园延时	from《宣传片》& 自采
3	我和我的祖国　一刻也不能分割	两男 & 吉他 A	两男中景(固定镜头 & 特写)	河边
4	无论我走到哪里　都流出一首赞歌		吉他中景 & 特写 & 唱歌镜头	
5	我歌唱每一座高山　我歌唱每一条河	两女 & 吉他 B	两女中景 & 吉他中景	花边上(带花前景)
6	袅袅炊烟　小小村落　路上一道辙	四人合唱 & 吉他 AB	全景	运动镜头(推)
7	我最亲爱的祖国,我永远紧贴着你的心窝	一男一女	中景 & 特写	桥上
8	你用你那母亲的脉搏和我诉说	三男三女	全景	桥上

（续表）

序号	歌词(段落)	演唱者	画　面	拍摄地
9	间奏 1	箫 & 古筝	两人中景 & 一人一个近景	图书馆前广场
10	我的祖国和我　像海和浪花一朵	小合唱	航拍 & 全景 & 特写 & 群众特写 &TK 版	
11	浪是海的赤子　海是那浪的依托			
12	每当大海在微笑　我就是笑的旋涡			
13	我分担着海的忧愁　分享海的欢乐			
14	间奏 2	古筝独奏	特写 & 近景	
15	我最亲爱的祖国　你是大海永不干涸	老师 & 学生	从图书馆走出(移动)	
16	永远给我　碧浪清波　心中的歌		全景 & 航拍	
17	我最亲爱的祖国　你是大海永不干涸	舞蹈 & 大合唱	舞蹈各景别	
18	永远给我　碧浪清波　心中的歌	大合唱(放气球)	全景 & 航拍 & 学校大航拍	
19	啊……			

例 2-1-2　“青春心向党·建功新时代”特别主题团日活动策划案

1. 活动背景及意义

(1) 活动背景。按照团中央书记处安排部署，全团将围绕隆重庆祝中华人民共和国成立 70 周年、纪念“五四运动”100 周年，集中组织开展“青春心向党·建功新时代”特别主题团日活动，突出仪式教育感召作用，依托各地红色教育资源，组织全体共青团员在庄严肃穆的仪式中接受“沉浸式”精神洗礼。××大学××学院应团中央号召，在全院召开“青春心向党·建功新时代”团日活动。

(2) 活动参与主体：××学院全体大一团支部成员。

(3) 活动时间：清明节(4 月 5 日)至 5 月上旬。

(4) 活动地点：共青团中央旧址、中共一大旧址、上海鲁迅纪念馆、龙华烈士陵园。

(5) 活动主题：青春心向党，建功新时代。

(6) 活动口号：时代在呼唤年轻的力量，青春在期待中国的明天！

2. 具体参观活动

(1) 活动介绍。全体团员前往具有“五四”精神、红色历史的园区参观学习，追忆革命故事，缅怀英雄先烈，传承“五四”精神。

① 活动地点选择：共青团中央旧址、中共一大旧址、上海鲁迅纪念馆、龙华烈士陵园。各团支部可根据团支部自身团日活动开展需要选择其中一个地点参观瞻仰，集体出行。

② 出行组织。

集合地点：新校门门口。

出行方式：各团支部以集体形式分车通过交通工具到达地点。请各团支部文体委员及班长负责带队，保证排队上车、下车的秩序，切勿喧哗。

自主活动：由于车程较长，建议各团支部团支书准备多项贴合主题、可展现青年活力与风貌的活动于大巴上进行。各团支部按实际需要可以将此项活动作为风采展示的内容。

③ 活动注意事项：各团支部需注意在参观学习中的秩序，注意言行举止，保持认真严肃，勿在园区做出有辱烈士尊严的行为；各团支部需注意在参观学习中的集体性，做好考勤和安全措施，避免出现落队、受伤等安全问题。

(2) 参观期间活动。就团中央下发文件，我院拟推荐多项具体活动项目以供各团支部参考开展，具体项目各团支部可根据实际情况自由发挥。

① 齐唱国歌。组织全体团员列队集合，齐唱国歌。

②“纪念五四运动 100 周年”主题微团课。请党史团史领域专家、典型模范、青年教师等以“纪念五四运动 100 周年”为主题，在现场为团员讲授微团课。

③ 团旗下的演讲。选取一名优秀共青团员代表，围绕在新时代继承和弘扬“五四”精神、争做担当民族复兴大任的时代新人等内容，进行一场团旗下的演讲。

④ 入团宣誓。组织新团员入团宣誓，老团员重温入团誓词，由一名团员代表领誓。

⑤ 团的传承。走进团的历史，邀请高龄老共青团团员为新时代共青团团员讲团的故事，最后将团徽传递给一位团员代表。

⑥ 寄语团员。邀请上级党组织负责人为新团员戴团徽，随后向团员青年寄语，提出希望和要求。

⑦ 齐唱团歌。组织全体团员列队集合，齐唱团歌。

⑧ 互动展示。全体团员在现场写下活动感悟和奋斗目标，进行集中展示。在以上环节基础上，可根据实际情况，酌情增加敬献花篮、默哀致敬等环节。各团支部可根据自身团支部特色，加入有特色、有特点的展示。

3. Vlog 创新展示

为鼓励各团支部积极利用新媒体平台进行宣传，贴合时代特色，要求各团支部以 Vlog 的创新形式进行展示。

要求各团支部利用现有资源对活动每一环节进行拍摄，贴近团员生活实际的同时，鼓励各团支部在 Vlog 中展示自身团支部的特色，突破传统团日局限，鼓励各团支部在各媒体平台展现自我，发扬风采。

4. 活动录制及宣传

(1) 活动视频录制。本次团日活动，组织方决定全程以 Vlog 形式记录，通过团支部开展活动的庄严肃穆的仪式教育，以营造神圣感、崇高感。同时将最贴近团员生活的真实一面展现给外界。

Vlog 将实时记录各团支部开展团日活动的全过程，从而达到团中央文件中"天天有活动、周周掀热潮"的预期，形成全团集中行动、青年踊跃参与的效果。

(2) 活动全程宣传。

① 活动视频。本次团日活动全程所拍摄的 Vlog 及视频都将经过后期剪辑处理后制作成微视频在新媒体平台，以及××平台的 QQ 推送。

② 活动具体宣传。活动整体介绍、流程及活动进程，拍摄花絮将在新媒体平台，以及法律资讯平台的 QQ 推送。

团日活动当天，抖音 APP 将直播××学院特色团日活动风采。

(二) 服务学生成长成才，组织动员新青年

落实《中长期青年发展规划(2016～2025 年)》有关工作，系统梳理德、智、体、美、劳教育实践路径，广泛推进实践教育活动，组织动员青年建功新时代。

1. 开展实践教育和志愿服务工作

推行"第二课堂"制度，开展暑期社会实践和日常社会实践，围绕"往社区走"战略，实现学校与社区的共建融合，开展好服务好学生积极参与"知行杯"上海市大学生社会实践大赛。鼓励学生积极参与志愿服务工作，持续实施、深入开展大学生志愿服务西部计划、各支教团项目。引导学生积极参与学院品牌服务项目。

例 2-1-3　关于开展××大学××学院 20××年大学生暑期社会实践活动的通知(以 2019 年为例)

各行政班级(含研究生)：

2019 年是中华人民共和国成立 70 周年、"五四运动"100 周年及建校 35 周年。为

深入学习贯彻习近平新时代中国特色社会主义思想，发挥学校团员青年在加快建成特色鲜明的国内知名政法大学中的生力军和突击队作用，经校学生工作党委批准，我校将于6月～9月在全校范围内开展2019年大学生暑期社会实践活动，鼓励大学生奔赴祖国各地，通过社会服务和社会调查，结合时政热点，把实现自身价值和服务祖国人民统一起来，做到知行合一、服务发展。现将有关事项通知如下：

一、活动主题

共铸辉煌七十载，青春奋进新时代

二、项目类别

（一）“砥砺七十年献礼新时代”——中华人民共和国成立70周年专项

2019年是中华人民共和国成立70周年。为引导青年坚定爱国意识，承担时代责任，专项鼓励团队通过宣讲、调研等多种方式，探索70年来党与国家的卓越成就，并亲身体会新时代的中国发展、中国特色、中国前景，形象呈现70年来中国的变化与发展之路。主题可围绕但不限于以下分项：

1.“七十华诞”＋爱国宣讲

宣讲内容可围绕3个方面：(1)解读理论思想；(2)重温党史国史；(3)总结发展成果。

2.“七十华诞”＋人民生活

(1) 鼓励实践团队对与祖国共成长或见证祖国发展的群众进行寻访，听祖国同龄人口述祖国发展，共话奋斗之路，以微知著地呈现中华人民共和国成立70年以来人们生活方式及思想观念等的变化，祖国的巨大变迁和崭新面貌。

(2)“镜头下的中国”：鼓励实践团队运用多媒体手段，以照片拍摄、微视频录制等创新方式，聚焦社会细微之处，创新选题设计，微视角记录社会热点问题，以独特的视角认识国情、以独特的方式服务社会。

（二）“新时代新青年”——纪念“五四运动”100周年专项

鼓励实践团队通过寻访等多种形式向优秀青年学习，了解其为国家政治、经济、文化各领域的发展贡献的青年力量与智慧，探索青年为新时代建设做出的贡献。

（三）“校园的青春印记”——纪念建校35周年专项

鼓励实践团队主动拜访本学院在校工作时间较长的教师，获取优秀校友信息，通过访谈等形式了解其在××大学学习期间的经历及毕业后在平凡工作岗位上做出的贡献，同时也带去母校对校友的问候，并用手机横屏拍摄校友“祝福母校生日快乐”视频。

（四）“学思结合、知行统一”——“知行杯”专项实践

“知行杯”上海市大学生社会实践大赛的宗旨：紧紧围绕立德树人的教育目标，推动大学生社会实践活动大范围、高质量地开展，引导大学生走出校门、深入基层、深入群众，深入实际，在学思结合、知行统一的实践锻炼中，受教育、长才干、做贡献，树立正确的世界观、人生观和价值观，努力成长为德才兼备、全面发展的中国特色社会主义合格建设者和可靠接班人。

参赛项目分为：

(1) 社会服务类：以公益性、服务性为核心要素，包括理论普及宣讲、科技支农帮扶、教育关爱服务、文化艺术服务、爱心医疗服务等方面。

(2) 社会调查类：以研究性、社会性为核心要素，主要是围绕国家和城市经济社会发展的重点领域、热点问题开展实证调查，所形成的实践成果。

(3) 专项行动类：根据市委和团中央部署，围绕重大国家战略和重要纪念活动开展的专题性社会实践项目。

(五)"青春进社区　实事赢民心"——大学生进社区专项实践

为进一步深入学习贯彻习近平新时代中国特色社会主义思想，认真学习贯彻习近平总书记"7·2"重要讲话精神，引领青年在投身基层社会治理、社会服务中向人民学习、向实践学习、向基层学习，推动广大青年学生在融入社区、服务社区中受教育、长才干、做贡献，鼓励团队主要围绕以下内容进行实践：

1. 学习进社区

鼓励实践团队带领社区进行学习。在社区宣讲习近平新时代中国特色社会主义思想，积极参与社区党建、团建。

鼓励实践团队从社区工作中学习。通过兼职、挂职、社会实践等多种方式走进社区，参与业委会工作，制度化、周期性地参与社区治理、社区服务。

2. 文创进社区

鼓励实践团队围绕社区环境改善和社区文化营造等方面，提出城市微更新及社区微改造的设计方案，推动社区软、硬件发展。

3. 服务进社区

鼓励实践团队结合学业专长、研究特长开展社区服务，重点关注"老、小、旧、远"等问题，围绕扶老、助残、救孤、恤贫等内容，开展便民服务，帮助社区居民改善生活水平、提高生活质量。

鼓励实践团队聚焦垃圾分类治理全过程，围绕分类收集、垃圾分拣、分类利用和处置等多个方面，进行实践调研、文化宣讲，应用设计和技术创新等多形式的社会实践，鼓励形成一定社会效应和成果转化。

(六)"把握时代新变化乡村振兴奋力行"——乡村脱贫攻坚实践

为确保2020年全面打赢脱贫攻坚战，2019年是关键的一年。该专项鼓励实践团队以乡村振兴为主题，选取不同切入点，开展相关实践活动，为决胜全面建成小康社会贡献智慧。项目内容可围绕以下两个方面：

1. 专业献策

鼓励实践团队围绕"美丽乡村"建设等新型城镇化发展策略的实施，实地深入乡村地区，围绕当地农产品供销及特色文化传承等方面的现状及未来规划展开调研，结合专业知识制定策略，提出专业化建议方案，助力乡村发展。

2. 爱心支教

鼓励实践团队在有带队老师带教基础上，自行联络支教地点，深入基础教育薄弱、教育资源匮乏、留守子女集中的乡镇学校等开展支教活动，输出教育资源，并要求团队就教育资源分配、师资力量提升、教育模式、特殊教育等问题展开调研。

（七）“互联时代，无限未来”——“互联网+”专项实践

此专项鼓励实践团队紧跟“互联网+”的时代潮流，探索“互联网+”益民服务的无限可能，调研人民生活的衣食住行等各个方面中互联网的应用程度和人们的反馈意见，基于调研结果提出改进解决方案，并鼓励将成果实体化投入应用。

（八）“寻找文化记忆　探知历史脉络”——优秀传统文化创新发展专项实践

此专项鼓励实践团队围绕传统文化主题，前往祖国各地，挖掘我国传统文化底蕴，考察传统文化的生存和发展现状；结合时代特色、时代要求，提出可行的包装、宣传方案。鼓励利用各种创新形式展现实践成果，真正促进传统文化的现代化推广发展。

（九）“爱心暑托班　快乐不简单”——“爱心暑托班”志愿服务专项实践（通知另发）

此专项鼓励实践团队弘扬“奉献、友爱、互助、进步”的志愿服务精神，积极鼓励参与××区小学生“爱心暑托班”志愿服务活动，充分发挥同学自身兴趣和展现专业特色，培养爱心、耐心与责任心，专项引导和帮助小学生度过一个安全、快乐、有意义的假期。

（十）其他专项

除以上专项实践外，鼓励学生个人或学生团队关注社会焦点，充分认知国情。发挥青年学生的热情去服务社会，投身实践，增强能力，发扬专业特长，并以独特的视角、丰富实践的选题、创新实践项目的形式与方式，开展别具一格的实践活动。

三、工作进程

(1) 请各参赛团队与个人于6月4日中午12点前将“××大学2019年暑期社会实践项目申报书”（附件1）、“××大学2019年大学生暑期社会实践项目汇总表”（附件3）发至邮箱×××@163.com。

(2) 立项答辩将于6月6日15:30进行，请各参赛团队与个人做好相关准备。

(3) 请各参赛团队与个人在6月8日前将纸质材料交至×××。

(4) 二级学院的院内选拔结束后，将在6月10日前把答辩结果的汇总情况及相关材料交至校团委处。

四、工作要求

(1) 各行政班级（含研究生）要充分认识组织开展大学生暑期社会实践的重要意义，形成学校团委统筹协调、学院团委组织实施和责任部门积极配合的工作体系，上下联动，协同推进。注重将社会实践与学生自身、社会、国家发展相结合，加强选题方向、调研方法、成果总结等多方面的专业指导工作。同时，需重视申报团队，特别是赴外省市申报团队的安全保障工作，加强安全教育意识，确保参与师生的人身安全。

(2) 积极整合资源，进一步强化多学科交叉优势，完善实践育人体系，通过网络平

台、现实平台双向同步运营，实现“跨学科、跨年级”自由组队，原则上要求每个团队参与人数在3人以上(7～9人适宜)，扩大学生参与面。紧紧围绕新时代主题，切实做好社会实践活动。后期注意交流经验和体会，树立先进典型，扩大教育成果。

(3) 各行政班级(含研究生)要充分利用新媒体、大众传媒和校园媒体等进行信息报送，在活动的策划、动员、实施、总结等各个阶段进行宣传和互动参与，加强活动中优秀个人和团队的宣传报道，为学生社会实践活动整体宣传赢得最大的传播效益。

(4) 根据学校要求，××学院将从立项答辩中推选出较好的4个项目(原则上不超过4个)参加校级立项答辩。

(5) 校级立项项目分为A、B两个等级，校级重点项目将从等级A中确定，校团委将根据校级重点项目实践内容，邀请专业老师进行指导，培育精品项目。学校根据总体立项情况匹配相应经费支持。项目经费将结合立项答辩、项目成果、结题答辩和评奖评优等综合情况在不同阶段予以经费报销，经立项后首期经费资助标准如下：

等　级	支持标准(非上海)	支持标准(上海)
A	3 000元	2 000元
B	1 000元	500元
备注：校级重点项目将根据开展过程、结果等匹配额外经费。		

(6) 大一和大二每个班级必须至少组队参与一个项目，研究生自愿。

(7) 建议各参赛团队和个人在立项时，将项目与自己所学专业充分结合，争取做出有专业特色的项目来，增强项目的竞争力。

××学院负责人联系方式：××××

例2-1-4　关于开展2019年大学生西部计划志愿者招募报名的通知

各行政班级(含研究生)：

大学生志愿服务西部计划(简称西部计划)是经国务院常务会议决定，由共青团中央、教育部、财政部、人力资源社会保障部共同实施的一项重大人才工程。为深入学习习近平新时代中国特色社会主义思想，全面贯彻落实党的十九大和十九届二中、三中全会精神，认真贯彻落实中央对西部计划的批示指示精神，进一步落实中共中央办公厅、国务院办公厅《关于进一步引导和鼓励高校毕业生到基层工作的意见》《关于印发高校毕业生基层成长计划的通知》(人社部发〔2017〕85号)、《关于统筹实施引导高校毕业生到农村基层服务项目工作的通知》(人社部发〔2009〕42号)等文件精神，积极引导青年发扬“奉献、友爱、互助、进步”的志愿精神，到祖国最需要的地方为决胜全面建成小康社会、实现中华民族伟大复兴的中国梦贡献青春力量，现将《2019年××××关于开展大学生西部计划志愿者招募报名的通知》予以下发，请各班级根据要求切实做好宣传动员、招募选拔工作，鼓励更多应届毕业生、在读研究生参与西部计划，确保工作深入、持久、务实推进，圆满完成今年大学生志愿服务西部计划项目的各项任务。现作通知如下：

一、西部计划项目介绍

2003年，团中央、教育部、财政部、人力资源社会保障部根据国务院常务会议和全国高校毕业生就业工作会议精神，联合实施大学生志愿服务西部计划，招募一定数量的普通高等学校应届毕业生或在读研究生，到西部基层开展为期1—3年的志愿服务工作，鼓励志愿者服务期满后扎根当地就业创业。西部计划实施16年来，已累计选派29万余名大学生志愿者到中西部22个省(区、市)及新疆生产建设兵团的2 100多个县(市、区、旗)基层服务，综合成效明显。

西部计划作为国家重大人才工程“高校毕业生基层培养计划”的子项目，是引导和鼓励高校毕业生到基层工作的五个专项之一。党中央、国务院高度关心西部计划志愿者，高度重视西部计划和研究生支教团工作。习近平总书记曾多次作出批示或给志愿者回信，肯定志愿者们在西部地区辛勤耕耘、默默奉献，为当地经济社会发展、民族团结进步做出的贡献，勉励越来越多的青年人以志愿者为榜样，到基层和人民中去建功立业，让青春之花绽放在祖国最需要的地方，在实现中国梦的伟大实践中书写别样精彩的人生。

二、专项行动简介

2019年西部计划按照服务内容分为基础教育、服务三农、医疗卫生、基层青年工作、基层社会管理、服务新疆、服务西藏等7个专项。服务期为1～3年，服务协议一年一签。西部计划2019年实施规模为2万人，其中包括2 181名第21届中国青年志愿者扶贫接力计划研究生支教团成员。

三、报名时间

我校通过公开招募、自愿报名、组织选拔、集中派遣的方式确定西部计划志愿者并上报上海市项目办，具体安排如下：

报名时间：即日起至2019年5月31日

面试、心理测试时间：2019年6月3日

四、报名条件

2019年普通高等学校应届毕业生或在读研究生，到岗之前获得毕业证书或学位证书，通过西部计划体检。有志愿服务经历和担任过各级团组织学生会干部的优先录用。

五、报名程序

(1) 网上报名。报名者登录西部计划网站(http://xibu.youth.cn)阅读相关文件政策或关注“西部志愿汇”微信公众号，在西部计划报名系统进行注册、填写报名表并选择3个意向服务省，本人对报名登记表的真实性和准确性负责。

(2) 打印报名表。报名者从西部计划信息系统下载打印报名登记表，一式两份。

(3) 交表。纸质报名表由辅导员签字，于5月28日前交至××(××××团委学生会办公室)，由××××团委学生会志愿者统一盖章并送至西部计划项目办公室(××××办公室)审核。

(4) 确认。校团委在收到学生的报名登记表后,对其在网上报名填写信息的真实性等情况进行审核。审核后,在"西部计划信息系统"中填写审核意见。

六、注意事项

(1) 网上报名时,学校邮箱填写:××××。

(2) 必须上传本人正面免冠照片;手机号码务必填写本人常用号码,确保随时可接收信息。

(3) 详情可参照附录《2019～2020 年大学生志愿服务西部计划实施方案》

联系人:××××

共青团××××委员会

2019 年 5 月 13 日

例 2-1-5　××××巴金故居志愿者项目招人啦

愿今后岁月流逝见遍人情世故,仍能初心不改。

如果你也曾为小狗包弟的故事潸然泪下,如果你渴望接近享誉海内外的文学大师,如果你不愿再做被动接受的参观者,而愿意做带领游览的解说员,欢迎加入巴金故居志愿者项目。

在这里,你可以在社会实践中锻炼与人沟通的能力,在这里,你可以学习到书本难以呈现的内容;在这里,你可以真正走近巴金,了解这位因患肺结核而错失北大,又因写书而获得爱情的文学大家的往事……

巴金老先生故居的大门如今正对你敞开。在巴金故居做一名解说员,让我们一起守护巴金老人的故居。

活动时间:周二至周日

(1) 全天:上午 9:30～下午 4:30,服务时间 7 小时

(2) 上午批次(9:30～13:30);下午批次(13:00～16:30)

活动地点:巴金故居(徐汇区武康路 113 号)

活动内容:在巴金故居各岗站内引导游客,维持现场秩序;引导游客文明游览,对巴金故居进行基本的介绍等。

报名方式:

(1) 每月中后期会以问卷形式开展下一个月的招募工作,问卷结果将用以制作下月排班表。

(2) 问卷截止后,我们将根据问卷结果与巴金故居一同进行排班,结果将以排班表形式公布。

项目福利:

(1) 参加全天志愿服务的,提供午餐。

(2) 志愿者补贴:半天补贴 20 元,全天补贴 40 元。

(3) 参加本志愿服务项目的,学期末可根据参加次数敲相应的学生活动章。

(4) 服务时长满 28 小时并跨度 4 个月的,可于学期末统一申请巴金故居志愿服务

证书。

注意事项：

(1) 排班表一经公布，原则上不再接受调班与请假，填写问卷时请务必确认空闲时间(如问卷填写有误，请在问卷时间截止前与我们取得联系)。

(2) 巴金故居方面会定期出具志愿者服务评价，该评价将直接反馈至学院，由学院将相关信息反馈给各辅导员老师。无故旷班的，将直接影响日后所有志愿者活动的报名。

(3) 凡报名参加志愿服务的，应当提前熟悉解说稿，如有意成为解说员可与巴金故居负责人联系。

报名问卷链接：×××××

联系人：××××

例 2-1-6 筑梦青海 温暖同行——叮铃铃……青海线上讲堂招新啦！

2020 年是脱贫攻坚收官之年，虽有疫情干扰，却并不能阻挡我们大学生积极助力扶贫工作的脚步。为此，××××青海线上支教队伍与青海×××合力推出了线上教学志愿服务。如果你喜爱志愿者活动，就来看看吧！

一、志愿者项目介绍

(一) 活动内容

本次志愿活动将在 2020 年 10 月～2021 年 1 月间进行，采取腾讯会议线上课堂的服务模式，志愿者们可以运用手机、电脑等电子设备，通过一对一线上教学陪伴的形式，为教学资源匮乏地区的孩子们答疑解惑，传授法律知识并提供心理辅导，助力青少年成长。

(二) 服务对象

青海省××市××县××学校 3～6 年级学生

二、招新要求

(1) 热爱志愿者活动

(2) 自觉遵守青海线上支教队的规章制度

(3) 性格开朗，敢于沟通交流，工作态度积极认真

(4) 具有团队合作能力和责任心，有一定组织能力和表达能力

(5) 有志愿者经历者优先

本次活动旨在帮助青海省教育资源欠发达地区的学生学习和成长，在传播专业知识的同时，增强青海地区学生的××意识。同时在志愿服务的过程中，提升大学生思想道德素质和社会实践能力。

作为××学子，我们的心中不仅有诗和远方，更有国家和人民，我们的眼中不仅要有眼前与当下，更要展望未来，开阔视野。我们在提升自己的同时，也要坚持为社会贡献一份力量。让我们携手用自己的行动传递爱与希望！

快快来报名吧——我们等你来哟！

三、报名方式

扫描二维码加入××志愿者群。

2. 青年学生创业就业促进

把创业作为切入口，以营造创业文化、提升创业能力、加强创业辅导、深化创业实践、搭建创业平台、完善创业政策为重点，以引导学生树立正确就业成才观念、实现充分就业、提升就业质量为目标，构建共青团服务学生创业就业的工作体系。以“中国梦，创业梦，我的梦”为主题，着力打造“创青春”全国大学生创业大赛。探索开展学生职业生涯发展规划辅导活动，充分发挥团学组织化力量促进就业。抓好“大学生就业创业见习基地”建设，广泛争取社会力量支持。

深化以“挑战杯”竞赛为龙头的校园学术科技创新活动，带动日常化科技创新活动的普及和校园氛围的营造，积极促进学术科技创新成果的转化，取得更好的育人效益和经济社会效益。

例 2-1-7　关于启动第×届“挑战杯”大学生课外学术科技作品竞赛××学院作品选拔工作的通知

××学院各行政班级(含研究生)：

为进一步营造我院学生的学术科技氛围，激发大学生参与科研创新和学术创作的热情，为××××年第××届“挑战杯”大学生课外学术科技作品竞赛选拔优秀作品，我院将进行第××届“挑战杯”大学生课外学术科技作品竞赛院内选拔工作，请各行政班级根据通知要求，做好动员和参赛工作。

具体通知如下：

一、比赛背景

“挑战杯”是全国大学生系列科技学术竞赛的简称，是由共青团中央、中国科协、教育部和全国学联、地方省级人民政府共同主办的全国性的大学生课外学术科技创业类竞赛，承办高校为国内著名大学。“挑战杯”系列竞赛被誉为中国大学生科技创新创业的“奥林匹克”盛会，是目前国内大学生最关注最热门的全国性竞赛，也是全国最具代表性、权威性、示范性、导向性的大学生竞赛。

二、参赛对象

参赛学生须为××级、××级、××级、××级的全日制非成人教育的在校中国籍本科生、硕士研究生和博士研究生(均不包含在职研究生)。

三、作品要求

1. 申请参赛的作品必须是××××年××月××日前两年内完成的学生课外学术科技成果。

2. 申请参赛的作品可分为个人作品和集体作品。申请个人作品的，申请者必须承担作品60%以上的研究工作，作品鉴定证书、专利证书及发表的有关作品上的署名均应为第一作者，合作者必须是学生且不得超过2人；作者超过3人的项目，或者不超过3人但无法区分第一作者的项目，均需申请集体项目，集体作者必须全部为学生。凡有合作者的个人作品或集体作品，均按学历最高的作者划分为本科生、硕士研究生或博士研究生类作品。

3. 参赛作品应突出科学性、先进性和现实意义；从实际出发，侧重解决社会生产生活中的具体问题（以解决热点难点问题为最佳）。

4. 建议开展方向：（略）

四、作品分类

申报参赛的作品分本科生组、研究生组（含硕士、博士），作品分为自然科学类学术论文、哲学社会科学类社会调查报告和学术论文、科技发明制作三大类。自然科学类学术论文作者限本科生。

每一大类具体类别划分如下：

1. 自然科学类学术论文

作品分类如下：

A. 机械与控制（包括机械、仪器仪表、自动化控制、工程、交通、建筑等）。

B. 信息技术（包括计算机、电信、通信、电子等）。

C. 数理（包括数学、物理、地球与空间科学等）。

D. 生命科学（包括生物、农学、药学、医学、健康、卫生、食品等）。

E. 能源化工（包括能源、材料、石油、化学、化工、生态、环保等）。

2. 哲学社会科学类社会调查报告和学术论文

作品所属领域限定在哲学、经济、社会、法律、教育、管理等6个学科内。

3. 科技发明制作类

科技发明制作类分为A、B两类：

A类指科技含量较高、制作投入较大的作品。

B类指投入较少，且为生产技术或社会生活带来便利的小发明、小制作等。

作品分类同自然科学类学术论文A～E类。

五、日程安排

赛　程	时　间	赛事阶段
校级作品选拔工作	××××年×月×日～×月×日	动员准备、作品申报，初选阶段
	××××年×月×日～×月×日	校级作品选拔
	××××年×月×日～×月×日	作品培育、完善阶段
市赛	××××年×月×日～×月×日	市赛选拔阶段
国赛	××××年×月×日～×月×日	全国复赛、决赛

六、作品评审工作

1. 校团委在各学院报送作品后，邀请校内外专家组成专家评审委员会进行评审，提出修改完善和开展下一步研究工作的建议。

2. 学校从作品中确定一批重点培育项目，团队根据专家和指导老师的意见修改、完善培育作品，学校从中选拔优秀作品参加上海市、全国比赛。校团委给予培育项目资金、场地上的支持。

七、工作要求

1. 各学院应高度重视广泛宣传，积极动员，与学院专业教师充分沟通，深入学生，了解并挖掘优秀项目或潜力项目，学院推荐的参赛作品应能够体现本学院学生学术创新的最高水平。

2. 各学院和参赛团队要考虑团队成员组成的合理性，项目团队人数不应超过5人。

3. ××学院应确保“挑战杯”培育作品立项申报、培育、结项等各项工作顺利进行；要注重氛围营造，对在学术科研中表现突出、成果显著的学生进行广泛宣传与报道。

八、时间节点

时间节点	提交材料	注意事项
××××年×月×日～×月×日	上传第××届“挑战杯”大学生课外学术科技作品竞赛校内选拔汇总表电子版(详情材料请查看附件2)	1. 本科生作品请将汇总表电子版上传至××学院团委学生会创新创业部公邮：××××。 2. 研究生作品请将汇总表电子版上传至××学院研究生团总支创新创业部公邮：××××。 3. 作品分类参考本文。 4. 作品分类填写，至少分至二级分类。
××××年×月×日～×月×日	1. 上传最终申报书、汇总表及作品于××学院团委学生会创新创业部公邮。 2. 上交最终申报书、汇总表及作品纸质版于××学院团委学生办公室。	1. 本科生材料纸质版交至××学院团委学生办公室。 2. 上交纸质版申报书后统一加盖二级学院团委公章。 3. 纸质版申报书及作品一式三份，汇总表一式一份。

九、注意事项

如有疑问请与下列人员联系

联系人：××× 联系电话：×××××××

3. 繁荣校园文化建设

广泛开展主题鲜明、积极向上、参与性强、寓教于乐的校园文化艺术活动，为大学生的综合素质提高创造氛围、提供服务。适时探索推出校园文化活动展示或竞赛品牌。通过形式多样的活动载体，帮助青年学生了解中华民族灿烂的文明，传承传统美德，增强民族自尊心、自信心和自豪感。鼓励支持规范引导各类学生社团发展，举办社团文化节等展示交流活动，有效凝聚理论类、兴趣类、公益类、互助类学生社团的校园正能量。积极发挥校风、校歌、校训等学校历史文化传统对学生的熏陶和教育作用。

例 2-1-8　全国大学生金牌调解员技能大赛策划书

一、活动背景

为进一步培育新型法律人才，提高法律意识水平，增强自身学术能力，促进社会创新发展。我校依托特色专业人民调解专业开展本次全国大学生金牌调解员技能大赛。本次大赛旨在考察选手关于人民调解的法律知识，并通过比赛的形式弘扬社会主义法治精神，将抽象的人民调解知识具体化、生活化，并将其与社会实践中的矛盾纠纷紧密联系起来，充分发挥大学生法律思维的创造性，展现各个参赛学校学生的良好风貌。

二、活动目的

（一）活跃大学校园的文化气氛，丰富大学生课余生活，激发大学生学习热情，提高大学生的综合素质。

（二）展现大学生的活力、风采和与时俱进、锐意进取的良好精神风貌，塑造有思想、有个性、有良好口才的当代大学生形象。

（三）加强同各校之间关于人民调解专业的交流合作，相互深入了解，为日后开展法学领域的学术交流、科研工作创造更加有利的人文、学术环境。

（四）提高我校人民调解专业的社会影响力，促进我校人民调解专业向品牌化、前沿化发展。

（五）考察学生对于人民调解知识的了解与运用，鼓励当代大学生将课堂所学与生活实际相联系。

三、参赛对象

××××大学、其他9所高校（未定）

四、比赛时间及地点

时间：2019年11月12日13:00

地点：××××学生礼堂

五、活动负责人及参与者

本活动由××学院负责，10所高校的代表选手参加。

六、活动筹备环节

（一）比赛内容

1. 10月9日前，完成一站到底题库，将其发给专业老师进行核定。

2. 10月22日前，进行第一现场舞台剧初审。

3. 10月29日前，(1)第一现场舞台剧次审（学生礼堂练习走位）。(2)第一现场舞台剧道具准备完毕。(3)完成比赛现场PPT。

（二）宣传工作

1. 10月15日前，联系宣传部完成活动宣传所需的各项宣传用品（宣传板、宣传单、宣传册等）的制作。

2. 10月18日前，将大展板发给负责老师。

3. 11月4日前,(1)将幕墙与宣传板置于校园文化广场处。(2)张贴海报(庸夫楼3张,主教3张,食堂2张)。(3)悬挂横幅(学生礼堂附近、食堂桥上、留学办门口各一条)。(4)开始通过××××平台、××××微信平台、易班及学校××××等进行宣传视频、文案推送。(5)发放邀请函(500份)。

4. 11月8日前,(1)于校门口放置幕墙、悬挂横幅。(2)将宣传板、选手展架×10搬至学生礼堂门口。(3)将幕墙搬至学生礼堂门口。

(三) 对外联系

1. 10月3日前,完成决赛策划案,发予外校选手。

2. 10月8日前,外联部确定所有参赛选手。

3. 10月9日,(1) 外联部确定选手信息及其接待情况要求。(2)外联部告知全体选手比赛注意事项。

4. 10月20日前,确定选手来回时间、出行方式,并购买机票。

(四) 主持人联系工作

1. 10月9日前,确定主持人。

2. 10月18日前,(1) 完成主持稿,制作主持人手卡。(2)完成主持人服装的租赁。

(五) 彩排

1. 11月5日,第一次整体彩排。

2. 11月7日,第二次整体彩排。

(六) 其他工作

1. 11月1日前,办公室完成相关物品的采购工作(证书、邀请函、奖品等)。

2. 11月5日前,办公室打印评委用的评分表(见附表)、选手注意事项等。

七、活动流程

(一) 赛前布置

11月12日10:00,办公室布置会场,礼仪人员进行接待。

(二) 比赛环节

11月12日13:00,全国大学生金牌调解员技能大赛开始。

1. 主持人致开幕辞。

2. 主持人介绍到场嘉宾。

3. 主持人介绍比赛规则,进行比赛。

(三) 颁奖仪式

1. 主持人致辞。

2. 主持人宣布获奖名单。

3. 进行颁奖仪式。

4. 邀请嘉宾讲话。

5. 获奖选手拍照留念。

××××

2019年9月10日

例 2-1-9　关于开展第×届“卓越法律人”辩论大赛的通知

各行政班级：

为进一步培养我院学生中国特色社会主义法治理念，增强我院学生的辨证思维能力，提高人文素质和法律专业水平，增进团队协作和创新精神，××××团委学生会学术部现举办第×届“卓越法律人”辩论大赛。大赛具体内容通知如下：

一、参赛对象

全体本科生及研究生。

二、比赛形式

（一）本科组

1. 本次比赛共分为初赛（比赛程序见附件 2）、复赛及决赛（比赛程序见附件 3）三个环节进行，每支队伍在赛前由本次比赛组委会组织进行抽签并决定分组，抽到相同辩题的正、反方的两队为一组进行比赛。

2. 初赛及复赛比赛结果和最佳辩手的评定由当场比赛的评委根据本次辩论赛评分标准进行现场打分决定。决赛比赛结果由专业评委与大众评委现场共同决定（评委老师评分占 60%，大众评委投票占 40%）。

3. 决赛中最佳辩手的评定由双方各推选出一名辩手，比赛组委会现场给出辩题，辩手进行抽签，辩手现场准备 5 分钟（附件 4）。

4. 决赛中最佳辩手的最终结果由专业评委与大众评委现场共同决定（评委老师评分占 60%，大众评委投票占 40%）。

（二）研究生组

1. 本次比赛设决赛（比赛程序见附件 3）一个环节进行，两支队伍在赛前由本次比赛组委会组织进行抽签并决定分组。决赛比赛结果由专业评委与大众评委现场共同决定（评委老师评分占 60%，大众评委投票占 40%）。

2. 最佳辩手的评定参照本科组。

三、参赛形式

（一）本科组

按照各行政班级年级与专业的不同共设置 8 支代表队（比赛报名表见附件 1）。

（二）研究生组

本赛事研究生组共设两支代表队，可以跨专业组队。参赛选手必须有辩论赛经验。每支代表队人数固定为 4 人，领队 1 人，队员 3 人。即研究生一队与研究生二队。

四、活动时间

2019 年 4 月 9 日，代表队见面会，抽签分组。

2019 年 4 月 16 日，本科组初赛。

2019 年 4 月 23 日，本科组复赛。

2019 年 4 月 30 日，本科组决赛与研究生组决赛。

五、报名方式

各代表队请于4月8日22:00前按要求填写报名表(见附件1),并发至××××。

六、其他事项

(一)各代表队领队、队员应仔细阅读附件内容,提前熟悉赛程安排。

(二)各代表队应于本队比赛开始前20分钟到达比赛现场,以便比赛顺利进行。

(三)比赛提倡辩手以良好的精神面貌、儒雅的辩论风格展现自我风采,要求辩手着装整洁、统一,赛场上注意使用文明用语。

(四)主办方联系人信息

联系人:××××

特此通知。

××××团委学生会学术部

2019年4月4日

(三)聚焦共青团组织力,提升组织新活力

巩固组织优势,推进从严治团,夯实基层基础,不断完善党领导下的"一心双环"团学组织格局,推动基层团组织活力提升。坚持眼睛向下、重心下移,按照"团建全覆盖,工作到支部"的思路,以规范建设和提升活力为关键,以"覆盖全面、运行有效、充满活力"为目标,构建以团委发挥枢纽功能的学校团学工作组织格局,为学校团的工作开展奠定扎实组织基础,为学生成长成才提供组织力量。

1. 加强基础团务管理和团员意识教育

认真做好团员发展和团队衔接工作,严格按照《中国共产主义青年团章程》有关要求,坚持标准,规范程序,保证质量,控制总量,保持队伍合理规模和结构。加强团员意识教育,坚持执行戴团徽、唱团歌、举团旗和"三会两制一课"等制度。坚持开展主题团日活动,丰富活动内容、创新活动形式,提高活动吸引力。用好"智慧团建"系统,常态化开展基础团务管理、团员信息统计、团的组织生活等基本工作。探索依托"智慧团建"系统高效组织动员和精准开展思想引导的实现路径。

例2-1-10 关于做好2020学年新团员发展工作的通知

各二级学院团委:

为贯彻落实习近平总书记"7·2"重要讲话精神,按照"坚持标准、控制规模、提高质量、发挥作用"的总要求,为规范新团员发展工作,根据《共青团2020年工作要点》(中青发〔2020〕2号),以及《中国共产主义青年团章程》和《中国共产主义青年团发展团员工作细则》,结合我校实际,现就做好2020学年新团员发展工作具体通知如下:

一、申请入团的条件

(一)年龄在14周岁以上、28周岁以下的中国青年。

(二)承认团的章程,愿意参加团组织并在其中积极工作、执行团的决议和按期缴纳团费。

(三)在校期间无违规违纪记录。

二、团员发展工作流程

（一）递交入团申请书

1. 入团申请人向所在班级的团支部委员会提出入团申请，并填写入团申请书（附件1）。

2. 团支部委员会收到入团申请书后，在1个月内由团支部书记同入团申请人谈话，了解基本情况。

3. 入团申请书由院团委统一收存。

（二）确定入团积极分子预备人选

1. 团支部委员会召开团支部大会并经民主选举，在入团申请人中确定入团积极分子预备人选。

2. 团支部委员会应在团支部大会上商议，指定1～2名团员作入团积极分子预备人选的培养联系人。

3. 上述工作须形成对应的会议纪要一（附件2，须明确培养联系人名单），交纸质版至校团委组织部备案。

4. 院团委的入团积极分子预备人选名额不设限制。

（三）团课学习

1. 申请人在被确定为入团积极分子预备人选之前要参加不少于8学时的团课学习。

2. 团课学习的时间安排、课程内容、组织形式由院团委自行决定，原则上不得以自学形式开展。

3. 团课的详细安排，院团委须形成书面材料团课学习记录表（附件3），交至校团委组织部备案。

4. 申请人在不少于8学时的团课学习后，院团委应组织开展团课考试，考试不合格者不可作为入团积极分子的预备人选。

5. 考试的材料（答题卷、原卷等）应留档于院团委。

注：团课活动要把学习宣传贯彻习近平总书记“五四”寄语精神作为重要政治任务，将学习习近平新时代中国特色社会主义思想作为鲜明主题和基本内容，并纳入团课考核重要标准。

（四）入团积极分子预备人选的培养教育

1. 入团积极分子须接受培养联系人为期一月的培养教育，以形成集中教育和日常培养考察相结合的工作机制。

培养联系人的主要任务为：

(1) 为入团申请人介绍团的基本情况。

(2) 做好培养教育工作，引导入团积极分子端正入团动机。

(3) 及时向团支部汇报入团积极分子情况。

(4) 向团支部提出能否将入团积极分子列为发展对象的意见。

2. 培养联系人须督促入团积极分子积极参与团有关的活动，为其分配适当的社会工作，并鼓励积极分子成为注册志愿者，积极参与志愿活动。

3. 培养联系人在培养教育活动中须认真完成相应的培养教育会议纪要二(附件4),并在培养教育活动结束后,完成相应的培养联系人意见(附件5)。

4. 纪要和意见由院团委统一收齐,并交纸质版至校团委组织部备案。

5. 入团积极分子预备人员经考核合格后,院团委通过讨论确定入团积极分子名单,并形成相应的会议纪要三(附件6)及2020年度各学院入团积极分子名单汇总表(附件7)。

6. 会议纪要三和2020年度各学院入团积极分子名单汇总表须交纸质版至校团委组织部备案。

(五) 发展对象的确定

1. 校团委一般在每年的11月组织对院团委上报的入团积极分子名单进行预审考核(理论考试和面谈相结合)。

2. 随后校团委将按照团市委所核准的当年度可发展团员数量,按照预审考核结果,确定发展对象并给以发展团员编号和入团志愿书。

(六) 团支部大会表决

1. 获得发展团员编号和入团志愿书的发展对象,团支部应于一周内对其进行入团表决。

2. 团员代表到场人数大于团支部总团员代表人数的2/3,方可召开团支部大会。

3. 经过团支部大会的无记名投票表决,团员代表有权进行投票表决,非团员可列席与会,赞成人数超过到会有表决权团员的半数,方可通过接受新团员的决议。

4. 支部大会讨论两名以上的青年入团时,必须逐个表决。

5. 上述工作须形成相应的支部大会决议(附件8),交纸质版至校团委组织部备案。

(七) 院团委上报

院团委应督促各团支部及时将支部大会决议写入入团志愿书,连同本人入团申请书,整理并检查无误后一并交校团委审批。

(八) 校团委审批

1. 校团委将对申请人是否具有团员条件、入团手续是否完备等进行审核,确认无误后将批准入团。

2. 审批意见写入入团志愿书,并通知报批的院团委。

(九) 结果宣布

1. 团支部应通过支部书记或委员谈话的郑重方式及时将校团委批准青年入团的决定通知本人并在团员大会上宣布。

2. 对于未批准入团的青年,团支部也应将情况及时通知本人,帮助其认识自己的不足,鼓励其继续努力。

(十) 入团仪式

新团员必须参加入团仪式,入团仪式由校团委根据《中国共产主义青年团入团仪式规定》统一组织安排。

三、工作要求

（一）完善在实践中培育和彰显团员先进性的机制。完善提高团员发展质量的机制，坚持把政治标准放在首位，加强总量控制和结构调控，并进一步严格团员发展，推动团青比例更趋科学、合理。

（二）严格规范入团程序，使入团的过程成为提升团员先进性的过程，以严的标准和程序从根源上确保发展团员质量。要严格执行新修订的团章规定，年满14周岁方可入团。团员发展要严格执行入团仪式有关规定。

（三）贯彻实施《中长期青年发展规划（2016～2025年）》，不断提升服务青年的针对性和实效性，切实维护青少年发展权益，推动促进青年发展的各项举措更好融入国家政策体系和发展战略。

四、注意事项

（一）2019年度未入团的入团积极分子（此名单将点对点发至各分团委组织部）可以重新报名入团，无需重新填写入团申请书，作为入团申请人自团课学习开始与2020年度入团申请人一起学习、推选。

（二）新团员的入团志愿书应存入学生个人档案。

（三）各级团组织对发展团员工作中出现的违纪违规问题和不正之风，应当严肃查处。对违反规定吸收入团的，一律不予承认，切实维护发展团员工作的严肃性。

（四）本工作通知由校团委组织部负责解释。

联系人：×××

附件：1. 入团申请书
　　　2. 会议纪要一
　　　3. 会议纪要二
　　　4. 团课学习记录表
　　　5. 培养联系人意见
　　　6. 会议纪要三
　　　7. 2020年度各学院入团积极分子名单汇总表
　　　8. 支部大会决议
　　　9. 入团流程图

附件1

入团申请书

姓名		学院		支部	
性别		出生年月		民族	
申请时间		联系方式			
个人履历					

（续表）

对团的认识、 入团的动机和 对待入团的态度	
个人在政治、 思想、工作等 方面的主要表现	
本人受过的 奖励或处分	
团支部谈话记录	（写明谈话时间、地点） 团支书签名： 年 月 日
备 注	

附件 2

会议纪要一

纪要类别：确定入团积极分子预备人选与相应培养联系人			
学院		支部	
时间		地点	
与会人员			
会议内容	记录人：		

附件 3

会议纪要二

<table>
<tr><td colspan="4">纪要类别：培养教育活动</td></tr>
<tr><td>学院</td><td></td><td>支部</td><td></td></tr>
<tr><td>时间</td><td></td><td>地点</td><td></td></tr>
<tr><td>与会人员</td><td colspan="3"></td></tr>
<tr><td>会议内容</td><td colspan="3">记录人：</td></tr>
</table>

附件 4

团课学习记录表

时间	地点	内容	学时	上课人	备注

附件 5

培养联系人意见

<table>
<tr><td rowspan="3">培养联系人
意见</td><td>姓名</td><td></td><td>团内职务</td><td></td></tr>
<tr><td>姓名</td><td></td><td>团内职务</td><td></td></tr>
<tr><td colspan="4">团支部名称________
介绍人签名________
年　月　日</td></tr>
</table>

附件 6

会议纪要三

<table>
<tr><td colspan="4">纪要类别：确定入团积极分子名单</td></tr>
<tr><td>学院</td><td></td><td>支部</td><td></td></tr>
<tr><td>时间</td><td></td><td>地点</td><td></td></tr>
<tr><td>与会人员</td><td colspan="3"></td></tr>
<tr><td>会
议
内
容</td><td colspan="3">记录人：</td></tr>
</table>

附件 7

2020 年度各学院入团积极分子名单汇总表

学院			总数		
序号	姓名	班级	性别	联系方式	学习时长
分团委意见	分团委书记签字、盖章 年 月 日				
备注					

附件 8

支部大会决议

支部大会决议	根据组织考察和本人表现，支部认为　　　同志已基本具备团员条件。因此，于　年　月　日召开全体团员大会，讨论了　　　同志入团问题。本支部共有团员　　名，到会　名，缺席　　名，　　名同意，　　名反对，　　名弃权，同意接收同志加入中国共产主义青年团。 支部名称________团支部　支部书记签名________ 学院团委签字、盖章： 年　月　日

附件 9

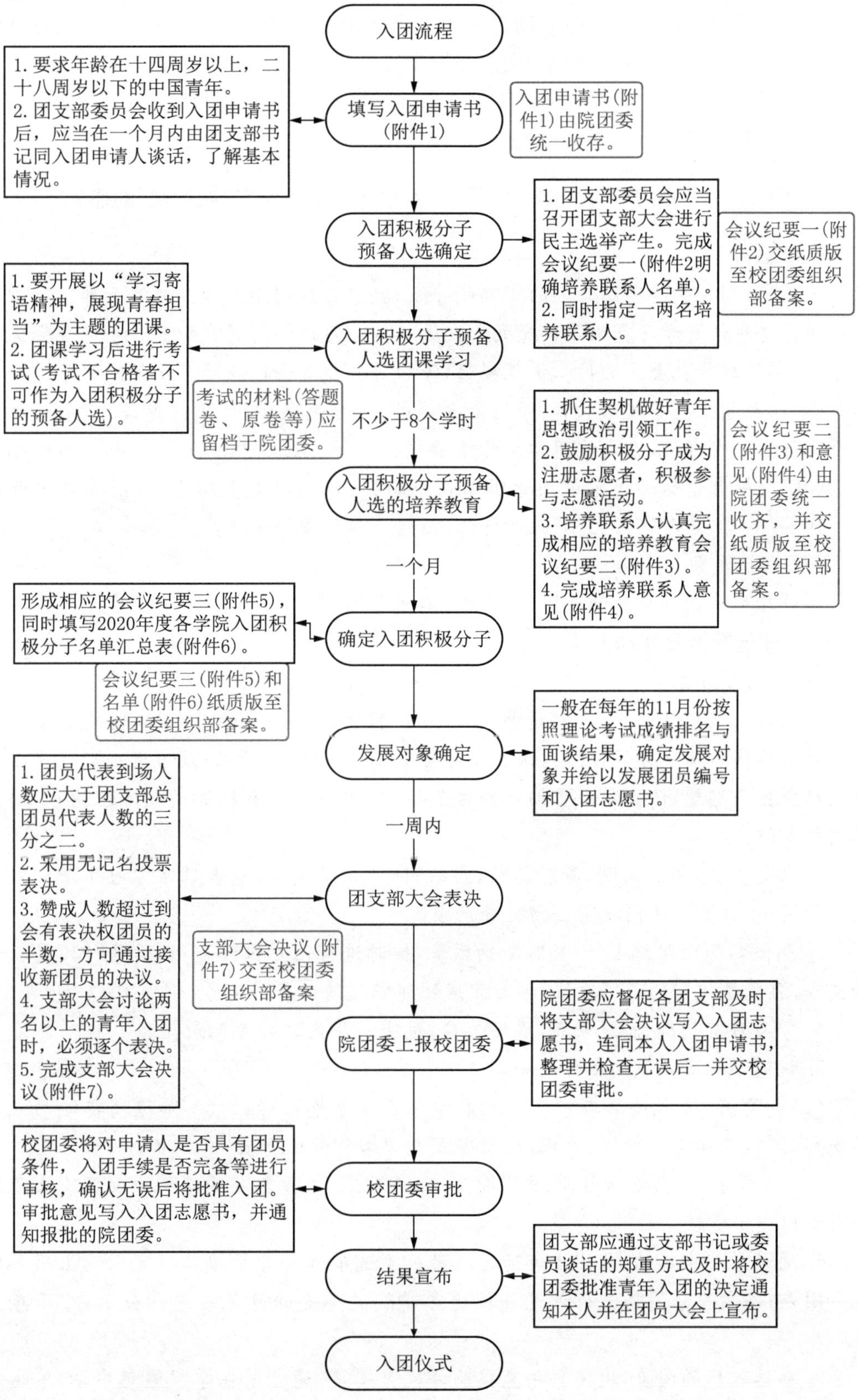
入团流程
1. 要求年龄在十四周岁以上，二十八周岁以下的中国青年。
2. 团支部委员会收到入团申请书后，应当在一个月内由团支部书记同入团申请人谈话，了解基本情况。
填写入团申请书(附件1)
入团申请书(附件1)由院团委统一收存。
入团积极分子预备人选确定
1. 团支部委员会应当召开团支部大会进行民主选举产生。完成会议纪要一(附件2明确培养联系人名单)。
2. 同时指定一两名培养联系人。
会议纪要一(附件2)交纸质版至校团委组织部备案。
1. 要开展以“学习寄语精神，展现青春担当”为主题的团课。
2. 团课学习后进行考试(考试不合格者不可作为入团积极分子的预备人选)。
入团积极分子预备人选团课学习
考试的材料(答题卷、原卷等)应留档于院团委。
不少于8个学时
入团积极分子预备人选的培养教育
1. 抓住契机做好青年思想政治引领工作。
2. 鼓励积极分子成为注册志愿者，积极参与志愿活动。
3. 培养联系人认真完成相应的培养教育会议纪要二(附件3)。
4. 完成培养联系人意见(附件4)。
会议纪要二(附件3)和意见(附件4)由院团委统一收齐，并交纸质版至校团委组织部备案。
一个月
形成相应的会议纪要三(附件5)，同时填写2020年度各学院入团积极分子名单汇总表(附件6)。
确定入团积极分子
会议纪要三(附件5)和名单(附件6)纸质版至校团委组织部备案。
发展对象确定
一般在每年的11月份按照理论考试成绩排名与面谈结果，确定发展对象并给以发展团员编号和入团志愿书。
一周内
1. 团员代表到场人数应大于团支部总团员代表人数的三分之二。
2. 采用无记名投票表决。
3. 赞成人数超过到会有表决权团员的半数，方可通过接收新团员的决议。
4. 支部大会讨论两名以上的青年入团时，必须逐个表决。
5. 完成支部大会决议(附件7)。
团支部大会表决
支部大会决议(附件7)交至校团委组织部备案
院团委上报校团委
院团委应督促各团支部及时将支部大会决议写入入团志愿书，连同本人入团申请书，整理并检查无误后一并交校团委审批。
校团委将对申请人是否具有团员条件，入团手续是否完备等进行审核，确认无误后将批准入团。审批意见写入入团志愿书，并通知报批的院团委。
校团委审批
结果宣布
团支部应通过支部书记或委员谈话的郑重方式及时将校团委批准青年入团的决定通知本人并在团员大会上宣布。
入团仪式

2. 巩固和创新基层团支部建设

广泛开展“优秀班级团支部”创建活动，巩固班级团支部主阵地，持之以恒抓好基础建设。着眼于适应学生新的联系、交流和聚集方式，继续探索“多种模式、多重覆盖”建团，鼓励社团建团、宿舍建团、实验室建团、实习单位建团、活动项目建团、校企联合建团、网络新媒体建团等，不断扩大组织覆盖。

例 2-1-11　关于开展 20××～20××学年××大学“五四评优”的通知

各二级学院团委：

一年来，在校党委和团市委的正确领导下，我校各级团组织和广大团干部团结带领我校团员青年认真学习贯彻落实党的十九大精神与习近平新时代中国特色社会主义思想，认真学习践行社会主义核心价值观，纵深推进我校共青团改革。紧紧围绕学校的中心工作，在大学生思想政治教育、团的自身建设、社会实践、校园文化建设、学术创新等方面取得了一定成绩，在我校团学工作中涌现出一批先进集体和优秀个人。为鼓励先进、树立榜样，开创新时代我校共青团工作新局面，报经校党委同意，校团委决定开展20××～20××学年××大学“五四评优”活动。具体安排如下：

一、评选对象

学校在校注册的全体学生团员、团干、各团支部。

二、评选标准及评选办法

（一）优秀团员

1. 政治立场坚定，思想积极进步，高举中国特色社会主义伟大旗帜，坚决贯彻执行党的基本路线和各项方针、政策，认真学习贯彻党的十九大精神以及习近平新时代中国特色社会主义思想，认真学习贯彻社会主义核心价值观，具有较高的政治理论水平，熟悉团的知识。

2. 品德优良，举止文明，尊敬师长，团结同学，热爱集体，能在日常学习生活中发挥模范作用，在过去一年内没有任何处分记录。

3. 积极参加团组织生活，及时缴纳团费，按时进行团员证注册，认真履行团员权利和义务，自觉执行团的各项决议，按时完成团组织交给的各项任务。

4. 学习目标明确，态度端正，成绩优良，过去一年内无补考记录。

5. 该同学应满足下列条件之一：

（1）一学年（上学年第二学期以及本学年第一学期）内组织、参加过团委活动或基层支部工作，工作态度积极、端正，为团委或支部工作做出贡献。

（2）在学术研究、创新创业、文艺体育、社会实践、志愿服务等某一方面具有出色成绩或做出突出贡献。

6. 通过学院申报的，各团支部通过支部民主选举和辅导员推荐确定人选上报各学院分团委，各学院分团委进行评选并征得各学院党总支的意见后进行公示，公示期为2天。

7. 参军入伍的团员，退伍当年直接获评优秀团员，通过所在学院递交申请，不占用学院名额。

8. 校团委对优秀团员申报材料进行审查，评出“20××～20××学年××大学优秀团员”。

（二）优秀学生干部

1. 政治立场坚定，思想积极进步，高举中国特色社会主义伟大旗帜，坚决贯彻执行党的基本路线和各项方针、政策，认真学习贯彻党的十九大精神以及习近平新时代中国特色社会主义思想，认真学习贯彻社会主义核心价值观，具有较高的政治理论水平，熟悉团的知识。

2. 学习目的明确，态度端正，成绩优良，过去一年内无补考记录，综合测评应排名年级前50%。

3. 热爱团的工作，执行团的决议，积极完成团组织交给的各项任务，在自己的工作岗位上勤恳认真地开展工作，取得优异的成绩。

4. 工作扎实有效，能在广大青年团员中起先锋模范作用。

5. 团结同学，诚实守信，公道正派，在青年团员中享有良好声誉。

6. 严格遵守校规校纪，并具有一定的榜样模范带头作用。

7. 在学校和同学之间积极发挥桥梁作用，及时沟通信息，能够为维护学校的稳定做贡献，对学院工作做出突出贡献的可适当放宽条件。

8. 学生干部指在校、院等团学组织中担任副部长（包含）及以上的学生和各基层团支部中担任一定职务的学生。

9. 通过学院申报的，各团支部通过民主评议确定推荐人选后上报分团委，各分团委进行答辩并征得各学院党总支意见后进行公示，公示期为2天。

10. 参军服役期间荣立三等功及以上的团员，退伍当年可直接获评该荣誉，通过所在学院申报，不占用学院名额。

11. 校团委对优秀学生干部的申报材料进行审查，评出“20××～20××学年××大学优秀团干”。

（三）优秀团支部

1. 高举中国特色社会主义伟大旗帜，坚决贯彻执行党的基本路线和各项方针、政策，认真组织学习贯彻党的十九大精神以及习近平新时代中国特色社会主义思想，认真组织学习贯彻社会主义核心价值观，并组织团员学习团的基本知识。

2. 团支部包括学院的本科学生团支部、研究生团支部。

3. 支部严格落实“三会两制一课”，团员队伍建设良好，组织工作扎实有效。

4. 支部深入开展高校团支部活力提升工程，开展导向正确、形式多样、深受广大团员喜爱的团的活动。

5. 团支部工作有计划、有落实、有检查、有总结，能高质量地完成校团委和各学院团委交付的各项任务，无拖延滞后现象。

6. 组织团员青年参加学校的学术科技、校园文化和社会实践等各项活动，并取得较好成绩。

7. 积极动员团员向党组织靠拢，在推优入党工作中成效显著。

8. 各参评团支部结合年度工作写出申报材料，由各分团委组织评审小组对各支部进行公开评选，在征得各学院党总支意见后进行公示，公示期为 2 天。

9. 校团委组织部对优秀团支部申报材料进行审查，评出“20××～20××学年××大学优秀团支部”。

（四）五四红旗团支部

1. 符合××大学优秀团支部评选条件，拥有××大学优秀团支部评定资格。

2. 由各二级学院、社团联合会各推选出一个在本年度中获得优秀团支部称号的基层团支部，认真填写“五四红旗团支部候选表”。

3. 根据各分团委提交的推荐团支部名单，校团委进行支部标兵评选答辩。评选出“××大学 20××～20××学年五四红旗团支部”。答辩时间暂定为 4 月 10 日 13:00。

（五）五四青年标兵

1. 政治立场坚定，思想积极进步，高举中国特色社会主义伟大旗帜，坚决贯彻执行党的基本路线和各项方针、政策，认真组织学习贯彻党的十九大精神以及习近平新时代中国特色社会主义思想，认真学习贯彻社会主义核心价值观，具有较高的政治理论水平，熟悉团的知识。

2. 学习目的明确，态度端正，成绩优异。

3. 热爱团的事业，主动为团的工作献计献策，积极参加团的各项活动。

4. 认真履行团员权利和义务，自觉执行团的各项决议，积极完成团组织交给的各项任务，能在共青团员中起先锋模范作用。

5. 积极参加校内外各项活动，并取得突出成绩。

6. 尊敬师长，团结同学，模范遵守校纪校规，并能做出一定的榜样模范带头作用，在青年团员中享有良好声誉。

7. 在校内外各类别活动和工作中，做出突出业绩和重大贡献。

8. 各团支部通过民主评议确定推荐人选后上报分团委，分团委进行初审并征得各学院党总支意见后进行公示，上报推荐人选至校团委。青年标兵推荐人必须从优秀团员与优秀团干中产生。

9. 本次青年标兵评选将分为综合类、文体类、学术类，各分团委每项类别上报 2 名在该领域突出的候选人。已经获评青年标兵的不得重复评选。

10. 根据各分团委提交的推荐人名单，校团委进行青年标兵的资格审查、评选答辩。评选出“××大学 20××～20××学年青年标兵”。

11. 各类青年标兵答辩时间暂定为 4 月 17 日 13:00。

三、名额分配

（一）优秀团员占全校团员总数 3%，优秀团干占全校团员总数 0.5%。

（二）优秀团支部占全校团支部数量的 15%。

（三）五四红旗团支部数量为 5 个。

（四）青年标兵名额将根据各分团委推荐候选名单综合情况和答辩情况确定。

四、评选要求

（一）评比前，各学院、部门需作好充分的思想发动工作，要使广大团员、团干认识到评比表彰是加强团的思想政治建设，弘扬校园正能量的重要措施。各分团委要在评比中认真组织，切实抓紧、抓好。

（二）评比工作要严格按照所规定的条件评选，实事求是，严格审核，如违反评选程序，资料弄虚作假，一经查实取消评选资格。

（三）评选工作始终要在校团委监督下完成，保证评选工作公平、公正地顺利完成。

（四）评选过程需要公平、公正、公开、民主，各二级学院应形成详细、规范的评选程序与规则，评选程序规则及相关资料随候选人的评选材料上报校团委。

（五）材料要求

1. 优秀团员、优秀团干、青年标兵候选人

(1) 登记表、事迹简介一式两份，A4 纸打印或复印。

(2) 事迹简介 500 字以上，内容真实，请另附件（字体标题：黑体，小二，加粗；正文：仿宋，小四，段前 7.8 磅，段后 7.8 磅）。

(3) 各二级学院五四评优汇总表（包括电子版）。

2. 优秀团支部、五四红旗团支部

(1) 注明团支部的类别。

(2) 近一年的工作情况概况（以目录形式，填写在登记表的相应栏）。

(3) 详细材料请另附件（字数不少于 1 500）（字体标题：黑体，小二，加粗；正文：仿宋，小四，段前 7.8 磅，段后 7.8 磅）。

(4) 一式两份，A4 纸打印或复印。

3. 各分团委对报送材料应严格把关，若材料不符合要求将取消参评资格。请于 20××年×月×日 18:00 前将所有申报材料及名单汇总表上交校团委组织部办公室（学生活动中心×××），电子版以学院为单位发送至：×××@163.com，逾期不交视为自动放弃。

联系人：×××　联系方式：×××××××××

共青团××大学委员会
20××年 3 月 19 日

例 2-1-12　关于开展 20××年××大学××学院“活力团支部”评选活动的通知

××学院各团支部：

为深入实施高校基层团支部“活力提升”工程，推进基层团组织活力建设，锤炼基层团干部队伍，激发各团支部活力，切实落实校团委的工作安排，××学院团委决定在全院范围内开展 20××年××大学××学院“活力团支部”评选活动，现将有关事宜通知如下：

一、评选对象

××学院各基层团支部

二、评选条件

（一）思想引领成效好。团支部坚持思想引领核心任务，积极开展社会主义核心价值观主题宣传教育活动，取得良好成效。

（二）组织运行活力强。团支部在基础团务管理、队伍建设和制度建设等方面工作扎实，组织运转规范、顺畅。

（三）工作开展活力强。团支部有明确的工作职责，能够及时改进创新工作方式载体，工作开展富有针对性、实效性。

（四）团员参与活力强。基层民主及团支部的设置方式和成员配备较为完善，团员学生能够积极参与、推动团支部的工作和建设。

（五）宣传展示活力强。团支部能够利用新媒体平台和其他宣传阵地广泛开展支部活动和工作成果宣传展示，在校园内产生良好的示范效应。

三、评选流程

（一）符合条件的团支部向××学院申报，团支部按照要求制作通过PPT、视频或者新媒体作品等方式对支部活动和工作成果进行展示、传播，由××学院通过答辩等方式评选出4个20××年××大学××学院“活力团支部”。

（二）××学院将在4个院级“活力团支部”中选择得分最高的1个团支部成为20××年××大学“活力团支部”，并推选至校团委参加20××年××大学“活力团支部”标兵单位评选。学校最终评选出3个20××年××大学“活力团支部”标兵单位。

（三）××学院将对获得××大学××学院“活力团支部”的团支部颁发荣誉证书，并参与校团委的评选。校团委将对获得××大学“活力团支部”标兵单位称号和××大学“活力团支部”称号的团支部颁发荣誉证书并奖励一定数额的支部建设经费。

四、评选要求

（一）评比前，各团支部需作好充分的发动工作，鼓励团支部成员积极参与到申报工作中，带动团支部活力提升。

（二）评比工作要严格按照所规定的条件评选，实事求是，严格审核，保证评选工作公平、公正地顺利完成。如违反评选程序，一经查处取消评选资格。

（三）参评的团支部需将××大学××学院“活力团支部”申报表（见附件1）电子版及纸质版于11月23日（周五）下午1点前上报××学院团委学生会组织部。电子版发送至××学院团委学生会组织部公共邮箱：×××；纸质版交至××学院团委学生会组织部对接各团支部志愿者手中，逾期不交视为自动放弃。

（四）答辩所需PPT、视频或者新媒体作品及其文件需于11月26日（周一）下午1点前发送至××学院团委学生会组织部公共邮箱：×××。

（五）大二至大四年级团支部以及研究生团总支答辩时间拟定于11月27日下午1:00，地点为×××；大一年级团支部答辩时间拟定于11月27日14:45，地点为×××。

联系人：××× 联系方式：×××××××××

共青团××大学××学院委员会

20××年11月19日

3. 推进职能建设，指导学生会组织改革

建立完善以团组织为核心和枢纽，以学生会研究生会为学生“自我服务、自我管理、自我教育”主体组织的团学工作组织格局，切实发挥好学生社团在活跃校园文化中的积极作用。抓好《关于加强和改进高校学生会研究生会建设的指导意见》的贯彻落实，规范学生干部产生程序和履职行为，提升学生会公信度。在保障稳定有序的前提下，推动高校严格落实学生社团重点工作。

例 2-1-13　关于进一步健全我校二级学院团学组织格局的若干规定

为深入贯彻中央党的群团工作会议和全国高校思想政治工作会议精神，根据《关于进一步健全本市高等学校团学组织格局的规定》（沪团联〔2017〕29 号）的有关要求，结合我校工作实际，特制定如下规定。

一、准确把握“一心双环”团学组织格局

1. 团委和学生会是目标完全一致、建制相对独立、功能各有侧重、工作整体联动的两个组织。团委在各类学生组织中发挥核心作用，指导学生会组织，确保学生会依法依章程独立开展工作。

2. 在功能上，学院团委侧重做好思想政治引领和价值引领、“推优”、创新创业、社会实践、团的基层组织建设等方面工作；学院学生会侧重做好帮助同学全面成长进步、促进同学养成优良学风、代表和维护同学正当权益等方面工作。两者在学院党组织的领导下，分进合击，共同构成共青团组织的整体功能。

3. 在架构上，学院团委、学生会实行班子成员交叉任职、内设部门统筹设置，形成统一领导、分工负责的管理体制，既突出团委的核心作用，又发挥学生会的自主性。

二、切实加强团学组织规范性建设

4. 学院须按期召开团的代表大会或团员大会（届期 4 年），提高基层团支部、非团学干部团员学生的代表比例，一般不低于 70%。在代表大会闭会期间，可按照《中国共产主义青年团基层组织选举规则》，召集团的代表会议，增选委员会的部分成员。

学院团的委员会一般由 7 人组成，设书记 1 名，由专职教师担任；副书记 2 名（含学生会主席），研究生数量较多的学院可再增设 1 名副书记，兼任研究生团总支书记；其余团委委员中应包括学生会副主席、优秀团员代表等。

5. 学院须按期召开学生代表大会（届期 1 年），一般在每年 4 月举行。代表名额原则上不低于学院本科生人数的 2%，其中各级学生会骨干所占代表的比例一般不超过 40%。学院学生会以面向本、专科生为主，校学生会设立研究生工作委员会、留学生工作委员会。

学院学生会设主席 1 名、副主席 2 名，应按照《上海市学生联合会关于健全上海高等学校学生代表大会制度的若干规定》，由学生代表大会差额选举产生。学院学生会主席兼任学院团委副书记，学生会副主席任学院团委委员。

学院暂不设学生常任代表委员会。

6. 学院团委、学生会统筹设置内设部门，各部门根据工作需要，以适当名义对外开展工作，但不得使用“团学联”“团委（学生会）”等错误名称。

学院团委、学生会一般统筹设置以下部门：办公室、组织部、宣传部、创新创业部、社会实践部、学术部、权益部、文艺部、体育部、外联部。各学院可根据实际情况增设1～2个部门，但应避免职能交叉。

各部门设部长1人、副部长1人，由学院团委、学生会共同任命。各部门不设干事岗位，可招募学生志愿者参与部门工作。

7. 校学生会建立主席团联席会议机制，由校学生会主席团成员、各学院学生会主席组成，定期召开会议，形成工作合力。

三、着力强化团学干部的选拔培养

8. 学院团学干部应面向广大同学进行选拔，防止出现“小圈子推荐”“层级制升职”等错误做法。要规范学生干部选拔标准和程序，公开透明、公平竞争，确保广大同学的知情权、参与权。要加大学校、学院、班级三级团学组织的干部交流力度，增强对各类优秀学生的吸引和凝聚，选贤任能、人尽其才。

9. 学院要进一步健全团学干部的培训制度、考核制度，不断提升团学干部的自律意识、履职能力和表率作用；要进一步关心支持团学干部的成长发展，对于同学满意、业绩突出的团学干部，其开展团学工作的表现可作为评优推优的重要参考。

本规定自发布之日起施行。

例2-1-14 关于做好各学院团委相关负责人调整、各学院学生会换届选举工作的通知

各学院团委、学院学生会：

根据《中国共产主义青年团章程》《中国共产主义青年团基层组织选举规则》《关于推动高校学生会（研究生会）深化改革的若干意见》《××大学共青团改革实施方案》《关于进一步健全我校二级学院团学组织格局的规定》以及《××大学学生会关于健全二级学院学生代表大会制度的指导意见》等文件精神。各学院请于7月底前以线上形式完成学院团委相关负责人调整、学院学生会换届工作。

现将具体事项通知如下：

一、准确把握学院团学组织格局

（一）团委和学生会是目标完全一致、建制相对独立、功能各有侧重、工作整体联动的两个组织。团委在各类学生组织中发挥核心作用，指导学生会组织，确保学生会依法依章程独立开展工作。

（二）在功能上，学院团委侧重做好思想政治引领和价值引领、“推优”、创新创业、社会实践、团的基层组织建设等方面工作；学院学生会侧重做好帮助同学全面成长进步、促进同学养成优良学风、代表和维护同学正当权益等方面工作。两者在学院党组织的领导下，分进合击，共同构成共青团组织的整体功能。

（三）在架构上，学院团委、学生会实行班子成员交叉任职、内设部门统筹设置，形成统一领导、分工负责的管理体制，既突出团委的核心作用，又发挥学生会的自主性。

（四）学院团的委员会一般由7人组成，设书记1名，由专职教师担任；副书记2名

(含学院学生会执行主席),研究生数量较多的学院可再增设1名副书记,兼任研究生团总支书记;其余团委委员中应包括学院学生会主席团成员、优秀团支部负责人代表、优秀社团负责人代表等。

(五) 学院学生会组织架构一般为"主席团+工作部门"模式,主席团成员均为学院团委委员,学生会主席团集体负责学生会重大事项,设执行主席1名,主席团成员2名。

(六) 学院团委、学院学生会工作人员必须是理想信念坚定,热爱和拥护中国共产党,具有强烈的爱国荣校意识,品行端正、作风务实、乐于奉献,愿意全心全意为广大同学服务,学有余力、学业优良的共产党员或共青团员。

(七) 学院团委、学生会一般统筹设置以下部门:办公室、组织部、宣传部、创新创业部、社会实践部、学术部、权益部、文艺部、体育部、外联部。各学院可根据实际情况增设1~2个部门,但应避免职能交叉。各部门根据工作需要,以适当名义对外开展工作,但不得使用"团学联""团委(学生会)"等错误名称。学院团委、学院学生会各部门设部长1人、副部长2人,由学院团委、学院学生会共同任命。各部门除部长、副部长外,不设干事岗位,可招募长期志愿者参与部门工作。部门总人数控制在8~12人。

二、规范做好学院团委相关负责人调整工作

(一) 调整对象

学院团委相关负责人一般指学院团委副书记(2名,其中1名为专职学院团委副书记、1名为学院学生会执行主席兼任),研究生数量较多的学院可再增设1名副书记,兼任研究生团总支书记。

(二) 调整方式

因目前各学院均在团代会任期内,根据《中国共产主义青年团基层组织选举规则》《关于进一步规范和加强团干部协管工作的通知》中相关规定,相关负责人由学院党总支函校团委商得一致后调整确定。学院团委部门负责人由学院团委主要负责人提名并请示学院党总支后确定。

三、规范做好学院学生会换届工作

(一) 会议形式

各学院以召开线下"学代会"的形式(即××大学××学院第×次学生代表大会),选举出新一届学院学生会主席团。

(二) 代表构成

学院"学代会"代表比例一般为学院学生人数1%左右,普通团员学生的代表比例一般不低于70%,代表人选应充分考虑到各年级、各专业的分布情况。女代表和少数民族学生代表要确保适当比例。代表以团支部(班级)为选举单位,按照分配名额,经差额选举(一般差额不低于20%的比例)并资格审查后产生。

(三) 主席团候选人

学院学生会主席团成员候选人应当由团支部班级推荐,经学院团委同意,由学院党总支确定,并在"学代会"上差额直接选举产生(差额率至少1名)。

（四）“学代会”仪程主要包括：

1. 奏唱国歌。

2. 学院团委书记致辞。

3. 听取上一届学院学生会工作报告。

4. 差额选举新一届学院学生会主席团(3 人)。

5. 学院党总支分管领导讲话。

6. 奏唱团歌。

（五）会前准备

会议召开前两周，学院学生会以书面形式同时向学院党总支和校学生会提出请示，请示内容包括：会议的时间、地点；会议的主要任务及议程；代表的名额、构成意向及产生办法；新一届学院学生会主席团的组成及产生办法；学院学生会主席团成员候选人名单及简历；筹备召开会议的其他重要事项。经学院党总支和校学生会批准后，方可筹备召开大会。“学代会”闭幕后，新一届学院学生会应及时将选举结果报告学院党总支和校学生会。

共青团×××委员会
×××学生会
××年××月××日

例 2-1-15　关于召开××大学××学院第×次学生代表大会的请示

学院党总支/校学生会：

我院自召开第×次学生代表大会以来，学院学生会在学院党总支、校学生会的领导下，在学院团委的具体指导下，学生会本着认真严谨的工作态度，团结同学，积极落实各项工作任务，有组织地开展各项活动，努力做好学生管理工作。

为进一步做好新形势下学院学生会工作，确定今后学院学生会的工作方向和任务，根据相关规定，经学院学生会充分酝酿，拟于××年××月××日召开××大学××学院第×次学生代表大会。

现将有关事宜请示如下：

一、大会主要任务

回顾和总结第八次学代会以来我院学生会工作的成绩、经验和教训，研究和探讨新形势下学院学生会工作的目标和任务，选举新一届学院学生会主席团。

二、大会主要安排

1. 奏唱国歌。

2. 学院团委书记致辞。

3. 听取上一届学院学生会工作报告。

4. 差额选举新一届学院学生会主席团。

5. 学院党总支分管领导讲话。

6. 奏唱团歌。

三、进展情况

目前，在学院团委的具体指导下，学院学生会建立学代会筹备工作委员会负责会议筹备工作。

筹备工作委员会于×月中旬向各班级（团支部）部署了学代表选举工作及学院学生会主席团成员候选人预备人选选拔工作。

目前，××学院第×次学代会正式代表×名，主席团候选人×名（候选人简历见附件）已全部产生，大会筹备工作正在有序开展。

四、请示内容

1. 是否同意于××年××月××日召开××大学××学院第×次学生代表大会。

2. 是否同意××大学××学院学生会第×届主席团候选人人选。

妥否，请批示。

××大学××学院学生会

××年××月

附件：××大学××学院学生会第×届主席团候选人简历（内容省略）

例 2-1-16　××大学××学院第×次学生代表大会会议须知

××大学××学院第×次学生代表大会是本学院同学团结民主的盛会，是本学院学生参与学院管理、行使民主权利的重要途径，也是推动学院内涵式发展的重要动力。为确保大会的顺利进行，特制定本须知，希望全体代表和工作人员服从大会的有关安排与规定，严格遵守大会的各项制度。

一、证件使用注意事项

（一）请妥善保管会议证件和有关文件，不得转借、遗失。

（二）与会代表请佩戴代表证进入大会会场。

（三）工作人员请佩戴工作证进入工作场所。

二、签到、请假注意事项

（一）各位代表请于会议开始前 20 分钟到达大会会场门口签到处签到。

（二）会议期间，代表应严格遵守大会纪律，原则上不予请假。如有特殊情况需要请假，须在××年××月××日前填写书面请假单，说明理由，并由代表团团长签字后提交大会筹委会批准。

联系方式：×××××

××大学××学院

第×次学生代表大会筹备委员会

××年××月

例 2-1-17　××大学××学院第×次学生代表大会表决办法

一、××大学××学院第×次学生代表大会各项草案的表决适用本办法。

二、××大学××学院第×次学生代表大会正式代表享有大会表决权。

三、大会表决采取举手的方式。在每项草案表决时，每位代表对“赞成”“反对”“弃权”三项表示意见，应当且只能行使一次表决权利。

四、大会表决前，正式代表可以对所需表决的草案发表意见，要求发言的代表应先举手，征得大会主持人的同意。发言需简明扼要，每次发言时间不超过3分钟，每次表决前的大会发言最多不超过15分钟。如超过规定的发言时间，大会主持人有权终止发言。

五、大会表决均按“赞成”“反对”“弃权”三类统计。表决结果由大会工作人员统计，大会主持人当场宣布。

六、大会表决以获得到会代表半数以上赞成票为通过。

七、如果举手赞成的代表超过半数，就不逐个清点“赞成”票数，只点“反对”和“弃权”票数；如果难以确认“赞成”票是否超过半数，则由大会主持人决定逐个清点“赞成”票数。

八、本办法经本次大会预备会议通过后实施。

××大学××学院

第×次学生代表大会筹备委员会

××年××月

例2-1-18　××大学××学院第×次学生代表大会筹备委员会成员名单

各位代表：

由××学院第×届团委学生会推荐，经××大学××学院党总支、团委批准，通过认真协商、讨论，严格审查、核实，产生××大学××学院第×次学生代表大会筹备委员会名单。

名单如下：(按姓氏笔画排序)

秘 书 长：

副秘书长：

成　　员：

××大学××学院第×次学生代表大会筹备委员会

××年××月

例2-1-19　××大学××学院第×次学生代表大会学生代表资格审查报告

各位代表：

我受××大学××学院第×次学生代表大会筹备委员会委托，向大会做关于学生代表资格审查结果的报告，请各位代表予以审议。××大学××学院学生会经院党总支和院团委同意后，及时下发了《关于推选××大学××学院第×次学生代表大会学生代表的通知》，根据实际情况和工作需要进行分配，各行政班级、各部门按照民主集中制的组织原则，推选代表，上报大会筹委会审批后生效。出席大会的正式学生代表×名，共分为×个代表团，代表学院全体学生。其中大一、大二、大三各年级代表分别为×名、×名、×名，分别占代表总数的×%、×%、×%；学院团委学生会各部门成员×人，占代表总数的×%；男性代表×名，占代表总数的×%；女性代表×名，占代表总数的×%；少数民族代表×名，占代表总数的×%。大会资格审查委员会对×名正式代表进行了全面认真的审查，我们认为出席本次学生代表大会的代表符合代表条件，并且其产生程序符合有关规定。因此，大会筹委会一致认为，代表大会的代表资格全部有效。以上报告，请大会审议。

××大学××学院第×次学生代表大会筹备委员会

××年××月

例 2-1-20 ××大学××学院第×次学生代表大会主席团候选人资格审查报告

各位代表：

我受××大学××学院第×次学生代表大会筹备委员会委托，向各位代表做候选人资格审查报告，请予以审议。本次大会共有×人报名，根据《××大学××学院第×次学生代表大会学生会主席团换届选举办法》的有关规定，本着"公平、公正、严格、谨慎"的原则，对候选人的思想素质、工作能力、组织能力、学习成绩等各方面进行严格考核，并经候选人资格审查委员会审查决定，产生的候选人有：(按姓名笔画顺序排列)(具体人员以实际为准)。

××大学××学院第×次学生代表大会筹备委员会经过对上述×名候选人产生程序和方式的认真审查，确认他们均符合候选人条件，候选人资格全部有效。

以上报告，提请大会审议。

××大学××学院第×次学生代表大会筹备委员会

××年××月

例 2-1-21 ××大学××学院第×次学生代表大会学生会主席团选举办法

第一章 总则

一、经××大学××学院党总支批准、××学院团委同意，××大学××学院第×届学生会设置执行主席 1 人、主席团成员 2 人。

二、根据《中华全国学生联合会章程》，结合本学院实际情况，制定本次代表大会选举办法。

第二章 候选人产生

一、大会选举的组织工作由大会筹委会负责。

二、经大会筹委会研究并报××学院党总支、团委同意，第×届××学院学生会执行主席、主席团成员候选人名额为×人，差额数为×人。

三、第×届××学院学生会执行主席、主席团成员候选人由××学院学生自愿报名并提交申请，经××大学××学院第×次学生代表大会筹备委员会讨论审批，报××学院党总支、××学院团委同意，综合考虑产生，并提交代表大会进行选举。

第三章 选举事项

一、大会选举在线下投票方式，直接采取候选人人数多于应选人数的差额选举办法进行。

二、参加大会选举的代表必须超过或达到应到会代表的4/5，方可进行选举。

三、×名候选人根据事先的抽签顺序，分别依次进行竞选演讲。

四、学生会执行主席、主席团成员一般由学生代表大会差额选出，执行主席与主席团成员分别选举，选举执行主席的，原则上需获得超过出席代表50%的选票方可当选，未超过50%的，票数高者当选。竞选执行主席失败且可以接受调剂的，自动补入主席团成员竞选。选举主席团成员，原则上需获得超过出席代表50%的选票方可当选，未超过50%的，票数一、二位的当选。

五、选票由代表本人在问卷星页面投出，未到会的代表不得委托他人代替投票。

六、大会设总唱票人1名，唱票人2名；总计票人1名，计票人4名；总监票人1名，监票人5名。总监票人、监票人在大会主席团领导下，监督选举工作中的一切事宜。总唱票人、唱票人和总计票人、计票人在监票人监督下进行计票工作，计票情况由大会总计票人统计并公布。

七、唱票人、计票人、监票人由本次大会筹委会推荐，经全体学生代表从非候选人的学生代表中推选，并提交代表大会表决通过。

八、在××学院党总支、××学院团委和第×届××学院学生会主席团的一致认同下，正式产生第×届××学院学生会主席团成员。

第四章　附则

一、本学年有挂科记录、在校期间有违反校纪校规情况的学生原则上不得参加选举。

二、选举申请表自下发日起生效，至截止日作废。逾期未交者，视作弃权。

三、第×届××学院学生会主席团成员的评议由申请者的学习成绩、工作表现、个人荣誉、演讲情况等诸多方面综合得出。

四、本办法最终解释权归××大学××学院第×次学生代表大会会筹备委员会所有。

××大学××学院第×次学生代表大会筹备委员会

××年××月

（四）提升战斗力，扎实打造硬队伍

着力健全包括大学生骨干、专职团干部、青年教师在内的全国、省、校三级培养体系。进一步完善大学生骨干培养的课程设置、内部管理和跟踪培养，推进大学生骨干培养实践锻炼基地建设，探索建立大学生骨干培养导师制。精心举办大学生骨干训练营，以朋辈榜样力量影响、覆盖更多青年。

例2-1-22　××学院第×届“我讲你想”学生骨干训练营计划

一、培训目的

为了提升××学院20××级本科生团委学生会及研究生团总支各部门志愿者、各行政班级班委及党建、易班、学风和社团干部的组织协调、人际交往能力，更好地推进我院学生工作持续健康发展，加快学生干部队伍凝聚力建设，特此举办此次学生骨干训练营，并以此促进学生干部适应新环境、接受新挑战和自主解决问题的综合能力，从而更好地服务于同学，服务于学院。

二、培训内容

1. 专题讲座："共青团干部印记"讲座、"共青团工作的探索与思考"讲座、"剪辑的语言"讲座、"你在刷手机，人家又是如何刷你的"讲座、"新闻写作"讲座、"大学生人际沟通与礼仪素养"讲座。

2. 技能培训：学生团队建设。

3. 实践活动：素质拓展活动。

时　间	地　点	项　目	主讲人
10月18日17:30	模拟法庭	开营仪式	
10月19日9:00	模拟法庭	讲座	
10月19日13:00	上政校园	素质拓展活动	
10月20日13:00	模拟法庭	成果展示	
10月22日14:00	模拟法庭	讲座	
10月22日15:30	模拟法庭	结营仪式	

三、预期效果

1. 使学生干部掌握基本的团队建设技能。

2. 进一步提升我院学生干部的综合素质，提高学生干部的工作能力，树立良好的学生干部形象。

3. 加强学生干部之间的交流沟通，增强学生干部队伍凝聚力，培养各学生干部的团队协作精神。

例 2-1-23　××学院第×届"我讲你想"学生骨干训练营活动安排(略)

例 2-1-24　××学院第×届"我讲你想"学生骨干训练营团队考评制度

为了适应新学期的需要，进一步提高学院学生工作质量，更有力地增强学生工作的积极性，加强学生干部的内部管理，提高学生干部团队协作能力，使各部门工作更加有序、高效，特此制定本次考评制度。

一、考评内容

团队考评由团队出勤、成果展示、素拓活动以及小组合照四部分组成。前三项满分均为100分，各部分占团队考评总分比例依次为30%、40%、30%，小组合照为特殊环节，不计入最终得分，即团队考评总分=30%团队出勤得分+40%成果展示得分+30%素拓活动得分。

各部分详细考评制度如下：

（一）团队出勤

1. 要求准时参加干训所有活动，在活动开始之前主动到签到处进行签到。

2. 干训活动期间，无故缺席者，扣 4 分/人、次。

3. 干训活动期间，无故迟到者，扣 2 分/人、次。注：活动开始 15 分钟后，晚到者一律视为无故缺席，并按无故缺席扣分标准扣分。

4. 干训活动期间，无故早退者，一经发现，扣 3 分/人、次。

5. 干训活动期间，他人代替签到或参加活动者，一经查实，扣 6 分/人、次。

6. 如有事不能参加干训，请事先递交请假单，经组长和主席团审核后方能请假；遇急事需请假者，可先告知组长，事后补请假单。请假扣 1 分/人、次。

7. 如果组长、副组长发生以上 1～5 情形之一者，双倍扣分。

注：(1) 小组成员递交请假单经组长审核通过后，需由组长交给组织部。

(2) 组长请假需要经过小组的负责人审核。

（二）成果展示

1. 以小组为单位，要求每位小组成员积极参加成果展示，小组成员之间分工明确；原则上组长、副组长不参与表演。

2. 成果展示需紧扣主题（切忌过于浮夸），控制时间长度（不超过 10 分钟）。

3. 团队成果展示总分为 100 分，其中展示内容为 40 分（从内容是否紧绕主题，是否解决题目中涉及问题及意义等方面评分）、表达效果为 25 分（从表演准备充分度及语言表达清晰度和条理性等方面评分）、视觉效果为 15 分（从成果展示总体感官效果等方面评分）、创意度为 10 分（从表演的创意创新等方面评分）、参与度为 10 分（从与台下观众的互动交流及观众反应等方面评分）。

注：每组的成果展示开始前，会对其他小组进行问题解决方案的提问，如果有小组成员回答，则为该小组加 0.5 分/次。得分加在成果展示中，上限为 5 分。

（三）素质拓展活动

1. 本次素质拓展活动总分为 100 分，共设有 8 个关卡，每个关卡分布于学校各地。

2. 本次活动将采用一对一 QQ 回复机制，每队队长在活动开始前首先添加 QQ 号：××××，同时备注组号，通过向该 QQ 号发送答案获取该线索得出的对应地点。若内容在 3 分钟内没有得到相应回复，则表示该答案为错误，15 分钟后可再次发送进行确认。为保证工作人员正常答复，切勿重复发送和短时间内连续发送。

"发送格式：组别＋线索号/信封号＋答案"

注意事项：后台可了解发送组别，故一旦发现恶意发送或者不恰当行为导致严重后果，我们将取消该队伍的游戏资格。

3. 本次训练活动将采用公众号求助机制，每队在分析线索过程中若遇到困难，每组只可派一人进行场外求助，关注公众号"跟着素拓去冒险"，发你需要求助的内容到公众号；若 1 分钟后无回复，再添加 QQ 号（××××）进行提示问询；若 5 分钟内没有回复，再可打电话(×××××××××)进行问询；若正在通话中，请耐心等待。由于可能出现求助高峰人数较多，请耐心等待，切勿恶意骚扰或者不恰当行为。

“求助格式：(组别)×号＋(求助信封号)×号”

注意事项：经过求助后到达地点完成的素拓活动将只有该活动60％的分数。若进行恶意骚扰，该队伍完成的活动将只能得到30％的分数。

4. 本次活动过程中，若出现线索缺失或其他问题可拨打电话(×××××××××)进行问询，切勿进行恶意骚扰或者不恰当的行为。

注意事项：若进行恶意骚扰，该队伍完成的活动将只能得到30％的分数。

5. 每次进行素拓活动前将进行人数核对，若有组员中途离开或者无任何特殊原因不参与活动，该队伍完成的活动将只能得到40％的分数。

6. 在寻找地点的过程中，不得使用任何形式的代步工具，违反的队伍将在总分里扣除20分。

7. 完成所有素拓活动后，各队统一回到起点，每队人数必须全齐。

8. 活动中如果有争议请尊重该活动负责人的判决。

9. 本次活动的最终解释权归素质拓展部所有。

(四) 小组合照

以小组为单位，在干训期间上交全体成员合影一张(照片要求积极向上，体现组员间的团结友爱、齐心协力)，并在10月20日(周日)18:00前将照片发至××××@163.com，上交的照片将推送微信平台(×××)、QQ平台(×××)。小组合照环节不计入最终的团队考评，但会通过微信平台进行微信投票，在结营仪式时为票数最高的小组颁发“最佳合照奖”，并打印该小组照片赠与小组组长作为奖励。

二、考评方式

团队出勤以办公室提供的签到表为准，由组织部进行统计；成果展示由主席团参照相应考评细则进行打分；素拓活动由素质拓展部参照相应评分细则算分。

各项考评表上交后，由组织部进行结果统计和审核，如若有人对于考核结果提出异议，可以通过组织部与主席团进行协商处理。

三、考评结果及优秀团队评选

针对考评结果，在各考评部门上交考评表后，由组织部进行团队考评总分的统计，经审核通过后，由主席团宣布考评结果。

本次团队考评，将选出7支优秀团队(即团队考评总分前7名的小组)，以组织部最后通过审核的分数为准。

四、评选结果公示

在干训活动结束后，组织部会在闭营仪式当天公布优秀团队的评选结果，并同时公示于学院相关公共网络平台。公示时间为7日。

若参加干训的成员对评选结果有质疑，可在公示期内向组织部提出。

* 以上内容最终解释权归××学院团委学生会组织部所有。

例 2-1-25 ××学院第×届“我讲你想”学生骨干训练营考评表

个人考核考评表

组别：________ 组长：________

姓　名	个人出勤 （30 分）	干训表现 （40 分）	干训小结 （20 分）	干训笔记 （10 分）	总分 （100 分）

审核结果：________ 组长签名：________

第二节　班团一体化工作

“班团一体化”是“班级团支部与班委会一体化运行”的简称，是为“着力夯实基层基础，改进团员发展和教育管理，增强团员先进性光荣感，严格入团程序，加强团员意识教育”，围绕全团凝聚青年、服务大局、当好桥梁、从严治团四维工作格局，改革创新团的基层组织设置而产生的。

班团一体化就是通过推行团支书兼任班长或班长兼任团支部副书记制度，全面实行班级团支部委员会与班委会一体化运行的组织实践活动。其本质内涵是以团支部为核心的班集体建设，充分发挥团支部的政治核心和思想引领作用，班团紧密结合、协同发展，共同促进班级的思想教育、日常管理和文化建设，更好服务青年学生成长发展。

班团一体化建设的主要目标是坚持改革创新的思路，厘清长期权责分工不清晰的班团组织关系，建立分工合理、利于合作的班团支委结构，建立班团组织运行的制度；落实团的基本工作制度、巩固基层组织建设、培育班团组织文化、增强班团组织凝聚力；联系服务团员青年、强化思想政治教育，增强团员意识，引导青年学生树立远大理想，学习践行社会主义核心价值观和习近平新时代中国特色社会主义思想。

一、高校团支部工作内容

党的十九大以来，党中央高度重视共青团工作，习近平总书记多次发表重要讲话、提出重要要求。习近平总书记关于青年工作的重要思想要求共青团要树立大抓基层的鲜明导向，推动改革举措落到基层，使基层真正强起来。2019 年 6 月，共青团中央印发《中国共产主义青年团支部工作条例（试行）》（以下简称《条例》）。作为共青团历史上第一部关于团支部工作的基础主干制度，为全面加强新时代团支部建设提供了依据。《条例》是加强新时代团支部建设的重要制度成果，把团支部建设放在更加突出的位置，推动全团形成大抓基层的良好态势。

团支部是团的基础组织，是团组织开展工作的基本单元，是团的全部工作和战斗力的基础，担负着直接教育团员、管理团员、监督团员和组织青年、宣传青年、凝聚青年、服务青年的职责。

（一）思想教育引领

组织团员学习马克思列宁主义、毛泽东思想、邓小平理论、"三个代表"重要思想、科学发展观、习近平新时代中国特色社会主义思想，学习党的基本知识，进行革命传统教育，学习团章和团的基本知识，学习科学、文化、法律和业务。宣传、执行党和团组织的指示和决议，参与民主管理和民主监督，找准服务大局的切入点、结合点、着力点，充分发挥团员的模范带头作用，团结带领青年在促进经济社会发展中发挥生力军和突击队作用。开展中国特色社会主义和实现中华民族伟大复兴的中国梦宣传教育，开展爱国主义、集体主义和民主法治教育，组织团员和青年学习革命前辈，培育和践行社会主义核心价值观，教育团员和青年抵制不文明行为，坚决同各种违纪违法行为作斗争，弘扬网上主旋律，正确对待、理性使用网络。

（二）规范团内政治生活

团内政治生活是团组织教育管理团员和团员提升政治理论修养的主要方式，开展严肃认真的团内政治生活，是团支部的优良传统、政治优势和重要抓手，也是从严治团的基础。加强和规范团内政治生活，必须以团章为依据，不断增强新时代团员的政治性、时代性、原则性、战斗性；加强和规范团内政治生活，并非一成不变、不能墨守成规，要紧紧围绕团的建设事业和新时代团员的成长背景，不断推进组织生活内容和方式创新。

团的组织生活是团内政治生活的重要组成部分，是团组织对团员进行思想政治教育和团员自我教育的具体形式，是加强团的思想建设和组织建设的重要途径，严格的组织生活让团支部的政治底色更加鲜明。定期开展主题团日，及时更新团员信息，落实

“三会两制一课”，开展批评和自我批评，监督团员切实履行义务，保障团员的权利不受侵犯；做好团员组织关系转接工作；加强和改进流动团员管理；做好团费收缴使用和管理工作；及时办理超龄团员的离团手续；关怀帮扶困难团员；维护、执行团的纪律，依规稳妥处置不合格团员。

（三）培养服务青年

对要求入团的青年进行培养教育，做好经常性发展团员工作，把政治标准放在首位，严格程序、严肃纪律；表彰表扬先进；做好“推优”入党工作；发现并培养和推荐团员、青年中的优秀人才。密切联系、服务青年，向青年有效传播党的主张，凝聚广大青年的智慧和力量，了解、反映团员和青年的思想、要求，关心团员和青年的学习、工作、生活和休息，开展文体活动。实事求是对团的建设、团的工作提出意见建议，及时向同级党组织和上级团组织报告情况。按照规定，向团员、青年通报团的工作情况，公开团内有关事务。

二、班团一体化工作的意义和目的

（一）班团一体化工作对团支部的意义

构建班团一体化运行机制是新时代高校共青团改革的迫切需要，也是深入贯彻立德树人根本任务，构建三全育人体系的内在需要。推行班团一体化的过程，既是加强对团员青年思想引领，提高共青团组织活力和凝聚力的过程，也是构建“凝聚青年、服务大局、当好桥梁、从严治团”四维工作格局的过程。

1. 有助于激发团员热情

普通团员不愿意参加团组织生活的一个重要原因是他们并未将自己真正融入班级团支部这样一个集体中，缺乏对团支部的归属感、责任感和使命感。实行“班团一体化”，有助于扩大基层民主，让普通团员青年也能认识到自己是团支部不可或缺的一部分；让他们愿意在组织中学习、工作，参与团支部和班级事务的管理，愿意为组织的发展积极贡献智慧和力量；让他们将班级事务和团支部工作当作与自己密不可分的事情，激发热情，主动参与。

2. 有助于提升支部活力

在以往的班级管理模式中，人为地将班委会与团支部割裂开来，各自为战，缺乏统筹，造成班委会与团支部发展不均衡，团支部活力下降。“班团一体化”能够优化班级管理，明确团支部工作职责，发动更多人参与团支部的建设与活动的开展，拓展工作思路，改进工作方式，创新工作载体，优化工作流程，凸显工作成效，提升支部活力，让支部活动更加贴近团员青年，更具有针对性、有效性、可操作性，达到团结青年、教育青年、发展青年的目的。

3. 有助于促进工作开展

班长及其领导的班委会主要负责与团员青年眼前利益密切相关的具体事务，受关注程度较高，而团支部更多的主要是一些意识形态类的工作，容易被轻视甚至忽略，这就导致了团支部功能的弱化、团干部工作积极性的下降、共青团工作开展的难度加大。“班团一体化”通过改进团支部工作制度，加强团干部队伍建设，明确团员的权利义务，消除团支部工作中的障碍，调动团学干部工作热情，促进团支部工作开展。

（二）班团一体化建设对改革高校共青团工作的意义

推进班团一体化建设是对高校共青团工作机制、工作方式、工作队伍的一次变革。严格规范落实共青团基层工作的基本要求，有利于提高班团组织的管理效率、管理质量，扭转共青团工作边缘化困境，充分发挥共青团对青年团员的思想引领作用，体现班团组织的政治性、先进性和群众性。推行班团一体化的过程既是引领青年、凝聚青年、依靠青年的过程，更是共青团自我革新勇气的具体体现，有利于扭转青年学生团员意识淡薄的局面，提升基层团组织的活力、凝聚力。

（三）班团一体化建设对高校学生管理工作的意义

共青团有较为健全的工作机制和工作纪律，相较于我国高校的学生管理工作有更丰富的理论和实践经验，尤其是近年来随着共青团改革的不断深入，从严治团，严格遵守《共产主义青年团章程》和执行基层团组织“三会两制一课”制度，有效弥补了班级管理制度松散不统一的问题，促使班团内部各项工作开展更加规范、有序。

（四）班团一体化建设对高校思想政治教育工作的意义

做好高校思想政治工作，要因事而化、因时而进、因势而新。要遵循思想政治工作规律，遵循教书育人规律，遵循学生成长规律，不断提高工作能力和水平。重视班团组织一体化建设，是将思想政治教育“重心下移”的重要举措，通过班团组织相互配合，协同工作，遵循了教育规律，充分有效地发挥了班团组织服务育人、管理育人、组织育人的功能，通过共同开展接地气、有活力的思想政治教育活动，用滴灌的方式对学生进行细致适度的教育和引领，打通了思想政治教育的“最后一公里”，既注重了效率，又体现了实效。

三、班团一体化工作内容

班团一体化实施运行的前提是要完全弄清楚班团关系，其重点是突出团支部的核心作用，这种核心作用主要包括以下 3 个方面：

一是思想引领。团支部应当把握班级建设的政治方向，将思想政治引领贯穿到班级建设的各项工作和活动中，切实引导班级全体同学听党话、跟党走，把同学紧密团结在党的周围。①二是组织核心。团支部应当成为班级建设的组织核心，通过实施班长兼任团支部副书记、团支部委员兼任班干部等措施，切实加强团支部对班集体建设的参与、指导和监督。三是创新带动。团支部要加强团员同学的教育和管理工作，以团支部推优入党、“三会两制一课”制度等为抓手，教育团员同学争当先进分子，在创新创业创优中走在同学前列，在培育和践行社会主义核心价值观中走在同学前列，切实发挥先锋模范作用，带动班级同学共同进步。

---

① 王玉璇、陈淑华、陆俊：《高校基层团组织建设工作的现状与对策》，《中国林业教育》2011 年第 4 期。

（一）提升组织的运行活力

1. 理顺班团关系

实行班长兼任团支部副书记或团支部书记兼任班长的制度，推行班级团支部与班委会一体化运行机制，突出以团支部为核心的班集体建设，充分发挥团支部的政治核心作用、思想引领作用和模范带头作用；完善班团工作决策机制，评奖评优、人选推荐等重要事宜须经支委会通过，由团员学生大会决定。

2. 做实基础团务

规范开展发展团员、团员管理、团费收缴等工作；加强团员教育管理，重点加强对团员的理想信念教育和国情教育，认真学习贯彻落实习近平新时代中国特色社会主义思想；争取党组织支持，做好推优入党工作，对符合条件的“推优入党”候选人全面考察、充分评议，形成团支部意见，并由团员大会讨论通过。

3. 完善工作制度

明确团支部及支委工作职责、工作标准；严格落实“三会两制一课”制度，明确团员大会、支委会、团小组会的议事范围和决议权限，严格团员教育评议和团员年度团籍注册制度，提高团课的参与面、吸引力；创新主题团日活动的形式载体，紧密结合团员青年兴趣特点进行策划设计，提高活动的育人实效。

4. 强化支部覆盖

在巩固本科生班级团支部建设成果的基础上，着力加强研究生团支部规范化建设，推进学生社团普遍建立团支部；创新探索宿舍、课题组、项目团队、网络建团等有效方式。

（二）提升工作的开展活力

1. 明确职责功能

明确支部自身的工作职责和内容（包括但不限于团建团务、思想引领、志愿服务、社会实践、创新创业、网络宣传、文体活动、互助帮扶、推优入党等方面）；强化品牌建设，建设团支部工作品牌项目，谋求特色发展。

2. 强化思想督导

明确团支部书记为团支部思想督导第一责任人，团支部组织委员、宣传委员为主要成员，负责做好团支部的思想引领工作，建立监督反映信息的途径，增强政治敏锐性和政治鉴别力，敢于旗帜鲜明的反对和抵制一切违背党的基本路线的不当言行。

3. 做好新媒体工作

加强支部工作和活动的宣传报道，发挥新媒体在思想引领、舆论引导、信息沟通中的重要作用；引导支部成员为促进学校发展和青年成长成才建言献策；推动每名支部成员成为青年网络文明志愿者，在网络中积极发声，传播和弘扬正能量。

（三）提升团员的参与活力

1. 扩大支部民主

按照团章规定，保障团员权利、每年定期进行换届；严格支部委员任期制度，团支部书记、支部委员任期一年，连任不得超过两届；团支部换届实行差额选举；保障团员对支部工作的知情权、参与权和监督权。

2. 合理设置支委

改革支部成员构成，与班委会成员一体化统筹设置，团的支部委员会一般由3～5人组成，包括组织委员、宣传委员、实践委员等。明确支部委员会、支部成员在支部职能履行和工作开展中承担的具体责任。

3. 联系服务团员

加强支委与支部成员的联系，及时了解、积极反映他们的思想动态、学习生活情况，力所能及地帮助解决实际困难；鼓励支委或支部成员与各类困难同学进行结对；创新服务方式，做好学校、学院党政和上级团组织联系同学的桥梁纽带。

第三节　社团工作

一、社团的重要意义

高校学生社团是高校落实立德树人根本任务的重要载体，是共青团构建高校学生组织的重要一环，为繁荣大学文化、提高学生综合素质发挥了重要作用。

（一）高校学生社团有助于促进思想政治教育的有效性

高校社团主要由大学生自发组建，社团具有自由、灵活的特点，能够充分考虑到不同学生的心理需求、个体差异和性格特征，从而调动学生参与高校社团的积极性，调动学生的主动性和能动性，加上高校社团适应于不同年级、不同年龄、不同学历的学生，是任何学生都可以参与的组织，这为高校开展思想政治教育工作奠定了良好的群众基础，增强了思想政治工作的有效性，为大学生综合素质的提高提供了广阔的平台。

（二）高校学生社团有助于培养学生的兴趣爱好

社团活动可以最大程度地开发学生的潜能，发挥他们的兴趣特长，并在参加社团活动过程中提升其素养。还可充分调动学生的积极性，为促进社团文化的建设提供更多发展渠道。

（三）高校学生社团有利于增强学生的人际交往能力

高校学生社团是由不同院系学生自发组建的，即使专业不同，但他们拥有相同的兴趣爱好。学生们能够借助于相应的平台，加强社团与外校社团的交流与合作，利用学生学习的积极性，充分挖掘学生的学习兴趣，进而提升整个学习阶段对于整个实践过程的有效性。通过与不同学院班级学生的交往则有利于加强学生个人的人际交往能力，而人际交往能力的培养对学生的全面发展有着直接的影响，也是学生积极参加社团活动的主要目的。

（四）高校学生社团有助于创造良好的实践平台

学生社团最根本的作用是能够实现学生从“书本型”向“实用型”的转变。现阶段，越来越多的用人单位更加关注学生的综合素质和实际工作能力，而通过社团活动能够很好地磨炼学生的意志，提升学生的思想意识和实践动手能力，这些在无形当中都是今后求职的宝贵财富。在多变的社会活动中，对于用人单位来说，他们更加关注学生的综合素质，而利用社团活动就能够很好的锻炼学生的意志品质，通过锻炼提升学生的思想意识，进而将整个大学生的实践活动及相关能力锻炼方式进行有效的分析，提升整个社团工作的有效性。

（五）高校社团活动是学生综合素质提升的良好载体

"大学生素质拓展计划"是由共青团委员会组织的一项重要工程，旨在深入推进高校素质教育，全面提升大学生综合素质。它号召广大学生广泛地参与到素质培养和锻炼活动中来，努力使素质拓展活动渗透到学校教育实践的全方位、全过程、全时空，实现第一课堂与第二课堂结合，学习与实践结合。而高校学生社团的组织性质与素质拓展的要求是吻合的。

高校学生社团始终坚持正确的政治方向，严格遵循和贯彻党的教育方针，始终坚持立德树人的基本导向，充分发挥了学生社团作为第二课堂主力军的作用，但与新时代党和国家对高校学生社团的要求相比，学生社团的建设仍存在着不少问题需要解决。

1. 管理制度不完善

部分社团在纳新后，在开课或进行某些活动时不能有序地进行，导致正式开始、草草结束的局面，严重打击了同学们参加社团的积极性。社团管理人员没有恪尽职守，制度未完善和更新，而且社团人员多，流动量大，如果组织结构不健全、分工不明确，社团质量就会急剧下滑。

2. 学生社团基本条件有保障，但支持力度不够

一般学校都对学生社团接受商业赞助具有非常严格的要求规定，因此学生社团能够获得的商业赞助极其有限。资金不足导致配套硬件设施不足，设施消耗流失大、设施不配套等问题。

3. 社团管理者经验不足，没有各司其职

社团的运行，需要有组织能力的人来管理。社团的种种活动，如招募干部、管理活动开展等方面都是相辅相成和相互影响的，这对于管理者考验极大，要把各种工作都安排妥当，让每个程序都进行的顺利，这也需要管理者有丰富的经验。

4. 学生社团活动开展丰富多彩，但影响力不强

各种社团类别和数量很多，但真正具有吸引力的品牌活动少；唱唱跳跳的娱乐型活动居多，具有思想深度的学术型、思辨型活动较少。很多社团活动仅仅是形式上的热闹，但缺乏内涵，从而降低了社团本身在学生中的影响力。

5. 当今各种社会思潮、意识形态，以及东西方文化相互交织、相互碰撞，逐渐向校园渗透，给大学生的世界观、人生观、价值观带来了新的挑战，加深了理想与现实、传统与现代、经典与流行、主流与边缘的矛盾①

高校学生社团由于存在形式比较松散，活动组织比较自由，物质资源保障比较缺

① 黄万获、覃湘红、韦娜：《当代大学生的校园文化需求及其特点分析》，《高教论坛》2011 年第 5 期。

乏，时间、空间不容易把握等现状，很容易被西方敌对组织所利用，意识形态领域斗争极易在高校学生社团中找到渗透点，国内高校多次发生的大事件足以引起我们的担忧和重视。

二、社团分类

学生社团一般分为四大类：社会实践类社团、文体娱乐类社团、学术科研类社团、理论研究类社团。

（一）社会实践类社团

社会实践型社团是指成员秉承热心服务、积极奉献的理念，运用自己掌握的知识和技能开展社会公益服务和社会实践活动，进而检验所学知识和技能，培养综合能力为主要宗旨的学生组织。这类社团涵盖了两种类型：

1. 劳动服务型社团

这类学生社团在为社会提供服务的同时达到实现个人价值的目的（如商场营业员、支教服务、企业服务、便民服务等）。

2. 专业技术服务型社团

这类学生社团开展的主要活动体现在鼓励大学生在闲暇时间，运用自己所学的专业知识和技能，向社会输出各种技术性服务，如咨询、文化科技、医疗服务等，参与"青年志愿者"行动和"三下乡"社会实践活动，这些活动不仅使服务受众得到知识的启迪，而且锻炼了学生的实践能力，做到学以致用，同时在服务的过程中也能不断解决新的难题，深化对专业知识的理解，由此实现大学生和服务对象的双向进步。

（二）文体娱乐类社团

文体娱乐类社团创建的主要目的是满足成员的体育、艺术特长等兴趣发展的需要。此类型的学生社团往往为校园文化的发展和繁荣源源不断地输出各色各样的文体人才，校园里举行的文艺演出、竞技比赛等活动都少不了该类社团成员的参与。这类社团因没有专业上的限制，主要依托兴趣与特长而开展，帮助学生卸下了学业上的沉重包袱，所以深受学生喜爱，成为校园内活跃度最高、活动丰富性最强的社团，可谓占据半壁江山。一系列协会（如话剧社、曲艺协会、文学社、足球协会、健美操协会、插花协会等），不仅满足了大学生强身健体的需要，强化对艺术享受、艺术修养的追求，还让其在各类竞技比赛中发挥所长的同时，深刻体会了奋发拼搏的体育精神。

（三）学术科研类社团

学术科研类社团的创建初衷是满足学生在课堂之外对文化和科技知识的需求，培养的目标定位在学生学术水平和知识运用能力的提升。学术科研类社团具体可分为两种：

1. 专业学习型社团

这种社团聚焦于某一专业领域，吸收相关专业的学生或者对该专业感兴趣的非专业生作为成员，并开展一系列与本专业相关的学术交流活动或比赛等，目的在于巩固和扩展专业知识（如外语协会、数学协会、植物学协会等）。

2. 专业研究型社团

这类社团存在的意义主要体现在为不同专业之间的学术交流架起桥梁，以拓展学生视野，弘扬学术精神。其运行主要是通过定期或不定期开展理论研讨会、模型展览会、实验分析、刊物发行等方式，同时也会针对某一类学术问题进行深刻探讨，并在各抒己见的过程中相互学习（如现代化管理爱好者协会、金融会计研究会等）。

学术科研类社团的成员大多是专业能力突出、创造能力优异、操作能力拔尖的学生，这类社团极易获得学校和社会在人、财、物等方面的支持，成为提升大学生实证精神、强化科学素养、巩固专业能力、培养优良学风和高尚学术道德的前沿阵地。

（四）理论研究类社团

理论研究类社团主要是以学习与研究马克思主义理论、中国特色社会主义理论以及党政方针政策等为主线，以实现理论学习与实践学习有机结合为目标，致力于提升大学生综合理论素养的社团组织。其根本侧重点为：国内外政治、理论学习、热点政治和社会问题的探讨；其宗旨是学习马列原著、分析中国国情、关注社会热点、践行社会主义核心价值观。基于侧重点与宗旨，这类社团对社团成员提出的基本要求就包括具有鲜明且符合主流的政治导向和观点。该类型学生社团开展的社团活动基本围绕为大学生提供理论学习和时事研讨的平台、使各年级的学生有交流彼此心得和看法的机会，如毛泽东思想研究会、马克思主义研究会、习近平新时代中国特色社会主义理论研究组、党章学习小组等，旨在促进社团成员政治理论水平的提高。通过这种社团开展德育工作，有利于党的先进理论进课堂、进教材、进头脑，对于形成学生政治立场和信仰、学习和实践中国特色社会主义理论也有一定的促进作用。

三、社团工作内容梳理

（一）社团注册工作

社团工作有德育功能，包括思想政治教育功能、价值导向功能、知识教育功能、行为习育功能、实践培育功能、心理自育功能等，所以要严格把控社团注册工作，规范社团管理，促进社团积极健康发展，营造良好校园文化环境。

注册工作开始之初，要实施顶层设计，优化社团结构，扶持和培育公益团发展，加强同质同类社团整合合作，促进全院社团合理发展。

1. 高度重视全院社团建设，以“德育教育引导”和“培养高级应用技术型人才”的教学目标指导和规划学院社团发展蓝图，合理规划社团大类，重点扶持公益服务类、就业创业类等社团的发展。

2. 应当指导内涵相同，或者活动相近的社团进行合并，合并成规模和实力较强的中大社团；应当引导大类趋同成立大类社团联盟，进而扩大其影响力和活动组织策划能力；应当督促互补型社团相互帮扶，联动发展，共同增强全院社团发展活力。

3. 加强公益社团资源倾斜，鼓励学生注册公益性质学生社团，并且在资金投入、场地提供方面提供支持和便利，为公益社团的发展创造合适的土壤，同时以社会实践学分等形式鼓励学生参与公益社团活动，壮大公益社团的规模，推动其良性发展。

例 2-3-1　关于开展××大学学生社团注册工作的通知

各学生社团、社团指导单位：

根据上级通知要求，为进一步加强我校学生社团工作，规范社团管理，促进社团积极健康发展，营造良好校园文化环境，校团委决定我校学生社团全部重新登记注册，未批准注册的社团将予以注销。现将有关事项通知如下：

一、学生社团的注册

本次学生社团重新注册时间为××××年×月×日～×月×日，所有已注册社团均须重新申请注册，新办社团可同步申请注册。

今后每年×月底×月初为社团年检复审期。

二、注册社团条件

1. 拟注册社团必须遵循和贯彻党的教育方针，坚持立德树人的基本导向，团结和凝聚广大同学，按照自愿、自主、自发原则，开展主题鲜明、健康有益、丰富多彩的活动，完善自我管理，确保健康发展，繁荣校园文化。

2. 拟注册社团的成员必须坚决拥护党的领导，积极践行和弘扬社会主义核心价值观，服从校团委的监督管理，承认并遵守《××××学生社团管理办法》及学校有关规定。

3. 拟注册社团须由 5 名以上（含 5 名）发起人联合发起，发起人能够担任该学生社团负责人 6 个月以上，具有开展社团活动所必备的基本素质，且未受过校纪校规处分。

4. 拟注册社团须有规范的社团名称、章程和相应的组织机构，申请社团的类别明确，有业务指导单位（学院或职能部门）及至少一名指导老师。

5. 拟成立的学生社团须认真填写"一表三书"，即"××××学生社团注册申请表"以及附件、"××××学生社团负责人承诺书""××××学生社团指导教师告知书""××××学生社团业务指导单位责任书"，于××××年×月×日前提交至校团委。

校团委将邀请相关职能部门，共同开展社团注册资格的审核工作，并报校学生工作党委批准后，发布公告。

三、社团注册工作要求

1. 原有社团重新注册的，须先行完成本社团的换届选举工作，再申请注册。

2. 社团名称必须指向清晰，简洁明了，一般格式为：某校××××（明确共同兴趣点）协会。

3. 社团必须制定章程，并经社团大会审议通过。社团章程的基本格式参见附件。

4. 社团的成员数一般不少于 20 人。

5. "一表三书"中，除另附内容外，均需手写。

四、社团注册的时间安排

1. 发起人准备材料：××××年×月×日～×月×日。

2. 递交材料：于××××年×月×日前，将纸质材料（一式四份）交至×××室。

3. 资格审核审批：××××年×月×日。

4. 注册社团公示：××××年×月×日。

5. 公布社团注册结果：在学校“五四”主题集会上颁发注册证书。

原有社团未注册或未审批未通过的，自××××年×月×日起注销。

共青团×××委员会

××××年×月×日

例 2-3-2　×××社团注册申请表

×××学生社团注册申请表

注册编号（校团委登记）：

<table>
<tr><td>社团名称</td><td colspan="4"></td><td>新媒体号</td><td colspan="2"></td></tr>
<tr><td rowspan="3">社团类别</td><td colspan="7">□思想政治类□学术科技类□文化活动类□体育活动类
□志愿公益类□自律互助类□其他</td></tr>
<tr><td colspan="7">是否有企业冠名：□是□否</td></tr>
<tr><td colspan="7">是否新注册社团：□原社团重新登记注册□新社团登记注册</td></tr>
<tr><td>指导单位</td><td colspan="7"></td></tr>
<tr><td rowspan="6">社团发起人
及核心成员
（发起人不少于5人，
具体信息填写于附表1）</td><td>社团职务</td><td>姓名</td><td>民族</td><td>学号</td><td>学院</td><td>联系电话</td><td>微信号</td></tr>
<tr><td></td><td></td><td></td><td></td><td></td><td></td><td></td></tr>
<tr><td></td><td></td><td></td><td></td><td></td><td></td><td></td></tr>
<tr><td></td><td></td><td></td><td></td><td></td><td></td><td></td></tr>
<tr><td></td><td></td><td></td><td></td><td></td><td></td><td></td></tr>
<tr><td></td><td></td><td></td><td></td><td></td><td></td><td></td></tr>
<tr><td rowspan="2">社团成员
（具体信息填写于附表2）</td><td>总人数</td><td colspan="2">本科生</td><td colspan="2">研究生</td><td>预科生</td><td>留学生</td></tr>
<tr><td></td><td colspan="2"></td><td colspan="2"></td><td></td><td></td></tr>
<tr><td rowspan="3">社团指导老师
（指导老师不少于1人，
须为校内在编教职工）</td><td>姓名</td><td colspan="4">工作单位及职务</td><td>职称</td><td>联系方式</td></tr>
<tr><td></td><td colspan="4"></td><td></td><td></td></tr>
<tr><td></td><td colspan="4"></td><td></td><td></td></tr>
<tr><td rowspan="3">社团特聘顾问
（校外人员须另附简历）</td><td>姓名</td><td colspan="4">工作单位及职务</td><td>职称</td><td>联系方式</td></tr>
<tr><td></td><td colspan="4"></td><td></td><td></td></tr>
<tr><td></td><td colspan="4"></td><td></td><td></td></tr>
<tr><td>社团主旨简介
（社团章程另附）</td><td colspan="7"></td></tr>
<tr><td rowspan="2">社团合作伙伴</td><td>校外社团</td><td colspan="2">机关</td><td colspan="2">企业</td><td>基金会</td><td>其他</td></tr>
<tr><td></td><td colspan="2"></td><td colspan="2"></td><td></td><td></td></tr>
</table>

（续表）

<table>
<tr><td rowspan="4">社团财务管理</td><td>经费来源</td><td>会员会费</td><td colspan="2">财务负责人</td></tr>
<tr><td rowspan="3">□学校拨款
□社会赞助
□会员会费
□其他</td><td rowspan="3">□不收会费
□收取会费
标准：</td><td>姓　名</td><td></td></tr>
<tr><td>学院班级</td><td></td></tr>
<tr><td>联系方式</td><td></td></tr>
<tr><td rowspan="2">社团活动项目
（新注册社团可
填写活动设想）</td><td colspan="2">常规活动（经常性开展）</td><td colspan="2">大型活动和特色活动</td></tr>
<tr><td colspan="2"></td><td colspan="2"></td></tr>
<tr><td>社团新届期工作计划
（详细工作计划可另附）</td><td colspan="4"></td></tr>
<tr><td>社团负责人
签名</td><td></td><td>社团指导老师
签名</td><td colspan="2"></td></tr>
<tr><td>社团指导单位
审核意见</td><td>主要负责人（签名）：
审核日期：　　年　月　日
（单位印章）</td><td>校团委
审核意见</td><td colspan="2">主要负责人（签名）：
审核日期：　　年　月　日
（单位印章）</td></tr>
<tr><td>学生工作党委
审批意见</td><td colspan="4">经校学生工作党委××××年第×次全体会议研究，审批意见如下：
□批准注册
□暂缓注册
□不予注册
（印章）</td></tr>
</table>

附件 1

________社团成员信息表

姓名	职　务	政治面貌	学院	专业班级	学号	联系方式
	社长					
	副社长					
	部长					
	副部长					
	财务负责人					
	新媒体负责人					
	会员					

例 2-3-3　×××学生社团负责人承诺书

高校学生社团是由高校学生依据兴趣爱好自愿组成，为实现成员共同意愿，按照其章程自主开展活动的群众性学生组织，是活跃校园文化的重要力量。

经过民主选举，由我们担任________(学生社团全称)的负责人，这是信任，更是责任。

我们承诺：

一、认真学习贯彻习近平新时代中国特色社会主义思想，执行党的路线方针政策，遵守宪法、法律和法规，坚持立德树人的基本导向，主动融入学校发展，团结凝聚社团成员共同成长进步。

二、严格遵守《高校学生社团管理暂行办法》和学校相关规定，自觉接受校团委、业务指导单位、指导教师的指导和监管，建立健全社团章程和内部管理制度，推动社团的规范化建设和可持续发展。

三、秉持自愿、自主、自发和公开、透明、平等的原则，招募社团成员，举行社团选举，开展社团活动，保障每一位社团成员的知情权、参与权、选举权和监督权。

四、坚持守纪律、讲规矩，决不触碰三条"高压线"：严守活动纪律，举办社团活动前按权限报批，未经核准的活动一律不办；严守宣传纪律，张贴发放宣传品前按权限报批，未经核准的微信公众号和网站一律不办；严守财经纪律，财务收支纳入学校专用账户管理，不私设"小金库"。

五、在抓好个人学业的基础上，尽心履行岗位职责，尽力服务社团发展，积极组织社团成员参与学校相关活动。

例 2-3-4　×××学生社团指导教师告知书

高校学生社团是由高校学生依据兴趣爱好自愿组成，为实现成员共同意愿，按照其章程自主开展活动的群众性学生组织，是活跃校园文化的重要力量。根据共青团中央、教育部、全国学联印发的《高校学生社团管理暂行办法》和学校相关制度，我校注册的学生社团必须明确有至少一名社团指导教师(本校在职教职工)。

师者，所以传道授业解惑也。作为__________(学生社团全称)的指导教师，您在其注册年度内须承担以下职责：

一、落实意识形态工作责任制，加强学生社团的思想政治引领，确保导向正确，确保政治安全。

二、定期联系学生社团，协调解决实际困难，督促学生社团在法律法规框架下制定社团章程，健全管理制度，按期换届选举，自主开展工作，规范财务行为，推动学生社团健康有序发展。

三、指导学生社团开展符合规定要求、体现专业特点、有益身心健康的活动，注重活动质量和活动安全，使社团成员在活动中学习知识、增长见识。

四、培养和壮大学生社团的骨干队伍，帮助提升专业素养和管理能力；社团换届时提名主要负责人人选。

五、自觉接受校团委和业务指导单位的工作监督。

学生社团指导教师签字：

年　月　日

例 2-3-5　×××学生社团业务指导单位责任书

高校学生社团是由高校学生依据兴趣爱好自愿组成，为实现成员共同意愿，按照其章程自主开展活动的群众性学生组织，是活跃校园文化的重要力量。根据共青团中央、教育部、全国学联印发的《高校学生社团管理暂行办法》和学校相关制度，我校注册的学生社团必须明确业务指导单位(部门、学院)。

经研究，我单位(部门、学院)愿意作为(学生社团全称)的业务指导单位，并认真履行以下职责：

一、负责学生社团注册登记、年度审查前的初审。

二、指导(直接指导或指定下属机构指导)学生社团在法律法规框架下制定社团章程，健全管理制度，自主开展工作，规范财务行为，确保学生社团健康有序发展。

三、为学生社团发展提供一定的资源保障和工作便利，尊重和维护学生社团的合法权益。

四、在权限范围内核准学生社团的活动并予以监督，所核准的活动不得与社团宗旨不符，不得进行纯商业化运作。

五、注重社团负责人的日常管理和年度考核，社团换届时考察主要负责人人选。

六、积极配合校团委做好学生社团的监管和服务工作。

指导单位主要负责人签字：

(指导单位印章)

年　月　日

(二) 社团管理工作

1. 创建完善、系统、全面的管理机制

要确保领导体制的建立健全，切实加强政治领导。根据相关文件精神，相关部门及相关组织要发挥自身的职能作用，加强自身对于高校学生社团工作的管理与领导。高校党委要重视学生社团工作的管理，将高校对于党的教育方针的贯彻以及素质教育推进，都融入社团管理之中。在党委领导下，校学生处及校团委要肩负起对学生社团进行日常指导与管理的责任；教务处等相关部门要根据部门工作职能来指导、支持学生社团的建设和发展；后勤等相关部门要全面支持、帮助学生开展好社团活动，实现在党委领导、行政支持的基础上，团学相关部门实施具体管理，其他相关部门给予全力协助的管理格局。

2. 创建社团管理部，坚持依法依规管理社团

创建社团管理部，专职团干部分管社团管理部，指导各社团工作。高校在社团的各个重要环节要进行强化管理，管理的具体内容、目标、方式方法都需进行明确。学生要

制定符合社团实际情况的《社团章程》及工作制度，并严格执行，有效规范、约束社团及其成员的行为，确保学生社团的发展具有稳定性、持续性。在结合实际情况的基础上，合力创建具有鲜明特色、规范管理，具有广泛知名度，充满正能量的社团，使其发挥有效的带头作用。

3. 发挥学生干部的作用

学生作为社团的主角，应该发挥其主体作用，社团工作的管理，既要有教师的指导，还要有学生干部来参与管理工作。社团管理中要重视学生的培养工作，选拔出高素质的学生社团负责人。针对学生社团负责人开展有计划、有步骤、有针对性的培训活动，促使其综合素质的全面提升。将学生社团的负责人以及社团内的骨干人员吸收到团学干部队伍中来，在开展推优评奖、综合测评时，对其社团工作的成果、业绩进行充分考量，借助于他们来吸引更多学生的关注与参与，使学生、社团更好地凝聚在党组织周围。

例 2-3-6　×××学生社团章程

×××大学学生社团章程
（参考格式）

第一章　总则

社团名称及定义、社团宗旨、社团活动范围

第二章　社团会员

社团会员的义务与权利

第三章　组织机构与职能

社团内部机构、职位设置，社团各机构职能

第四章　社团人事制度

社团负责人的产生及罢免制度（所有社团需每年 3 月底前召开社团会员大会完成换届）、社团会员大会制度、社团会员退团制度、社团会员招新制度

第五章　社团财务制度

社团财务负责人的产生制度、社团经费来源、社团会费制度（如收取会费，需指定会费标准，不得超过 50 元）、社团财务公开制度、社团预决算制度

第六章　社团活动管理制度

社团举办活动的流程，社团赴校外参加活动、比赛等活动流程及人员选拔方案

第七章　附则

例 2-3-7　××大学学生社团管理办法

第一章　总则

第一条　为规范我校学生社团管理，深化学生社团的育人功能，积极促进高校学生社团健康发展，依照国家有关规定，特制定本办法。

第二条　××大学学生社团（以下简称社团）是指由我校学生依据兴趣爱好自愿组成，为实现成员共同意愿，按照其章程自主开展活动的群众性学生组织。

第三条　学生社团须遵守宪法、法律、法规和党的路线方针政策，以及各级教育主管部门、共青团组织、学联组织和我校的有关规定，积极践行和弘扬社会主义核心价值观，不得危害国家的统一安全和民族的安定团结，不得影响学校正常的教学科研秩序与安定和谐的校园氛围。

第四条　学生社团的基本任务：坚决贯彻党的教育方针，坚持立德树人的基本导向，团结和凝聚广大同学，按照自愿、自主、自发原则，开展主题鲜明、健康有益、丰富多彩的社团活动，完善自我管理，确保健康发展，繁荣校园文化，培养同学的社会责任感、创新精神和实践能力，提升同学综合素质，促进同学成长成才。

第二章　管理机构

第五条　共青团××大学委员会（以下简称校团委）在团市委、市学联组织及市教育部门的指导下，对我校学生社团进行统筹、协调、考核和服务工作。

第六条　校团委在我校学工党委的领导下，加强学生社团管理工作，并把此项工作作为学校共青团坚持贯彻党的教育方针、推进素质教育的重要组成部分。

第七条　校团委履行我校学生社团管理工作的主要管理职能，设立社团工作部，承担我校学生社团的成立、年审、注销、组织建设、活动管理、经费管理和工作保障等工作，校团委、校学生会通过业务对口部门加强对学生社团的引导、服务和联系。

第八条　学生社团必须明确一个指导单位，指导单位应是学校职能部门、具有管理或学术研究职能的校内正式机构、二级学院。社团应聘请本校在职教师作为指导教师。社团指导单位和指导教师应对所指导的社团进行必要的指导，各二级学院、职能部门要大力支持社团工作和社团活动，并从学生管理的角度进行必要的审批和指导。

第九条　学生社团接受其指导单位和校团委的共同管理。校团委在校学工党委的领导下，加强对学生社团的宏观指导和制度化、规范化建设，切实承担起引导、管理和服务学生社团的工作职责。担任社团指导单位的二级学院（职能部门）在同级党组织的领导下，依据《××大学学生社团管理办法》，负责对挂靠在本学院（部门）的学生社团进行指导和日常管理工作。

第十条　校团委学生社团工作部履行下列监督管理职责：

（一）负责进行社团成立、变更、注销的登记、备案及年检。

（二）对社团骨干进行指导培训、考核奖励。

（三）对我校立项经费资助的社团活动进行全程督导、评估和服务。

（四）整合全校各类学生活动资源，指导学生社团开展活动。

（五）对社团财务实施监督管理。

（六）监督、指导社团遵守宪法、法律、法规和国家政策，根据其章程开展活动；对社团违反本办法和校内有关管理规定的问题进行监督检查和处理。

（七）维护社团成员的合法权益。

第三章　学生社团成立、变更及注销

第十一条　学生社团的成立均须注册。未注册或注册未通过而开展活动的社团为非法社团。

第十二条　社团规模一般控制在10～200人。

第十三条　我校学生社团分为思想政治类、学术科技类、志愿公益类、文化活动类、体育运动类、自律互助类和其他类，根据《中华人民共和国教育法》关于“国家实行教育与宗教相分离”的规定，高校不得成立宗教类学生社团。除校学工党委特别批准的外，所有学生群众性组织(含团队运营的网络新媒体社团)均须按学生社团登记注册。

第十四条　成立学生社团应当具备下列条件：

(一) 服从指导教师、指导单位、校团委及学校其他部门的监督管理，承认并遵守本办法及学校有关规定。

(二) 应有至少5名发起人发起，发起人须是具有正式学籍的学生，且未受过校纪校规处分，并能够担任该学生社团负责人6个月以上，具有开展社团活动所必备的基本素质。发起人及社团成员须为具有××大学正式学籍的全日制研究生或本科学生。

(三) 社团应具有规范的名称、章程和相应的组织机构，有明确的业务指导单位，申请社团类别明确，有业务指导单位(二级学院或学校职能部门)。

(四) 每个社团须聘请至少一名指导教师，指导教师应为我校在职教师。需聘请校外人士作为顾问或指导教师的，须经指导单位同意，并报校团委审核通过后方可聘请。未经审核，社团不得聘请校外人士担任任何形式的顾问或指导教师。

(五) 应具有规范的社团章程，章程内容包括：社团总则、会员权利和义务、人事制度、财务制度，活动管理制度及其他应当由章程规定的相关事项。

第十五条　社团注册成立一般在我校校内进行，如若成立跨校、跨地区的学生团体，应首先取得指导单位的同意，由校团委审核，上报校学工党委批准后方可予以注册。

第十六条　社团应有规范的名称。规范的名称应满足以下五点：

(一) 符合国家标准语言体系思维，尽量不用外语社团名(专业类型需要、中央政策型社团及其他特殊情况除外)。

(二) 符合各项法律、法规和文件的规定，不得违背文明风尚和公序良俗。

(三) 学生社团名称应当与其性质相符，准确反映其特征。

(四) 指导单位为二级学院(职能部门)的学生社团不可以以学院(部门)名为前缀。

(五) 除特定需要，并经校党委批准的以外，学生社团不得以企业及任何特定校外机构或个人冠名。

第十七条　校团委负责开展学生社团注册工作，在收到社团全部有效注册材料之日起15个工作日内进行材料审核，并上报学工党委，作出批准或者不批准的决定。批准筹备成立的社团，应当自批准筹备之日起30个工作日内召开社团成立大会，通过章程，产生执行机构、负责人，筹备期间不得开展筹备工作以外的活动。

第十八条　学生社团在征得校团委同意后，可自备艺术图章或其他标志，以便开展工作。学生社团不得刻制任何圆形办公图章。

第十九条　学生社团的登记事项、备案事项需要变更的，须在指导教师的指导下进行，并经指导单位同意后，报校团委申请变更登记，校团委应在10个工作日内完成核准并完成档案变更。

第二十条　经社团 2/3 以上成员同意后，社团可以解散，解散工作由社团负责人报指导教师、指导单位及校团委备案。解散的社团需进行财务清理工作。

第二十一条　社团注销应开展社团大会，说明情况，并对财务情况进行公开。主动向指导单位提出注销申请的社团，应提交由社团负责人签名并经成员大会通过的注销申请书，经指导单位、指导教师签字盖章后进行清算。指导单位应当组织对其财务进行清算，并出示清算报告书。清算期间，社团不得开展清算以外的活动。

第二十二条　已经注销的社团，不得再以社团的名义开展任何活动。

第四章　组织建设

第二十三条　社团的所有成员必须是具有我校正式学籍的在校学生。外籍学生加入社团，须经指导单位批准，校团委、国际合作交流处备案。社团成员具有以下权利和义务：

（一）所有学生均有权按照社团章程自由加入或退出社团。在享有权利和履行义务方面一律平等。

（二）社团成员有权了解所在社团的章程、组织机构和财务制度，有权对社团的管理和活动提出建议和质询。

（三）社团负责人如有违反本办法的有关规定和校纪校规，损害成员利益的，社团成员有权向指导单位反映问题和情况。

（四）社团成员应当接受社团定期注册，按章程缴纳会费。

（五）社团成员有选举权和被选举权，有按照社团章程担任社团职务的权利，并承担相应义务。

（六）社团成员有权参加社团的各项活动，并有权对社团建设提出批评和建议，以促进社团的健康发展。

第二十四条　社团会员大会是学生社团的最高权力机构，依照本社团的章程行使职权，包括：选举社团负责人，审议负责人的工作报告，对社团变更、解散等事项作出决定，修改社团章程，监督社团财务活动。社团组织机构由成员大会产生，原则上全校学生社团每年 12 月进行组织机构换届，其余时间无特殊情况不允许擅自换届，如有特殊情况需向校团委备案。社团换届应向指导单位和指导老师报备，接受指导单位和指导老师监督。

第二十五条　社团会员大会须超过社团成员总数的 3/4 以上出席才能召开，且会员大会作出的决议须经出席会议的成员半数以上赞成才能通过；对社团变更、注销和修改章程做出的决议，须经出席会议成员的 2/3 以上赞成才能通过。

第二十六条　社团负责人的确定需广泛征求成员和指导教师的意见进行提名，并通过成员大会选举，经指导单位批准后产生。社团负责人应具有较高的思想政治素质和较高的组织管理能力，在校期间曾受到校纪校规处分的不得担任或继续担任学生社团负责人。社团财务负责人选条件参照社团负责人选条件，由社团负责人提名并报请指导教师、指导单位批准。

第二十七条　学生社团指导教师必须是本校在职教职工，原则上应具备一定的与社团发展相关的专业知识并具有较强的组织管理能力。

第二十八条　校团委对社团聘请顾问情况要统一备案、定期审核。未经审核，学生社团不得聘请校外人员担任任何形式的顾问。

第二十九条　校外社会机构要在校内面向学生成立分支机构，或者学生社团要成为校外社会机构的会员单位或分支机构，须上报校团委审核，经校学工党委同意，并报上级团委或学联备案。

第五章　社团管理

第三十条　校团委于每年定期对学生社团进行年检。年检内容包括社团规模、社团人员构成、社团活动、外聘指导教师指导情况、财务状况、有无违纪违规情况等内容。若有特殊情况不能按时完成年度检查的，应在下发年检通知之日起 7 日内说明。年检不合格的社团，应在年检不合格结果下达之日起 30 日内予以整改，整改期间，社团不得开展除整改工作外的活动内容。

第三十一条　学生社团负责人及其主要成员承担社团管理责任，在社团管理中有重大过错的，其个人也应承担相应责任。

第三十二条　学生社团负责人或骨干成员必须接受社团内部成员的监督。社团成员发现社团内部有违法乱纪、徇私舞弊、假公济私等不良行为，可向校团委以书面材料形式报告。

第三十三条　原则上企业、社会机构不得在学校建立特定冠名的学生俱乐部、协会等社团。对于与企业、社会机构联系紧密的创新创业类社团。如确需冠名，须经指导单位、校团委审核后，报学工党委批准后方可注册。

第三十四条　社团创办内部刊物必须遵守相关法律法规和校纪校规。内部刊物的编印和发行须经指导教师、指导单位同意后，报校团委审批，方可进行。内部刊物编印在指导教师、指导单位的监管下运行。

第三十五条　学生社团可加强网络宣传建设，注重培养社团成员的网络文明意识，践行社会主义核心价值观，传播向上向善正能量。社团开办网站(主页)，使用微信微博公众号、QQ 公众号等新媒体平台的，必须遵守相关法律法规和学校管理条例，在指导教师指导下进行。社团建立网站(主页)须事先向指导单位提交申请报告，经批准后方可着手进行，并报校团委备案。社团应在指导教师的指导下，负责网站(主页)微信微博公众号、QQ 公众号等新媒体平台的运行，校团委及指导单位负责对宣传平台进行监管。

第三十六条　校团委可定期根据各社团活动情况，开展社团评优活动，对社团及其骨干成员给予奖励。

第三十七条　校团委对违反规定的社团，有权予以批评教育等处理。社团有下列情形之一者，校团委有权责令其停止活动，进行限期整改，如未达到整改效果，有权对其勒令注销：

（一）活动范围、内容与社团宗旨、章程不符的。

（二）财务制度混乱、存在乱收费现象的。

（三）年检不合格的。

（四）未定期参加年检工作。

（五）其他应当进行整改的情形。

第三十八条　社团有下列情形之一者，校团委有权将其强制注销：

（一）社团活动违反宪法、法律、法规和党的路线方针政策的，违反各级教育部门、共青团组织和学校有关规定的。

（二）社团成员利用社团名义从事非法活动而未予以有效制止的。

（三）背弃社团宗旨，情节恶劣的。

（四）社团成员连续一年不足10人的，社团超过一学期无组织活动的。

（五）整改无效的。

（六）组织其他违反规定、应该将其解散的活动。

（七）社团执行机构有严重违纪行为的。

第三十九条　学生社团严重违反规定，对该社团负责人及其他负有直接责任的成员，由校团委予以批评教育。对情节严重，给学校造成重大损失者，由校团委报请学校相关部门予以校纪处分。因在社团活动中违反规定并受到校纪处分的学生，未经校团委同意，不得再组织任何社团活动。

第六章　附则

第四十条　本办法适用范围为××大学正式登记注册的学生社团及其举办的所有活动。所有学生社团必须经校团委登记注册，否则即为非法社团。学校禁止非法社团开展活动。

第四十一条　本办法由校团委解释。

第四十二条　本办法自正式公布之日起实行。

例2-3-8　××大学学生社团活动管理细则

为进一步加强和规范我校学生社团活动管理，充分发挥学生社团育人功能，推动社团健康发展，依据教育部《普通高等学校学生管理规定》《高校学生社团管理暂行办法》《××大学学生管理暂行办法》等相关规章制度，特制定本细则。

第一节　总　则

第一条　学生社团举办活动须遵守宪法、法律、法规和党的路线方针政策及各级教育主管部门、共青团组织的有关规定，不得影响学校正常的教学科研秩序与安定和谐的校园氛围。

第二条　学生社团开展的活动须符合社团发展宗旨，并经指导教师和指导单位同意，所有社团活动应采取必要措施确保活动安全有序进行。

第三条　学生社团在活动中不得散布违背宪法、法律、法规和党的路线方针政策的错误观点和言论，不得进行以营利为目的的纯商业性活动，不得开展与其章程宗旨不符的活动。

第四条　社团负责人对活动的经费管理和安全预案等要严格把关，必要时社团指导单位、校团委会同学校保卫部门一同对活动方案进行审核，确保活动安全、有序地进行。

第二节 学生社团校内活动管理

第五条 学生社团应在校内活动开始前至少一周向指导老师及指导单位提交活动策划及预算单，并在指导单位的指导监督下开展。若为每周固定时间、固定地点开展的活动，应在第一次活动前列出并上报详细活动“排片表”。

第六条 两个以上(含两个)学生社团在校内联合举办活动的，必须经各自指导单位及指导教师同意、校团委审核通过后，由活动的主办社团作为牵头社团，明确分工，在指导单位指导监督下进行。

第七条 学生社团邀请校外内陆人士参加在校内开展的活动，必须于活动开展前一个月报社团指导单位及校团委审核通过后方可正式邀请及举办活动。必要时，须经校学工党委审核通过。

学生社团一般不得邀请外籍、中国港澳台地区或外国驻华机构人员来校参加活动。

第八条 未经指导单位及校团委批准，学生社团不得跨校合作开展活动，不得参加校外社会组织举办的校内外活动，不得以校外组织分支或受委托名义在校内外开展活动。

第九条 学生社团应积极参与学校举办的各类校园文化活动。

第十条 学生社团举办活动如需借用学校场地的，应提前两周与指导单位联系，按规定借用场地，不得未经申请使用场地，不得利用场地开展与申请项目不符的活动。在室外举办活动的，原则上在校园文化广场上进行。

第三节 学生社团校外活动管理

第十一条 学生社团赴上海市及外省市参加活动或比赛的，须书面征得相关学生家长同意，在报送活动通知、家长同意凭证、保险购买凭证、安全预案等材料后经社团指导单位及校团委同意后方可外出。

第十二条 学生社团赴中国港澳台地区或国外参加活动及比赛，须书面征得相关学生家长同意且在报送活动通知、家长同意凭证、保险购买证明、安全预案等材料后经学生社团指导单位、校团委、校国际交流处(港澳台办)、校党委宣传部等审核后由校学工党委批准后方可进行，且须由我校教师带队。

参与活动人选需在指导单位和指导老师的监督下选拔。

第十三条 学生社团不得接受任何涉国(境)外背景组织(含境内分支)的资助或奖励。

第十四条 学生社团赴校外活动结束后一周内，应向指导单位、校团委提交书面活动总结并附该活动的财务支出情况。

第十五条 若违反上述规定举办或参与活动并产生严重后果及影响，对该社团负责人及其他负有直接责任的成员，由校团委予以批评教育。对情节严重，给学校造成重大损失者，由校团委报请学校相关部门予以校纪处分。因在社团活动中违反规定并受到校纪处分的学生，未经校团委同意，不得再组织任何社团活动。

第四节 附 则

第十六条 本制度由校学生指导委员会授权校团委解释。

第十七条 本细则经校团委办公例会审议通过。

例 2-3-9 ××大学学生社团指导教师遴选与管理规则

××学生社团指导教师遴选与管理规则

为贯彻落实《关于加强和改进新形势下高校思想政治工作的意见》《关于加强和改进新形势下高校共青团思想政治工作的意见》《高校学生社团管理暂行办法》等文件精神，根据《××学生社团管理办法》中的相关要求，为进一步推进学生社团健康发展，校团委会同人事处、教务处等部门，特制定本办法。

一、指导思想

学生社团由校学生工作党委统筹管理，校团委具体负责。为建立相对稳定、水平较高的指导教师队伍，对学生社团思想教育、业务培训、组织建设、活动开展等方面工作进行指导，推动学生社团稳定、健康和专业化发展，促进学生社团组织和社团活动上水平、上层次、上特色，特制定本规则。

二、社团指导教师配备要求

根据各学生社团工作需要，原则上每个学生社团至少配备一名指导教师，指导教师必须为我校教师或管理人员。

三、学生社团指导教师条件

（一）热爱指导学生社团工作，对学生社团有一定的事业心和责任感。

（二）在思想、工作和生活中严于律己，以身作则，为人师表，言传身教，努力做好学生的楷模。

（三）具有一定的相关业务知识水平。

（四）具有一定的组织能力、协调能力。

四、遴选程序

（一）学生社团指导教师遴选可在学生社团与挂靠学院团委、教师个人协商一致的基础上，经教师所在学院（部门）批准后，由学生社团自行申报，也可由相关学院、部门推荐。

（二）符合学生社团指导教师条件人选确定后，由校学生工作党委为学生社团指导教师颁发聘书，聘期为一年一聘。

（三）指导教师须签订××大学学生社团指导教师告知书。

五、指导教师职责

（一）落实意识形态工作责任制，加强学生社团的思想政治引领，确保导向正确，确保政治安全。

（二）定期联系学生社团，协调解决实际困难，督促学生社团在法律法规及校纪校规框架下，制定社团章程，健全管理制度，按期换届选举，自主开展工作，规范财务行为，推动学生社团健康有序发展。

（三）指导学生社团开展符合规定要求、体现专业特点、有益身心健康的活动，注重活动质量和活动安全，使社团成员在活动中学习知识、增长见识。

（四）培养和壮大学生社团的骨干队伍，帮助提升专业素养和管理能力；社团换届时提名主要负责人人选。

（五）自觉接受校学工党委和业务指导单位的工作监督。

六、工作量认定

（一）专业教师、思政教师（含辅导员）指导社团活动计为教辅工作量，以1周1个课时为基准数，最多不超过15课时（至多只计指导1个学生社团工作量）；所指导的学生社团获得省部级及以上表彰（根据奖状上的签章界定）的，由校学生工作党委给予社团指导教师相应奖励。

（二）指导教师应于每学期末报送"××大学教师指导学生社团活动登记表"，以确定其指导学生社团活动课时量，由校团委负责汇总。

（三）对出色完成社团指导教师工作，成绩显著者，校学生工作党委授予"优秀社团指导教师"称号，并给予适当的精神和物质奖励。

（四）对不能胜任或不适合担任社团指导教师工作的，校学生工作党委有权进行解聘。

七、附则

本办法自颁布之日起实施，由校学生工作党委授权校团委负责解释。

共青团××委员会

年　月　日

例2-3-10　××大学学生社团活动经费管理实施方案

第一章　总则

第一条　学生社团活动是学校育人的重要载体。为进一步加强学生社团活动经费的规范管理，根据《××大学财务管理办法》《××大学财务报销管理办法》《××大学学生活动经费管理细则》等有关规定，结合学生社团工作实际，特制订本实施方案。

第二条　本方案所称的经费，来源包括以下方面：

（一）财政拨款。

（二）社会赞助。

（三）统一收费。

第三条　学生社团活动经费管理的基本原则是：遵守上位制度，尊重社团自主，明确监管责任，强化规范运行，坚持勤俭节约，提高使用绩效。

第二章　财政拨款的经费管理

第四条　财政拨款用于社团活动，一般分为以下两种情形：

（一）校方委托学生社团开展、承办的活动。

（二）学生社团申报立项的专项活动（含优秀社团评比奖励）。

第五条　校方委托学生社团开展、承办的活动，双方应签订双方权利义务明确的协

议(合同),并明确社团指导教师作为项目负责人,经费使用遵循下列程序:

(一) 立项启动。根据校方要求,负责人指导社团拟订项目方案和项目预算(详表),在项目执行的至少一周之前,按审批权限逐级报批。

项目总金额在20万元及以下的项目,由部门(二级学院)审批;20万~50万元的项目,由部门(二级学院)初审后,报分管校领导审批;50万元及以上的项目,由部门(二级学院)初审,并经分管校领导同意后,提交校长办公会审定。

(二) 项目执行。项目负责人依照预算指导社团安排经费支出,严格执行政府采购、公务卡管理等有关制度规定。

(三) 决算报销。项目执行完毕后,项目负责人应指导社团编列项目决算,如与预算出现较大变化(超出1 000元及以上),应作出说明。

在项目总金额不超过5万元(含5万元)的情况下,一般应在项目执行完毕后集中报销项目经费(即一次性报销)。报销时,项目负责人汇总该项目全部票据,并附上项目预算和项目决算。票据数量较多的,可分类填制报销单。

在项目总金额超过5万元或项目执行周期较长、结算周期较紧的情况下,可在项目执行过程中进行1~3次集中报销,但应在编制项目预算时作出说明,并在项目执行完毕集中报销时,附上项目预算和项目决算。

报销的审批权限按照学校规定执行。

第六条 学生社团申报立项的专项活动特指面向全校学生社团公开遴选的主题教育、创新创业、社会实践、社团发展、评奖评优等领域的扶持项目,经费使用遵循下列程序:

(一) 公开发布。主办部门研究制订立项扶持的工作方案后,向全校公开发布。工作方案应明确申报资格、评审程序、资助金额、经费监督等基本要素。

扶持总金额在20万元及以下的工作方案,由部门审批;扶持总金额在20万~50万元以上的工作方案,由部门初审后,报分管校领导审批;扶持总金额在50万元及以上的工作方案,由校学生工作指导委员会审批。

(二) 自主申报。学校当年度合法学生社团有权根据相关工作方案进行申报,申报时应明确项目负责人和指导教师。

(三) 竞争选拔。主办部门负责组织项目评审,评审程序应确保公正、透明、可追溯,评审人员一般不少于5人。

立项结果以竞争方式产生,须进行公示。除特殊情况外,评审的淘汰率不得低于申报项目总数的1/3。

(四) 经费管理。主办部门根据评审结果申请拨付经费,一般直接划入项目负责人的银行卡。

主办部门原则上应根据项目进展情况分阶段拨付扶持经费,并加强经费使用监管。1.经费拨付前(启动资金除外),应核查项目的阶段报告和开支情况;2.项目结项后,应公示经费决算报告,核查支出凭证并归档保存;3.项目负责人在项目执行过程中毕业或退学的,应中止项目扶持,并收回结余资金;4.任何教师不得插手扶持经费的使用,更不得从中报销个人费用。

项目负责人对经费支出的真实性、合规性、相关性负责。1.严格依照预算和相关规定安排经费支出，确保专款专用；2.在项目团队内即时公开经费拨付、使用的相关信息；3.妥善保管经费支出的相关凭证，确因特殊情形无法获得凭证的，须逐项说明情况，并由项目团队中的至少3人签字确认；4.项目执行完毕后，应随相关工作材料一并提交经费决算报告和相关支出凭证。

第三章　社会赞助的经费管理

第七条　学生社团不得接受任何涉国（境）外背景组织（含境内分支）的资助或奖励。

第八条　学生社团活动接受社会赞助实行报备审批制，报备审批时应提供以下材料：

（一）拟接受赞助的活动策划方案和经费预算。

（二）拟提供赞助的校外机构背景材料。

（三）拟签署的活动赞助协议。

第九条　学生活动接受社会赞助按以下权限报备审批：

（一）赞助资金（含实物折算）在1万元及以上的，由校学生工作部、社团指导单位及校团委共同审批并形成会议纪要。

（二）赞助资金（含实物折算）在1万元以下的，由社团指导单位和校团委共同审批并形成会议纪要。

第十条　审批单位应认真论证活动举办的必要性，认真核查赞助机构的合法性，认真研判赞助协议的合理性。

赞助具有公益属性。学生社团不得作出超越权限的承诺，不得配合开展纯经营活动，不得违规进行活动冠名和校内商业宣传。

未经批准的社会赞助，学生社团不得接受。

第十一条　赞助资金的使用结余必须进学校账户，收支两条线须分开，资金的使用须由社团集体讨论决定。以上事项均需留存相关材料，每年年检时须提供财务台账备查。

第四章　统一收费的经费管理

第十二条　学生社团收取会费须经会员大会审议通过，并在社团章程中予以明确，收费标准一般不超过50元/人/学年。

第十三条　学生社团收取的会费由社团在集体讨论决定的基础上自主管理和使用。

第十四条　学生社团举办或承办活动时，确需专门收费的，由社团指导单位和校团委共同审批。收取的费用即收即支，须专人保管、专款专用，台账清晰。

第五章　经费管理的相关纪律

第十五条　学生社团活动经费的使用，须严格遵守国家和学校的相关制度，严禁以“拆分”等方式规避制度约束。

在一个活动项目中,同一种货物或同一类服务一般只能选择一家合法供应商。货物或服务的金额在5 000元及以上的,一般要在"货比三家"基础上签订合同。

第十六条 学生社团活动经费的支出凭证(发票、收据等)须真实、合法、有效,并由经办人在其背面署名,严禁使用与该项目无关的支出凭证报销项目经费。

批量购买的货物,应将使用清单附于支出凭证之后。

第十七条 有下列行为之一的,依法依规追究相关单位和人员的责任:

(一) 虚列项目套取学生社团活动经费。

(二) 虚列开支套取或挪用学生社团活动经费。

(三) 违规使用学生社团活动经费,并造成损失。

(四) 未经批准收受赞助经费或收费。

(五) 故意规避学校的财务和资产管理制度,并造成损失。

(六) 私设"小金库"(指违反法律法规及其他有关规定,应列入而未列入符合规定的××大学学生社团学期财务报表的各项资金〈含有价证券〉及其形成的资产)。

(七) 严重失职造成经费管理混乱。

(八) 其他违规行为。

第六章 附则

第十八条 本方案由校学生工作指导委员会授权相关部门负责解释。

第十九条 本方案经××××年第×次校团委办公例会审议通过,自发布之日起施行。

第三章　学风建设工作

第一节　学风建设管理工作

习近平总书记指出，“一所高校的校风和学风，犹如阳光和空气决定万物生长一样，直接影响着学生学习成长”。高等教育的目的就是要对大学生进行人才培养，而学风是大学生在学习过程中形成的、相对稳定持久的氛围和风气。良好的学风是一种潜移默化的巨大而无形的精神力量，能引导学生积极向上、促进学生全面发展，能影响和激励大学生形成明确目标，利于营造拼搏进取的学习氛围，对大学生的学习进步和思想品质的健康发展起着积极的促进作用。①

一、学风建设管理工作重点

（一）认真贯彻党的教育方针，紧密围绕学校中心任务开展学风建设工作，落实各项方案、政策。

（二）积极拓展学风建设多样途径，利用线上线下多种方式和资源发挥全员学风建设的功效。

（三）注重调查研究，结合实际。积极探索新形势下大学生学风建设新思路、新方法，不断提高对于当下大学生学风教育建设的针对性。

（四）积极组织学校建议开展的学风建设活动。

二、学风建设管理工作主要内容梳理

学风建设管理工作分为学风建设管理和考风建设管理两部分。学风是指学习风气，是求知者的治学态度和认识方法的综合体现，是人们的理想和志向在学习上的反映，也是一种行为习惯。考风是指考试风气，直接体现出一个人的道德、素养与人格，是考生在考试中的自我规范。严格意义上来讲，考风建设是归属于学风建设的范畴之中的，它既是学风建设的重要内容，又是优良学风的重要体现和评价标准之一，是建设优

---

① 徐坤鹏等：《高校学风建设机制探索与实践》，《沈阳农业大学学报（社会科学版）》2022 年第 9 期。

良校风、教风和学风的重要保证。

（一）学风工作

1. 新生学业辅导工作

大学的学习生活对新生来说是陌生的，为了帮助新生尽快适应大学生活，养成良好的学习习惯，同时注重学生学习过程的监督和考查，激发学生的学习潜能。可以由辅导员、班主任共同完成对大一新生的学业辅导。针对新生初来大学所出现的迷茫、不知所措、浮躁、自信心缺失等问题，围绕学生学业规划、职业生涯教育和成才发展指导等专题教育，培养学生形成科学的学习观和正确的成才观。例如：通过开展“我的大学”主题班会，促使学生了解并规划每个阶段学习、生活的重点。使学生从进入大学的第一天起就胸怀理想、找准定位、珍惜时间、努力拼搏，在四年的大学生活里激发自己的潜能，培养自己的能力，争取做一个对国家、对社会有用的人才。

2. 开展学风教育活动

学习经验交流活动是学风教育活动的重要组成部分，可以开展专题报告、名师论坛、四六级经验交流会、考研经验交流等活动，活动内容可以涉及学生学习、生活、专业指导、科研等多个方面，旨在提高大学生自我教育、自我管理、自我服务的能力。

例如，针对英语四六级考试、考研开展经验交流会，邀请优秀学生结合自身实际情况，主要就学习态度和学习方法、学习与社会活动等方面向学生展开介绍，增强高年级学生与低年级学生间的交流互动，充分发挥“传、帮、带”的作用。

3. 学风督察工作

辅导员要积极加强学风的教育引导，帮助学生明确学习目标，端正学习态度，严谨学习作风，掌握科学的学习方法，严明学习纪律，改变学生不良的学习、生活行为习惯，提高学生的文明素质和人格品质。

可以与班主任一起协同作战，对学生的学习习惯进行监督，如抽查上课考勤、随机深入班级听课等，对学生在课堂上的学习行为与学习纪律进行监督和检查，同时积极引导学生对教学进行反馈，成为学生与专业课教师之间的纽带。做到经常性了解学生的课堂学习行为和学习效果，及时提出相应的整改方案，真正将树立优良学风工作落到实处。

此外，为避免学生上网玩游戏影响学习，辅导员应该在工作日的白天及值班的晚上走访学生宿舍，将深度访谈通过宿舍集体辅导的方式进行，通过介绍探讨时间管理、目标管理等内容，和学生深入交流，以封杀宿舍不良风气。

4. 一对一深度辅导

深度辅导应以学生为本，从明确辅导的目的、营造辅导的环境、注重辅导的技巧等方面突出深度辅导的时效性。一对一深度辅导主要针对挂科学生，与挂科学生进行谈话，谈话前需要制订谈话提纲，做到有规划地谈，有的放矢地引导学生，让学生真正从深度辅导中获得需要的信息和帮助。谈话前，需要根据挂科学生的性格特点选择合适的时间和地点，尽量选择学生时间相对富余的时候，选择没有其他人打扰的相对安静的环境。

在深度辅导过程中，语气要真诚温和，认真耐心地听学生陈述，引导学生说出自己的真实想法，找出造成成绩不理想的原因所在。要善于观察学生的反应，揣测其内心真实感受，及时调整谈话的方式方法和进度，同时做好谈话记录。

此外，还可以通过微信、QQ等多种沟通媒介，实现与学生的线上对话，在一个更为宽松的环境下把深入辅导的主题融入其中，作为面对面谈话的必要补充。

5. 学业预警工作

学生在一学期或学年中，取得学分不满足一定比例或不及格课程学分达到一定数额时，学校会签发"试读警告（或试读）通知书"。辅导员需要在教务部门出具试读警告（或试读）名单后及时和学生联系，核实学分信息是否真实，如不真实则第一时间反馈给教务部门，防止误发"试读警告（或试读）通知书"。在"试读警告（或试读）通知书"签发后，辅导员要及时找相关学生谈话，告知试读警告（或试读）的影响及如何努力才能消除影响，同时联系学生家长，告知学生目前处于试读警告（或试读）的情况、可能面临的最坏后果，以及学生应如何做才能避免不利后果的出现，并向家长提出，务必重视且督促学生学习，家校联合、家校合力将学生的学习往好的方向引导。与学生及学生家长联系务必做好工作记录，以备查询。

6. 学习后进生的教育工作

对于大一、大二学习成绩不理想的学生，辅导员要注意加强开展教育引导工作。在实际工作中，相当一部分学习后进生往往是在大三时进入转型时期，他们中很多人正是在大三阶段奋起直追，毕业后或者找到理想的工作，或者考上研究生。刚进入大三的学习后进生心理上有迷惑，更有改变自己、取得成功的期盼。辅导员要抓住他们这一阶段的心理特点，通过和他们交流，了解他们的目标，鼓励他们克服畏惧的心理，挑战自己。在教育过程中，关键是要激发他们的自信心，特别是通过和他们讲述一些学长学姐的成功案例，可以帮助他们从实例中找到具体的方法。

7. 对存在不能毕业风险学生的筛查及教育帮扶

学生顺利毕业的基本要求是每门成绩都在60分以上。大三学生，如果有过多次挂科记录或在大三第二学期多门课挂科，可能会影响其顺利毕业，因此辅导员要认真做好此类学生的教育引导工作。大三的第二学期，辅导员需要做好前期摸底，主要是根据学习成绩筛查出有过挂科记录的学生。在熟悉掌握学校的教学管理规定、研究好相关的重修补考政策的基础上，首先在首日教育或是班会上强调补考、重修及顺利毕业的要求和条件，让学生及早明确任务，认识到学习的重要性，不要把学习压力积压到后面。此外，针对大三学生中有多门未完成重修课程及在大三第二学期多门课挂科的学生，务必开展一对一深度辅导，告知其目前存在的问题及不能毕业的影响，让学生高度重视挂科的科目，及早做好应对的准备，以期顺利毕业。同时，必要时也要和此类学生的家长联系，一方面让家长对学生的学习情况有所了解；另一方面希望家长能够配合学校督促学生加强学习。对挂科较少的同学，要鼓励他们建立信心、集中全力、逐个突破；对于挂科较多的同学，要做到耐心引导，同时也要让他们做好延长学籍的思想准备。

（二）考风工作

1. 诚信考试承诺档案

学生的诚信教育，重在过程管理，即让学生从大学生活之初就树立起诚信意识，通过诚信养成来进一步加强学生的诚信意识，树立良好的个人品质。通过诚信教育的开展，杜绝考试作弊现象的发生，为诚信教育工作建立一个良好的开端。辅导员可以在大一开学之际召开主题班会，告知学生诚信考试的重要性，并下发诚信考试承诺书，号召学生认真阅读相关规定，并签署诚信考试承诺书，将诚信考试承诺书放进学生档案，并告知学生若有违背诚信考试的行为，相关信息将记入诚信考试承诺档案。

例 3-1-1　××大学××学院

学生考试诚信档案

专业 ________

班级 ________

姓名 ________

学号 ________

××大学××学院

诚信考试承诺书

诚信考试是当代学生应尽的义务。为切实引导学生正确对待考试，用实际行动维护考试的公平公正，以保证正常的教学秩序，发扬良好校风、学风，特印发此文件，指引学生做出诚信考试的相应承诺。

学生在作出承诺前需了解下列对学生考试的基本行为要求：

1. 仔细阅读相关法律法规（详见附录），了解国家关于违背诚信考试相关行为的认定、处理方式等方面的具体规定。

2. 仔细阅读《××大学学生考试违规处理办法（修订）》，了解学校关于考试违规处理的具体规定，重点掌握关于考试违规的种类、认定以及处理方式的相关规定（详见附录）。

3. 在学业期间参加的所有学校组织的考试中所提供的个人信息真实、准确，若因个人信息有误造成不良后果，责任由本人承担。

4. 保证在学业期间参加的所有学校组织的考试中严格遵守相关规定的程序和要求，坚决服从考场工作人员和监考教师的安排和管理，自觉维护考纪考风。如有违反，自愿按照《××大学学生考试违规处理办法（修订）》接受处理。

学生承诺区域（请学生本人抄写下列文字并签字）：

我已了解上述要求并知晓考试违规可能造成的后果，在此郑重承诺，本人在整个学业期间不会做出考试违规或其他违背诚信考试基本原则的行为。

承诺人：________

年　月　日

学生诚信考试档案管理表								
考试违规状况明细								
大学期间有无考试违规状况：　□有　□无								
学期	考试时间	考试场地	监考人员	考试科目	违规种类认定	处理结果	具体情节及处理意见	备注
					□考试违纪 □考试作弊 □其他____	□警告 □严重警告 □记过 □留校察看 □开除学籍 □其他____		
					□考试违纪 □考试作弊 □其他____	□警告 □严重警告 □记过 □留校察看 □开除学籍 □其他____		
					□考试违纪 □考试作弊 □其他____	□警告 □严重警告 □记过 □留校察看 □开除学籍 □其他____		
					□考试违纪 □考试作弊 □其他____	□警告 □严重警告 □记过 □留校察看 □开除学籍 □其他____		
					□考试违纪 □考试作弊 □其他____	□警告 □严重警告 □记过 □留校察看 □开除学籍 □其他____		
					□考试违纪 □考试作弊 □其他____	□警告 □严重警告 □记过 □留校察看 □开除学籍 □其他____		
					□考试违纪 □考试作弊 □其他____	□警告 □严重警告 □记过 □留校察看 □开除学籍 □其他____		

（续表）

<table>
<tr><td rowspan="2">审批
意见</td><td colspan="2">辅导员意见：

签字：　　　　　　年　月　日</td></tr>
<tr><td>学院</td><td>

签字：　　　（公章）　　　年　月　日</td></tr>
</table>

2. 考前动员班会

经过一学期的学习，期末考试总是几家欢喜几家愁。不论是专业课还是通识课，学生都应该重视并认真复习。在考试前一周，辅导员要根据学生所在年级的课程特点鼓励学生，正确面对考试，心态要调试到适当状态。同时，对于考试纪律要再三强调，这样有利于学生严肃态度，避免因侥幸心理酿成大错。此时的教育应避免夸夸其谈的大道理，取而代之举一些实际的例子，让学生做到警钟长鸣。

尤其对于大一新生的第一次期末考试和毕业生的最后一次期末考试，更应认真对待。大一新生的第一次期末考试，是他们入学后首次期末考试体验，因此要立好规矩，开个好头。而毕业生的最后一次期末考试，个别毕业生可能会为了获得更好的成绩，不理智而铤而走险作弊。学生一旦作弊得到处分，因为马上临近毕业，没有充足的时间解除处分，最终影响学位，这不仅对其今后的工作和个人发展造成伤害，也会在一定范围内产生不良影响。

3. 考前注意事项

考前动员班会开完以后，为了加深学生对于考试相关规定的知晓，辅导员可以通过班级微信群、QQ群再次发布考前注意事项，示例如下：

例 3-1-2　考前注意事项

1. 考生务必提前10分钟到达考试场地。

2. 考试期间，桌面上不能有任何与考试有关的文字资料（包括任何形式的小纸条、饮料杯子上的文字包装）、笔袋，考试座位周围不能有围巾、丝巾、衣服等覆盖物，准考证内不得夹有除准考证外的任何文字、物品，身上不得夹有任何文字资料、电子通信设备（包括已经关机的通信设备）。

3. 考生需携带有本人照片的学生证、身份证，证件不齐全者，不得参与考试，辅导员不得协助核实学生身份，务必本人带好证件。

4. 考试期间，带好参与考试所需的工具，考试过程中，不得借用其他学生的考试工具，如：圆珠笔、橡皮、直尺、收音机等。

5. 针对《中华人民共和国刑法》（2015年8月29日修正版）第二百八十四条之一的条文内容特别强调，明确考试作弊，尤其是替考（或替他人考试）行为和严重后果：一是要承担相应的刑事法律责任；二是将受到开除学籍的违纪处分。

6. 考试过程中严禁互打暗号、交头接耳或做手势等违纪行为。

7. 不得借故离开考场，在考场外偷看与考试内容相关的资料、信息。禁止使用通信设备接收或传递与考试相关的信息。

8. 根据教育部最近第41号令规定，考生在考试过程中的违纪行为，即将记入档案，请各位考生为自己的行为负责。

9. 每位同学要铭记个人档案中诚信考试承诺档案中的内容，一旦有任何违纪行为，将计入档案，伴随终身。将影响所有需要政审的考试及日后工作，请大家慎重对待（例如公务员考试、司法考试、考研等）。

10. 随堂考试也是考试，考试要求与考试周期间考试是同等要求，适用全部与考试相关的法律、法规和条例，请大家不要抱侥幸心理放松自律。

11. 要求每一位同学知悉以上内容，并以接龙形式回复信息：1. 某某某(收到)+2。某某某(收到)+……

12. 最后预祝同学们取得满意的考试成绩。

4. 考场巡查工作

辅导员一般不承担监考职责，考试期间可以对所带班级学生所在的考场进行巡查，对突发情况进行应对，如：学生未按时参加考试、学生出现交头接耳等违背考试纪律等情况；对考试各环节进行规范性教育，并达到给学生一个主观上的威慑力。

5. 严格执行考场纪律

针对考试中出现的不良现象进行重点的严肃的批评教育，对出现的违纪现象绝不姑息，但要注意采取合适的方式方法，此时需要保护学生的自尊心。尽管前期已经对考风考纪有了明确要求，但是一旦发生违纪个案，首先需要辅导员有积极、良好的心态来面对学生违纪情况，帮助学生在错误中吸取教训，使一次刻骨铭心的教训成为学生成长的动力。

对于违纪，仅仅批评教育是不够的，治标更要治本，通过深度访谈，还要了解学生考试作弊的真正原因。一般会有几种情况：一种是担心通不过考试，需要参加补考；一种是为获取高分，以便日后获得奖学金或是成绩单上绩点高；还有一种是考试前有突发情况影响复习进度，使学生抱有侥幸心理，不惜以身试法。

但一次错误并不能对学生成长全盘否定，辅导员在就事论事、批评教育的同时，更重要的是需要对其违纪的原因进行深入调查了解，对症下药，以便在接下来的深度辅导中更好地帮助学生从违纪事件的情绪中走出来，重拾信心。此外，要对违纪学生进行情绪关注，违纪对于大多数顺风顺水长大的学生是一次不小的挫折，学生通常会在认识错误、了解处理结果后，情绪发生较大波动。作为辅导员，要以公正、包容、耐心的心态去面对，帮助学生从中吸取教训，让他们从认识错误到反省自身，并能够有积极的态度来度过这段时间。

第二节 课外科技学术实践活动

关于辅导员在学生日常事务管理中的职责，2017 年 8 月 31 日教育部 2017 年第 32 次部长办公会议上修订通过的《普通高等学校辅导员队伍建设规定》第五条规定：“……指导学生开展课外科技学术实践活动，营造浓厚学习氛围……”由此可见，课外科技学术实践活动在辅导员的日常事务管理中占据着重要地位，是辅导员的重要职责之一。

大学生是未来推动我国科技进步的重要力量，科技活动可以调动大学生对科技的积极性，可以提高大学生的创新实践能力，可以培养大学生团队合作精神。为此，目前国内各高校结合其专业特色，积极开展形式多样、内容丰富的科技活动，切实提高当代大学生科技文化素质和创新能力，促进高校校园科技氛围的形成与发展。课外科技活动是大学生理论与实践相结合的补充渠道。开展学生科技活动，不仅能增强大学生崇尚科学、追求真知的科技意识，还能巩固所学理论知识，提高学习效率，同时对提高其科研能力，特别是培养大学生的创新精神和实践能力十分重要。所以，大学生课外学术科技创新活动是高校课堂教学之外最重要的人才培养领域，是培养学生的创新精神和实践能力，营造校园学术氛围的重要途径。

一、课外科技学术实践活动重点

二级学院的课外学术科技创新活动由共青团组织开展，活动的层次与上级团委的主导相关性强，各高校校级团委将推进大学生课外学术科技创新工作作为服务青年和引领青年的重要手段，团委、学生处、教务处、科技处、社科处和基层学院配合构成指导和服务大学生学术创新科技活动的工作体系。大学生课外学术科技创新活动工作是一项全校参与的系统工程，二级学院是运作的一线单位。当前，大学生课外学术科技活动有“挑战杯”全国大学生课外学术科技作品竞赛、全国大学生广告设计大赛、全国大学生数学建模竞赛、“互联网＋”大学生创新创业大赛、大学生创新创业训练计划等。

在开展课外科技学术实践活动中，应找准重点，以可持续发展理念完善和推进活动体系，培养和提高大学生的科技创新意识、能力和水平，加强学术科技创新活动的道德育人功能，为学生成长成才服务。

（一）创新大学生课外学术科技工作的理念和思路是提升质量之本

要认识大学生学术科技创新活动的特点、要求和发展趋势，以创新思维和可持续发展战略来规划该项工作。科技创新最重要的理念是知识、能力、人格三位一体，推进科技与人文教育协调发展。通过学术科技活动引导学生关心社会和民生，结合专业知识为社会服务是科技创新的终极目标。以可持续发展理念全面规划大学生课外学术创新活动，坚持学术科技创新活动“品牌化和普及化”的思路，注重科技活动的精品项目高质量的同时，兼顾科技活动参与的普遍性和质量。集合学院内外力量，结合专业教育和学术型社团两大平台，在制度、智力支持、资金、成果转化等方面进行梳理和改革，将专业竞赛的优秀项目和团队纳入培育资源库，加大早期培育力度，把精品项目推荐到各个大型的有影响力的学术科技创新活动，为团队和项目提供中长期规划。

（二）加大管理制度、培育制度和激励制度的改革力度是大学生课外学术科技创新活动进行的基本保障

可制定《大学生科技创新活动管理制度》《本科生第二课堂学分管理制度细则》《本科生导师制管理细则》《教职员工指导学生课外学术创新活动绩效考核和奖励办法》等制度，从活动管理、项目培育、团队激励方面做好制度保障工作。特别在教师的激励政策上，对于参与指导学生社团，参与指导学生课外学术科研，参与学术作品的评审，指导科研实践活动的日常工作均给予考核和绩效认定，对于在科技活动中表现突出的教师

个人和团队另行奖励，可大大激励教师团队的自主性和指导成效。

（三）加强大学生课外学术科技创新活动的专业性和交叉创新相结合需要不同学科、不同专业的通力协作

除注重专业教育与学术创新的衔接，也应重视学科交叉创新工作的推进，可建设学生课外学术科技专家库、学生科研人才库、作品库，拓宽学生的创新平台。

（四）从学生的需求和兴趣入手，打造受学生欢迎的学术科技创新活动是营造良好学术氛围的动力源泉

依据专业特点、兴趣和专业目标，发挥学生的主观能动性，引导学生在学术科技创新活动领域实现自我管理，并积极承担大型学术科技活动的承办工作，吸引学生感受学术科技的魅力。可成立科技创新部，对七大学术型社团实行项目化管理，推进社团项目的优胜劣汰，实现每一个学术型社团拥有1～2个深受学生喜爱的品牌项目。可开展推介宣讲会，各个专业竞赛的专家培训会，搭建符合学院优势的文化节、博士讲坛、论坛等讲座，以形式多样的方式做好创新活动项目的普及工作。

二、课外科技学术实践活动工作内容梳理

现阶段，国内外高校都十分重视培养大学生的科技创新能力，希望通过开展创新教育，全面提高学生的素质、创新意识和实践能力。所以，做好大学生课外科技学术实践活动工作对培养并提高大学生创新、实践能力有重要意义。

（一）“挑战杯”竞赛的意义

以“挑战杯”全国大学生课外学术科技作品竞赛为例，引导大学生积极参与“挑战杯”竞赛有重要的教育意义。

1. 可以培养大学生的创新实践能力

全国大学生“挑战杯”竞赛，是结合高校的理论课程开展的实践活动，学生在比赛中能够充分将自己的专业理论运用到比赛中的实践实验中，并解决比赛中提出的问题，在这一过程中，不仅是对当前前沿科技的一种展现，也是对学生“理论＋实践”能力的考验，对于培养学生独立问题解决能力、实验操作能力都有着重要的实践意义。

2. 有利于加强高校学风建设

全国各个高校的学生，在参与比赛的过程中，能充分激发学生学习的积极性，最后的比赛结果无论成绩如何，学生都能够正确认识自身专业水平，以更好地进行专业技术的补充，对于构建高校学风意义重大。

3. 可以提高大学生团队合作精神

每个比赛环节都需要参赛队伍成员的相互配合，特别是在比赛的方案实施阶段，更是对参赛队伍成员之间的有效沟通能力、团队协作能力的考验。能够在比赛中脱颖而出的优胜团队，也就代表了新时期大学生的精神风貌，由此可见，大学生参与“挑战杯”竞赛的过程，对于培养大学生团队协作能力有着重要的作用。

4. 有利于推动教学改革

全国“挑战杯”竞赛是一种通过竞赛形式的教学改革。不仅仅是对创新人才的培

养，也是对各大高校的一种教学互动。另外，通过参加“挑战杯”竞赛，教师能够引导学生在竞赛中发现问题，进行综合评价，进而有利于教师进行教学内容、方法、评价的教学优化，实现推动高校教学创新与改革的进程。

（二）引导大学生积极参与“挑战杯”竞赛的建议

为了更好地鼓励和引导大学生积极参与“挑战杯”竞赛，学院可以充分利用教育改革的有利机遇，不断创新和改革教学内容、方法和手段。

1. 可以搭建学院竞赛组织管理体系

充分借助于互联网信息渠道，搭建网络科技竞赛管理平台，学生成绩和专项特长要进行区分，不能够以偏概全，发现大学生中的“潜力股”，并对具有创新意识、科研能力的大学生进行精神和物质上的鼓励。借助于已经搭建的学院竞赛管理平台，定期在校内组织和举办科技竞赛活动，在高校内部形成一种竞赛普及。与此同时，积极宣传和引导大学生参与多样化的竞赛活动。

2. 完善教育教学模式

加强“院企合作”模式。加强与企业的合作，例如在教育教学的实践、实验环节融入企业经营中的实际问题，引导学生运用专业理论知识，为企业设计解决方案。在这一过程中，不仅能够提高学生对现实企业的深入了解，而且也能够对自身专业知识水平进行正确的评价。在日常教学中的实践、实验引导，能够更好地激发学生参与科技竞赛的兴趣，敢于尝试和挑战。另一方面，完善科技竞赛技术成果的教学转化。在教学改革的背景下，能够将一些科技竞赛中的成果合理地转变为教学内容，不仅是对教学资源的充分利用，也能够通过比赛回顾，将竞赛目标设置、赛项命题、比赛形式等作为教育教学的一种手段，进行积极的借鉴和引用。①

3. 加强科研团队建设

针对不同的年级，结合大学生档案，选拔或者是导师推荐一批优秀的大学生，并组建专门的大学生科研团队。大学生团队成员的选拔必须要建立在公平、公正、公开的基础之上，不仅仅要进行理论测试，还要进行面试和实践实验环节的综合测试，发现隐藏在学生队伍中的“千里马”。将眼光放远，才能够聚集人才，这样才能够充分激发学生热情，更能选拔一批拥有资深教学经验的教师人才，并配套相应的导师指导制度，打通导师的职称评定渠道。

（三）案例材料

例 3-2-1　关于启动第×届“挑战杯”大学生课外学术科技作品竞赛××学院作品选拔工作的通知

××学院各行政班级（含研究生）：

为进一步营造我院学生的学术科技氛围，激发大学生参与科研创新和学术创作的

① 倪超：《新时期浅谈指导大学生积极参与“挑战杯”竞赛的心得体会》，《中国多媒体与网络教学学报（上旬刊）》，2019 年 3 月。

热情，为××年第×届“挑战杯”大学生课外学术科技作品竞赛选拔优秀作品，我院将进行第×届“挑战杯”大学生课外学术科技作品竞赛院内选拔工作，请各行政班级根据通知要求，做好动员和参赛工作。

具体通知如下：

一、比赛背景

“挑战杯”是全国大学生系列科技学术竞赛的简称，是由共青团中央、中国科协、教育部和全国学联、地方省级人民政府共同主办的全国性的大学生课外学术科技创业类竞赛，承办高校为国内著名大学。“挑战杯”系列竞赛被誉为中国大学生科技创新创业的“奥林匹克”盛会，是目前国内大学生最关注最热门的全国性竞赛，也是全国最具代表性、权威性、示范性、导向性的大学生竞赛。

二、参赛对象

参赛学生须为××级、××级、××级、××级的全日制非成人教育的在校中国籍本科生、硕士研究生和博士研究生(均不包含在职研究生)。

三、作品要求

1. 申请参赛的作品必须是××年×月×日前两年内完成的学生课外学术科技成果。

2. 申请参赛的作品可分为个人作品和集体作品。申请个人作品的，申请者必须承担作品60%以上的研究工作，作品鉴定证书、专利证书及发表的有关作品上的署名均应为第一作者，合作者必须是学生且不得超过2人；凡作者超过3人的项目，或者不超过3人但无法区分第一作者的项目，均需申请集体项目，集体作者必须全部为学生。凡有合作者的个人作品或集体作品，均按学历最高的作者划分为本科生、硕士研究生或博士研究生类作品。

3. 参赛作品应突出科学性、先进性和现实意义；从实际出发，侧重解决社会生产生活中的具体问题(以解决热点难点问题为最佳)。

4. 建议开展方向(略)。

四、作品分类

申报参赛的作品分本科生组、研究生组(含硕士、博士)，作品分为自然科学类学术论文、哲学社会科学类社会调查报告和学术论文、科技发明制作三大类。自然科学类学术论文作者限本科生。

每一大类具体类别划分如下：

1. 自然科学类学术论文

作品分类如下：

A. 机械与控制(包括机械、仪器仪表、自动化控制、工程、交通、建筑等)；

B. 信息技术(包括计算机、电信、通信、电子等)；

C. 数理(包括数学、物理、地球与空间科学等)；

D. 生命科学(包括生物、农学、药学、医学、健康、卫生、食品等);

E. 能源化工(包括能源、材料、石油、化学、化工、生态、环保等)。

2. 哲学社会科学类社会调查报告和学术论文

作品所属领域限定在哲学、经济、社会、法律、教育、管理等6个学科内。

3. 科技发明制作类

科技发明制作类分为A、B两类:

A类指科技含量较高、制作投入较大的作品;

B类指投入较少,且为生产技术或社会生活带来便利的小发明、小制作等。

作品分类同自然科学类学术论文A～E类。

五、日程安排

赛　程	时　间	赛事阶段
校级作品选拔工作	××××年×月×日～×月×日	动员准备、作品申报,初选阶段
	××××年×月×日～×月×日	校级作品选拔
	××××年×月×日～×月×日	作品培育、完善阶段
市赛	××××年×月×日～×月×日	市赛选拔阶段
国赛	××××年×月×日～×月×日	全国复赛、决赛

六、作品评审工作

1. 校团委在各学院报送作品后,邀请校内外专家组成专家评审委员会进行评审,提出修改完善和开展下一步研究工作的建议。

2. 学校从作品中确定一批重点培育项目,团队根据专家和指导老师的意见修改、完善培育作品,学校从中选拔优秀作品参加上海市、全国比赛。校团委给予培育项目资金、场地上的支持。

七、工作要求

1. 各班级应高度重视广泛宣传,积极动员,与学院专业教师充分沟通,深入学生了解并挖掘优秀项目或潜力项目,学院推荐的参赛作品应能够体现本学院学生学术创新的最高水平。

2. 各参赛团队应考虑团队成员组成的合理性,项目团队人数不应超过5人。

3. 各班级应确保"挑战杯"培育作品立项申报、培育、结项等各项工作顺利进行;要注重氛围营造,对在学术科研中表现突出、成果显著的学生进行广泛宣传与报道。

八、时间节点

时间节点	提交材料	注意事项
××××年×月×日—×月×日	上传第×届“挑战杯”大学生课外学术科技作品竞赛校内选拔汇总表电子版(详情材料请查看附件2)。	1. 本科生作品请将汇总表电子版上传至××学院团委学生会创新创业部公邮:××××。 2. 研究生作品请将汇总表电子版上传至××学院研究生团总支创新创业部公邮:××××。 3. 作品分类参考本文。 4. 作品分类填写,至少分至二级分类。
××××年×月×日—×月×日	1. 上传最终申报书、汇总表及作品于××学院团委学生会创新创业部公邮。 2. 上交最终申报书、汇总表及作品纸质版于××学院团委学生办公室。	1. 本科生材料纸质版交至××学院团委学生办公室。 2. 上交纸质版申报书后统一加盖二级学院团委公章。 3. 纸质版申报书及作品一式三份,汇总表一式一份。

九、注意事项

如有疑问请与下列人员联系

联系人:××× ×××××××××

例3-2-2 ××学院“创新创业大赛经验分享会”策划

一、活动背景

“十三五”以来,党和国家出台了一系列政策,鼓励大学生加入“大众创业、万众创新”的队伍当中;而一系列针对大学生的创新创业类比赛也由此应运而生。对于这些赛事,许多同学都热情高涨,积极参与。但是,由于缺乏相关的经验,大多数同学都没能如愿地取得理想的结果。为此,我们邀请了一些在创新创业比赛中表现优异的同学,为我们分享他们的成功经验。

二、活动目的

通过此次创新创业大赛经验分享会,使广大学生更加清楚地了解目前大学生创新创业赛事的形势政策;初步掌握选取项目类型和确定研究方向的能力;深入了解项目书的筹划、撰写、修饰以及项目执行过程中可能遇到的问题和应该掌握的经验等事宜;进一步提升同学们立项、答辩、执行、结项的能力。提高同学们参加创新创业大赛的技能,为同学们在相关赛事中取得理想的成绩奠定坚实的基础。

三、活动内容

1. 活动开场:主持人介绍创新创业大赛基本情况,简述本次活动的目的,宣布开场。

2. 分享讲述环节:分享者分板块(板块分为如何选材、如何构思、如何调研、如何富有新意地书写申请书及答辩四大板块,由分享者自行选择其一)进行讲解,每个分享者讲述时间控制在20分钟之内(15分钟时会打铃提醒)。

3. 双向提问环节：每一位分享者分享完成后都会有15分钟左右的倾听者提问时间；这个时间内，同学们可以就自己想要了解的问题进行提问；同学们提问完之后，分享者就自己刚刚讲述的内容提出一个问题并在台下的同学中随机选取一位同学作答，答对者将获得精美礼品一份。

4. 深入探讨环节：提问环节之后，对于这届“挑战杯”项目没有通过校级审核的同学可以单独找分享者进行提问及讨论。

四、活动时间及地点

1. 时间：×月×日 13:30

2. 地点：×××

第四章　学生日常事务管理

第一节　奖学金工作

一、奖学金工作重点

奖学金工作是资助工作的一部分。奖学金最初是指政府、高等院校及其他资助机构为奖励优秀学生而设立的资助资金。①随着时代的不断发展，奖学金的形式越来越多样化，更多地成了为鼓励学生的某种行为或者奖励学生的某些成果而设立的资金。辅导员要做好奖学金工作，首先，要从思想上高度重视奖学金工作，其次，要认真研究和学习国家和所在高校的最新文件和政策，把握和深入了解奖学金工作的重点和难点，全方位了解奖学金工作的运行机制和规章制度，才能游刃有余地开展工作。

（一）奖学金工作的重要意义

一般认为，高校设立奖学金，有利于激励学生刻苦学习、努力提高综合素质。奖学金评选直接关系到学生学习行为的引导、学生竞争意识的培养、奖学金激励作用的发挥，影响到全校教风、学风以及师生行为习惯的养成等。从奖学金的功能角度出发，奖学金主要起到激励先进、鞭策后进、树立榜样的作用。其基本功能有激励功能、导向功能、反馈功能、共振功能、资助功能。从社会层面而言，奖学金有利于为国家和社会培养所需人才，实现社会公平、促进社会发展；从高校层面而言，奖学金的设立能够提高高校的影响力，提升招生质量，推动良好的校风、学风建设，奖学金的评定过程也是对高校人才培养的阶段性、动态评价过程，这种反馈可以为学校改善学生工作提供客观依据，帮助学校不断完善人才培养体系；从学生层面而言，奖学金具有奖励、激励、资助、导向、反馈、共振等功能，能够帮助学生树立正确的价值观、激励学生确立积极正面的学习目标。

（二）奖学金工作的主要内容

1. 大学生综合素质测评

大学生综合素质，包括了大学生的生理、心理、思想、道德、文化、能力等方面的系统

---

① 参见张民选：《理想与抉择——大学生资助政策的国家比较》，人民教育出版社1998年版。

综合。大学生是国家未来的建设者和接班人，其综合素质不仅影响着国家、社会未来的建设与发展，而且影响着中华民族伟大复兴。因此，非常有必要对大学生综合素质进行测评，以求更准确地了解大学生的综合素质。自20世纪80年代以来，我国教育改革蓬勃发展，尤其是素质教育理念的出现，给我国教育发展带来了巨大的推动作用，并且提出了很多素质教育方面的理念，比如："教育体制改革的根本目的是提高民族素质，多出人才，快出人才""教育的根本目的是要提高民族素质"等，通过理论结合实践，将"教育"与"素质"联系在一起，形成了如今广为熟知的新名词——"素质教育"。①在高校素质教育下，通过对学生素质测评，能够评价当下学校的素质教育状况，进一步掌握大学生的综合素质水平。②

大学生综合素质测评是大学生的第二张成绩单，是引导、规范、教育和激励大学生全面发展的管理方法和手段，既是对大学生德智体美劳等进行全方位评价，也是大学生评奖评先、入党、就业等方面的重要参照，是一项关系到大学生切身利益的工作。大学生综合素质测评(以下简称综合测评)坚持的原则是：育人为本，德育为先；学业为主，全面发展；公平、公正、公开；定量和定性、记实与评议相结合。综合测评的结果作为学校评定奖、助学金，各种评优评先等综合类先进个人评选的主要依据，并作为推荐入党积极分子进党校学习和推荐党员发展对象、择业时向用人单位推荐的主要参考。

2. 国家奖学金

国家奖学金是指为了激励普通本科高校、高等职业学校和高等专科学校学生勤奋学习、努力进取，在德、智、体、美等方面全面发展，由中央政府出资设立的用来奖励特别优秀学生的奖学金。国家奖学金也是当前高等学校学生能够获得的荣誉等级最高的国家级奖学金。国家奖学金奖励对象为学校全日制本科、高职在校二年级以上(含二年级)学生中特别优秀的学生。国家奖学金的奖励标准为每人每年8 000元。申请条件：(1)热爱社会主义祖国，拥护中国共产党的领导；(2)遵守宪法和法律，遵守学校规章制度，无违法违纪现象；(3)诚实守信，道德品质优良；(4)在校期间学习成绩优异，获得本学年优秀学生奖学金特等奖；(5)在社会实践、创新能力、综合素质等方面特别突出，获得校级以上表彰和奖励；(6)本年度已获国家励志奖学金、上海市奖学金、宝钢奖学金、索尼奖学金者不得再申请本奖项。名额分配办法：根据市教委下达给各高校的国家奖学金名额，按照各学院学生人数，按比例分配名额。

3. 国家励志奖学金

国家励志奖学金是为了激励普通本科高校、高等职业学校和高等专科学校的家庭经济困难学生勤奋学习、努力进取，在德、智、体、美等方面全面发展，由中央和地方政府共同出资设立的，奖励资助品学兼优的家庭经济困难学生的奖学金。同一学年内，申请并获得国家励志奖学金的学生不能同时获得国家奖学金。国家励志奖学金奖励资助对

① 魏晶、贾曦、刘栋：《以促进发展为目标的大学生综合素质评价——第二课堂成绩单建设理念与实践》，《中国电化教育》2018年第9期。

② 高法文、郑红梅：《基于PDP的高职学生综合素质测评分析——以深圳职业技术学院金融专业为例》，《职业技术教育》2017年第38期。

象为学校全日制本科、高职在校二年级以上(含二年级)学生中家庭经济困难且品学兼优的学生。国家励志奖学金的奖励资助标准为每人每年 5 000 元。申请条件:(1)热爱社会主义祖国,拥护中国共产党的领导;(2)遵守宪法和法律,遵守学院规章制度,无违法违纪现象;(3)诚实守信,道德品质优良;(4)家庭经济困难,生活简朴(以所评年度的困难生认定结果为依据);(5)在校期间学习成绩优良,且应当是本学年优秀学生奖学金获得者;(6)积极参加社会公益活动;(7)具有自我解困的意识,愿意通过自己的努力积极解决经济上的困难;(8)本年度已获国家奖学金、上海市奖学金、宝钢奖学金、索尼奖学金者不得再申请本奖项。名额分配办法:根据上海市教委下达给各高校的国家励志奖学金名额进行分配,具体原则:各学院在校人数的权重为 60%,各院中西部生源人数的权重为 40%。具体名额由学生处确定。

4. 上海市奖学金

上海市奖学金由上海市政府出资设立,用于奖励高校全日制本专科(含高职、第二学士学位)学生中特别优秀的学生,所需资金纳入市教委部门预算。上海市奖学金奖励对象为学校全日制本科、高职在校二年级以上(含二年级)学生中特别优秀的学生。上海市奖学金的奖励标准为每人每年 8 000 元。申请条件包括:(1)热爱社会主义祖国,拥护中国共产党的领导;(2)遵守宪法和法律,遵守学校规章制度,无违法违纪现象;(3)诚实守信,道德品质优良;(4)在校期间学习成绩优异,获得本学年优秀学生奖学金一等奖以上;(5)在社会实践、创新能力、综合素质等方面特别突出,获得校级以上表彰和奖励;(6)本年度已获国家奖学金、国家励志奖学金、宝钢奖学金、索尼奖学金者不得再申请本奖项。名额分配办法:根据市教委下达给各高校的上海市奖学金名额,按照各学院学生人数,按比例分配名额。

5. 校长奖学金

××大学校长奖学金是学校设立给在校学生的最高奖学金,旨在奖励德、智、体全面发展,综合素质高或单项能力特别突出的学生。评选对象:在校全日制二年级以上本科、高职学生均可参评校长奖学金。参评学生必须具备以下基本条件:(1)具有坚定的政治方向和远大理想,有较高的思想政治素质和道德修养;(2)遵纪守法,尊敬师长,关心集体,团结同学;(3)学习成绩优异,本年度获学校优秀学生奖学金特等奖。参评学生还需具备以下条件之一:(1)在校期间曾获得市级以上"优秀团员"或"优秀团干部"等荣誉称号;(2)在校期间曾独立撰写并公开发表学术性论文一篇;(3)在社会实践方面有突出贡献或在市级以上体育类、艺术类比赛中为学校赢得荣誉,个人获得三等奖以上者。评选时间为每年 11 月。每次评选占比不超过在校二年级以上本科、学生总数的 1%。获奖者奖励金额为 1 万元(实际发放金额为原特等奖学金的基础上补足差额)。

6. 校优秀学生奖学金

为了全面贯彻党和国家的教育方针,促进良好学风的形成,引导学生努力学习,奋发向上,勇于创新,激励学生德、智、体全面发展,设立××大学优秀学生奖学金。参评对象为在校大二以上全日制本科生,以《××大学××学院学生综合素质测评实施办法》测评的结果为参评依据。参评条件:(1)学习刻苦,成绩优良,本科生达到本学年教学计划所规定的学分要求;(2)积极参加体育锻炼,学生体质健康标准达到良好以上;(3)已有资格报考四级考试的本科学生必须通过英语四级考试。有下列情形之一者,不能参加奖学金评审:(1)本学年因违法受到司法、行政机关处理,或因违反校规校纪受到校级处分的;(2)违反学生社区管理相关规定,受到两次以上通报批评的;(3)有课程不及格的,经补考仍不合格者;(4)旷课 4 节或缺课超过本学期全部课程的 1/3;(5)在评审过程中弄虚作假的;(6)本人不申请的,不参加综合素质测评的;(7)考走的插班生不能参评。

7. 港澳台地区及华侨学生奖学金

港澳台地区及华侨学生奖学金面向在校全日制就读的港澳台本(专)科生及华侨本科生,其学生奖学金评选条件详见学生手册第 127～132 页(20××年版)。台湾地区学生奖学金(本专科生):一等奖 1 名;二等奖 1 名;三等奖 1 名。港澳地区及华侨学生奖学金(本专科生):一等奖 1 名;二等奖 1 名;三等奖 2 名。

8. 院级奖学金

××大学××学院设有 7 个院级奖学金,主要是已毕业的校友事业有成之后感恩母校,希望助力学弟学妹们更好的成长,回学院捐赠设立。院级奖学金基本都是杰出校友回校捐赠设立的奖学金,寄托了校友们对母校的热爱和对学弟学妹的关爱、期望。通过设立院级奖学金,往往能够促成学校大学生社会实践基地的设立,并且可以邀请杰出校友回校为学生开展实务教学课程。其中最为典型的是"范仲兴"奖学金,这是上海市范仲兴律师事务所主任范仲兴律师于 2013 年出资设立的××学院院级奖学金。"范仲兴"奖学金每学年获奖名额为 25 名,分为特等奖和优秀奖两个奖项。其中特等奖 5 名,奖金每人 2 000 元;优秀奖 20 名,奖金每人 1 000 元。

9. ××大学××学院 20××年奖学金表彰大会

每年 12 月会举办奖学金表彰大会,表彰先进,树立榜样,传承感恩。为学院设立院级奖学金的校友会专程放下工作,赶回学院参加会议,感恩母校、怀念青春、展望未来。

10. 专项奖学金及 20××～20××学年生乐奖学金

凌云、上好佳、退役大学生士兵、生乐四项专项奖学金不可兼得。上好佳奖学金的评选范围是被学校认定为 20××～20××学年家庭经济困难的女学生,退役大学生士兵单项奖学金在校期间只能获评一次。已获得本年度国家奖学金、上海市奖学金、国家励志奖学金、校长奖学金的学生不再参评。

(三) 研究生奖学金设立、评定的指导思想

1. 战略遵从取向,加快实现人力资源强国目标

中共中央、国务院在《国家中长期教育改革和发展规划纲要(2010～2020 年)》(以下简称《纲要》)中指出,要把教育放在优先发展的战略地位,加快实现我国从教育大国、人力资源大国向教育强国、人力资源强国的转变。从一系列政策文本中可以看出,实现高等教育强国、人力资源强国的战略部署目标是设立研究生奖学金的落脚点,也是政策文本中文字语言渗透出的基本价值取向。

2. 科研主导取向,增加教育资源的产出成果

在各高校的研究生奖学金评定实践工作中,是否在专业领域内较高级别刊物上发表论文,是研究生参与评选的硬指标。这一举措有助于鼓励研究生努力提高自身知识与技能,积极潜心于学术研究,取得更多应用于文化、经济、社会等各个领域的创新性研究成果。

3. 引导激励取向,发挥中央财政的资助激励作用

引导和激励研究生成长成才,促进研究生全面发展,是研究生奖学金政策的重要价值追求。研究生奖学金具有奖励额度大、荣誉高的特点,激励作用显著,其设立能够激发研究生内心努力积极向上的动机。在此动机作用下,研究生会更加积极主动地投身于学术研究,不断提高自身能力与素质,将评审标准内化为自己的思想和行为准则,以实现更高的价值追求。

4. 育人为本取向,培养全面发展的高素质人才

研究生奖学金政策作为推动研究生培养机制改革的重要教育政策,在高校研究生育人活动中发挥着重要的调节与规范作用。各高校根据教育部、财政部下发的政策通知,结合自身情况,制定相应的具体规章制度,对参评者的学习成绩、科研创新能力、行为规范和思想道德品质提出要求,对于激励学生努力学习、不断提高科研本领、纠正和约束自身行为、培养良好的道德与心理素质起到了一定的作用。

(四) 研究生奖学金评选原则

1. 公开、公平、公正

研究生奖学金的评选是非常重要的工作。处理得好,可以达到激励和教育的目的,也可以达到资助学生的目的;处理不好,则会挫伤学生的积极性,甚至激起矛盾。因此,研究生奖学金的评选首先要公开,指标名额奖金的数目都要公开,让学生心里有数。其次,评选的方法和过程要保证公平、公正,评选的结果要让学生信服。

2. 激励导向

设立研究生奖学金的目的在于充分调动全体研究生学习、科研的积极性,促使研究生刻苦钻研,在学习上取长补短、互相促进,共同进步,是促使研究生全面发展的一种手段。

3. 适当授权,自我教育

研究生不仅独立意识强,而且各专业各年级的情况也各不相同。在具体的操作过程中,学校根据教育部指导性条例制定适用于本校的奖学金评选条例,各个学院在与该条例基本条件不相违背的基础上,可以作出适当的修改。

4. 民主、平等、双向交流

在研究生奖学金评选过程中必须注重交流和反馈,及时发现其中的问题,注意学生的思想动态,解决评奖中出现的各种特殊情况。

(五) 研究生奖学金具体落实

1. 评选条例的制定

虽然学校出台了指导性研究生奖学金条例,但各个学院的实际情况有所不同。×

×学院作为一个拥有最多数量研究生的大学院，情况更为复杂，制定适合本院特点的研究生奖学金评选条例尤为必要。

2. 信息公开

研究生奖学金评选过程中尤为重要的一点是信息公开。××学院的研究生人数众多，奖项与名额也相对比较多，但是各奖项的额度和具体要求各不相同。要使每个学生都了解奖学金的有关情况，必须做好宣传工作。

3. 民主评选

学校把研究生奖学金评选的初步工作下达至各个学院，学院把奖学金评选的依据、初评等主要权限赋予班级，充分调动同学们的积极性，使每个同学在奖学金评选工作过程中感受到公平正义。评选权限的下放有利于评选的顺利开展，也有利于奖学金民主原则的落实。

二、奖学金工作内容梳理

（一）大学生综合素质测评的审核工作

大学生综合素质测评是大学生在校期间德、智、体等方面的综合表现，不仅直接关系到学生的评奖评优，而且对学生人生观、价值观的形成有重要引导作用。做好学生综合素质测评的审核工作，是整个奖学金工作的基础和前提。学生综合素质测评的结果是评定奖学金、各种评优评先等综合类先进个人评选的主要依据。

例 4-1-1　××大学××学院综合素质测评细则（试行）

为贯彻实施《××大学学生综合素质测评实施办法》，更好地发挥其育人功效，公正、公平、公开评价学生的在校表现，以促进学生德、智、体、美、劳全面发展。结合××学院的专业特色和具体特点，特制定本实施细则。

第一章　总则

第一条　为了全面贯彻党的教育方针，激励学生不断进取，加强学生教育管理及考评工作，全面评价学生所取得的成绩，学校制定了《××大学学生综合素质测评办法》（以下简称《办法》）。遵循《办法》所确定的基本原则、标准和规范，制定本实施细则。

第二条　学生综合素质测评（以下简称综合测评）的原则是：育人为本，德育为先；全面评价，科学应用；公开、公平、公正；记实与评议相结合。

第三条　综合测评是对学生每一学年表现的全面评价，包括思想素质（X）、学业学术（Y）和实践能力（Z）三个模块。各模块的分值均为100分，分别计分和定等，等次分为优秀、合格、不合格。

第四条　综合测评作为学院评定奖助学金、个人荣誉表彰的主要依据，并作为推荐入党积极分子和发展对象的主要参考。

根据应用方向的不同，考察的侧重点也有所不同，应合理确定综合测评各模块的权重，以形成用于排序的合成分。其中，奖学金评定合成分为思想素质占15%，学业学术占72%，实践能力占13%。

奖学金评定合成分＝X＊15%＋Y＊72%＋Z＊13%＋W（W 为附加分，由学院另行规定，W≤5）。

应用于其他方向时的具体权重以文件通知为准。

第五条 本细则适用于××大学××学院全日制本科生和研究生。

第二章 思想素质测评

第六条 思想素质分值（X）包括评议分（X1）和附加分（X2），满分为 100 分。

X＝X1＊0.7＋X2＊0.3，X1≤100，X2≤100（可以是负分）。

思想素质测评的具体内容如下：

（一）政治觉悟

1. 拥护中国共产党的领导，认真学习贯彻党的基本理论、基本路线、基本方略，坚定中国特色社会主义道路自信、理论自信、制度自信、文化自信。

2. 热爱社会主义祖国，弘扬民族精神和时代精神，自觉维护国家利益和民族团结，自觉践行社会主义核心价值观，负有社会责任感。

3. 关心集体，具有团队协作精神，积极参加学校、学院、班级等组织的集体活动。

（二）行为规范

1. 增强法治观念，自觉遵守宪法、法律、法规，正确行使权利。

2. 自觉遵守《高等学校学生行为准则》及学校制定的各项规章制度，坚决抵制各种违纪行为。

3. 弘扬传统美德，遵守社会公德，提高个人修养，增强网络素养，仪表整洁，举止得体，具有良好的行为习惯。

（三）学习态度

1. 秉承“刻苦求实、开拓创新”的校训，求真学问，练真本领。

2. 坚持理论与实践相结合，主动参与教学活动，努力掌握现代科学文化知识和专业技能。

3. 自觉遵守教学和考试纪律，遵从学术规范，恪守学术道德，维护学术诚信。

（四）身心健康

1. 保持良好的生活状态和精神面貌，热爱劳动，勤俭节约，自觉抵制超前消费和过度消费。

2. 注重心理素质建设，增强情绪控制力、挫折耐受力和社会适应力，人际关系和谐。

3. 积极参加健康向上的文化体育活动，提高审美情趣，强健体魄。

第七条 思想素质评议分根据同学互评和辅导员（班主任）评议的结果换算而成，一般按如下步骤进行。

（一）评议

全班同学和辅导员（班主任）集中进行民主评议，填写《××大学学生思想素质评议表》（见附件）。

评议时，设定 A（优秀）、B（良好）、C（合格）、D（不合格）共四个档次，各档次限定比例如下：

A(优秀)	B(良好)	C(合格)	D(不合格)
20%	40%	40%(C、D 两项只限定总比例)	

评议采取无记名方式，应独立、公正地按照各档限额进行评议。超出限额的评议票为无效票。

（二）换算

统计同学互评和辅导员（班主任）评议的结果，汇总每个学生的各档得票数，其中辅导员（班主任）的 1 票按照 5 票计入结果。

根据下列规则将得票数换算成班级排名分，并按照分数从高至低进行排序。

A(优秀)	B(良好)	C(合格)	D(不合格)
1 票计 5 分	1 票计 3 分	1 票计 1 分	1 票计−1 分

（三）定级

以排名分作为依据，按照下列控制比例确定每个学生的思想素质评议等级。

等级	人数比例(%)	排名分排序(%)
1	10	前 10
2	20	10～30
3	20	30～50
4	20	50～70
5	20	70～90
6	10	90～100

（四）赋分

根据评议等级确定每个学生的思想素质评议分（百分制）

等级	百分制赋分	实际计分(占思想素质分 70%)
1	100	70
2	96	67.2
3	92	64.4
4	88	61.6
5	84	58.8
6	80	56

第八条 思想素质附加分（X2）包括奖励分和罚扣分，奖励分设积分上限，超过 100 分的计为 100 分，且超出部分不得与罚扣分相抵。

奖励分和罚扣分的项目须符合本细则第六条规定的范围。

（一）奖励分

1. 集体荣誉加分(校级及以上集体荣誉以学生工作部公布的名录为准)

获得集体荣誉的所有集体成员全部计分，做出显著贡献者可最多上浮10%计分，未履行集体成员职责的不享受加分，具体由团支部或班委会研究确定。同一集体同一学年获多项荣誉的，不累加，按最高分值计分。如下加分标准：

(1) 全国五四红旗团支部，集体成员每人加60分。

(2) 上海市五四红旗团支部、上海市青年五四奖章集体，集体成员每人加40分。

(3) 校五四奖章集体，集体成员每人加30分。

(4) 校优秀学生党支部、优秀团支部，集体成员每人加20分。

(5) 校优秀寝室，寝室成员每人加10分。

(6) 学院自评的集体荣誉，集体成员每人加分最多不超过12分，视具体情况确定。

2. 集体优秀事迹加分

优秀事迹特指被通报表扬或官媒宣传的善行义举。在集体事迹中，做出显著贡献者可最多上浮10%计分，具体由团支部或班委会研究确定。集体优秀事迹同时又获得集体荣誉的，不论是否在同一学年，只按最高分值计分一次。

(1) 获得国家公开宣传和表扬的，集体成员每人加60分。

(2) 获得省(自治区、直辖市)公开宣传和表扬的，集体成员每人加40分。

(3) 获得学校公开宣传和表扬的，集体成员每人加30分。

(4) 获得学院公开宣传和表扬的，集体成员每人加分最多不超过12分，视具体情况确定。

3. 个人优秀事迹加分

(1) 个人的善行义举被通报表扬或官媒宣传的，参照集体优秀事迹的标准计分。

(2) 参加学校组织的义务献血并成功献血，第一次加20分，同一学年第二次再加20分，第三次不加分；若主动报名献血并在学院登记，但因体检不合格或血站暂时无需采集该类血型而未能献血的，加5分。在校外献血并有献血证予以证明的，若同一学年已在校内献血，原则上不再加分；若同一学年未在校内献血，加15分(不论次数)。未经学院报名登记的献血，均视为校外献血。

(3) 成功捐献造血干细胞(骨髓)加40分；参加学校组织的造血干细胞采集入库活动，加10分。同一学年两者不累加。

(4) 参军退伍学生在返校就读的第一学年，加20分；若服役期间有违纪行为的，不予加分；若服役期间获得奖励的，按如下标准累积加分：连级嘉奖加5分，营级嘉奖加10分，团级嘉奖加15分，优秀义务兵加15分，三等功加20分。以上奖励之间不累加，按最高分值计分。

报名参军并上站体检的学生，若最终未能入伍，加5分。

4. 健康身心，在校内参加正式的体育活动、文艺演出(特指参赛和参演，观赛、观演属于集体建设)，每次加4分，最高不超过20分。同一项竞赛有多个轮次的，视为1次；

同一个比赛(如校运动会)或同一场演出,参加多个项目的,一个项目视为1次,但最多计3次。

经选拔入选校体育运动队和校艺术团的,根据有关部门提供的证明,直接加20分,不再按次加分;同时入选校体育运动队和校艺术团的,可加30分。

5. 融入集体,参加学校或学院组织的集体活动,在达到规定基数(一年级10次,二年级8次,三年级6次)之后,按次加2分/次,最高不超过20分。

此处的集体活动特指集体建设、学术讲座、成长分享等观摩性活动,不含体育活动、文艺演出、志愿服务活动,也不含班级组织的集体活动(可在评议分中体现)。

6. 其他应给予奖励的事项,可由个人申请,团支部或班委会讨论研究后,报学院核准。

(二) 罚扣分

罚扣分是针对未达到校级处分标准的违纪行为、违背社会公德的不良行为等。罚扣分不设上限,但同一次违纪行为符合多个罚分项的,以最高分值扣分,不累加。

罚扣分采取一事一议,在下列行为发生后,经班委会讨论、辅导员同意,在班级记事簿中予以记录:

1. 受到学院通报批评的,视事件性质、情节轻重、影响程度等情形,扣20～30分;受到学校通报批评的,扣30分。

2. 违反教学秩序的行为。上课迟到早退,扣3分/次;课堂上用餐,扣2分/次;无故旷课(提供虚假病、事假条视为旷课),扣6分/次;代课(含代课者和被代课者),扣12分/次;其他影响教学秩序的行为,视情节轻重,每次扣3～20分。

因违反教学秩序的行为扣分超过3次的,当年度思想素质测评不得定为"优秀"。

3. 违反社区管理规定的行为。违规留宿外人,扣6分/次;不请假在外留宿或累计3次无正当理由晚归,扣6分/次;宿舍脏乱差且经督促没有改进的,寝室成员每人扣6分/次;违章用电,扣12分/次;无正当理由不服从宿舍调整安排的,扣12分/次;其他违反社区管理规定的行为,视情节轻重,每次扣3～20分。

因违反社区管理规定的行为扣分超过3次的,当年度思想素质测评不得定为"优秀"。

4. 违反班级管理制度的行为。无故缺席班级集体活动(含团支部活动),扣6分/次;因个人原因的事假缺席班级集体活动(含团支部活动),视情况每次扣0～2分;无正当理由拒不履行班级分配的任务,扣6分/次;其他违反班级管理制度的行为,视情节轻重,每次扣2～6分。

5. 违反社会公德的行为。视情节轻重,每次扣3～30分。凡涉及派出所出警处理且确有实据的违反公德的行为,一般扣30分/次。

6. 体育锻炼不达标的行为。无正当理由未完成规定的晨跑次数,扣3分/次;无正当理由未参加或未通过体育达标测试的(仅限本科三年级及以上),扣10分。

7. 公益劳动不达标的行为。无正当理由未参与学校或学院安排的公益劳动,扣3分/次;公益劳动成果经检查不合格的,扣2分/次。

8. 其他应予扣分的行为。

第九条 思想素质测评的等次分为优秀、合格、不合格。

按思想素质测评的分值，原则上前20%为"优秀"，其余为"合格"，但有下列情形之一的，为"不合格"：

（一）在当学年受到学校纪律处分；

（二）在综合测评中弄虚作假、虚报材料；

（三）无正当理由不按规定参加综合测评。

第三章 学业水平测评

第十条 学业水平分值(Y)包括学业成绩分(Y1)和学术科研分(Y2)，从鼓励科研的角度出发，学术科研分(Y2)不设上限，但学业水平模块的满分为100分。

学业成绩分和学术科研分的占比，应区分本科生和研究生。本科生的学业成绩分占比75%、学术科研分占比25%，$Y=Y1*0.75+Y2*0.25$，$Y\leqslant100$，$Y1\leqslant100$。

研究生的学业成绩分和学术科研分各占50%。

第十一条 学业成绩主要反映当学年学生所修课程的成效，以教务处教学管理系统提供的原始平均绩点为计分依据，具体计算公式如下：

Y1＝平均绩点/4×100。

学业成绩所纳入的课程范围，一般为当学年所修的全部课程，也可由学院另行规定。

教务处按有关规定予以调整后的成绩，计入成绩单，不计入测评。

第十二条 学术科研指当学年学生发表学术论文、出版学术著作或通过其他方式取得的学术科研成果。

（一）发表学术论文计分(须正式发表，用稿通知不予计算)

1. 发表在SCI、EI、ISTP期刊：第一作者40分，第二作者25分，第三及后序作者14分。

2. 发表在国内重要核心期刊(以校科研处《国内核心期刊目录》为准)：第一作者25分，第二作者15分，第三及后序作者5分。

3. 发表在国内一般核心期刊(以校科研处《国内核心期刊目录》为准)：第一作者15分，第二作者10分，第三及后序作者5分。

4. 发表在其他学术期刊(具有国家正式刊号)：第一作者7分，第二作者5分，第三及后序作者3分。

（二）出版学术著作计分

1. 出版独立撰写的专业学术著作，每部加40分。

2. 出版合作撰写的专业学术著作，每部加40分×本人独立撰写章节数(字数)/总章节数(字数)。

3. 出版独立编写的专业学术著作，每部加25分。

4. 出版合作编写的专业学术著作，每部加25分×本人负责编写章节数(字数)/总章节数(字数)。

（三）外语、计算机等级或专业能力资格计分

1. 外语技能：大学二年级通过CET6或相当于CET6级别的其他语种考试，加

5 分。

2. 计算机技能：获全国四级、三级、二级计算机等级证书，分别加 15 分、5 分、3 分；获上海市高级（或三级）、中级（或二级）计算机等级证书，分别加 5 分、3 分。同一学年内获得多个计算机等级证书的，不累加，按最高分值计分。

3. 专业能力资格：获官方认定的各类专业能力资格证书（如法律职业资格、外语中高级口译等），视难度和等级酌情加分，可由个人申请，团支部或班委会讨论研究后，报学院核准。一般情况下，相当于中级的，加 5 分；相当于高级的，加 10 分；考试难度极大的可再酌情增加分值。

予以加分的专业能力资格原则上应与学生所学专业或所修课程相关。

（四）定期举办的外语竞赛、计算机竞赛、专业竞赛（统称学科类竞赛）计分。

1. 学科类竞赛遵照校学生工作部公布的清单、确定的标准执行。对于未列入清单的项目，经本人申请、团支部或班委会讨论研究、学院核准后，可在学院范围内统一按 B、C 档规则计分。

2. 当学年在同一类赛事（如模拟法庭类、英语演讲类）中多次获奖的，不累加，按最高分值计分。

第十三条　学业水平测评的等次分为优秀、合格、不合格。

按学业水平测评的分值，原则上前 20%为“优秀”，其余为“合格”，但有下列情形之一的，为“不合格”：

（一）在当学年出现 1/3 以上课程需要补考；

（二）在当学年出现两门及以上课程成绩不及格（补考通过视为成绩及格）。

第四章　实践能力测评

第十四条　实践能力分值（Z）包括社会工作分（Z1）、社会实践分（Z2）、创新创造分（Z3）、文体竞赛分（Z4）四个方面，其中，社会实践分（Z2）、创新创造分（Z3）和文体竞赛分（Z4）均不设上限，但实践能力模块的满分为 100 分。

$Z=Z1+Z2+Z3+Z4$，$Z\leqslant 100$，$Z1\leqslant 25$。

第十五条　实践能力测评主要反映学生在实践领域的经历和成果，包括社会工作、社会实践、创新创造、文体竞赛等方面，依据学生提供的证明材料进行量化计算。

实践类竞赛是实践能力测评的重要计分依据，遵照校学生工作部公布的清单、确定的标准执行。对于未列入清单的项目，经本人申请、团支部或班委会讨论研究、学院核准后，可在学院范围内统一按 B、C 档规则计分。

同一项目或作品在不同竞赛（含同一竞赛不同级别）中多次获奖的，只计一项最高分。

第十六条　社会工作特指协助学校开展学生日常教育管理服务。为提倡适度参与社会工作，社会工作分（Z1）设积分上限，超过 25 分的计为 25 分。

社会工作的计分项目分 4 个序列，除序列四之外，每个序列内不累加，只计一项最高分。4 个序列累加即为实际得分。

（一）学校、学院、班级团学干部：特指在学校和学院的团委、学生会组织，学生党支部，班级团支部、班委会担任职务，并积极履行工作职责。原则上按职务序列适当分档计分，详见下表。

（二）协助学校或学院开展专项工作的学生团队：包括校党委宣传部野马浜小精灵，校学生工作部上政易班、军训学生教官、学院易班工作站、综合测评办、学生党建中心、学风办、资助办、社区办以及新生导生等。原则上按职务序列适当分档计分，详见下表。

（三）学生社团主要负责人：主要负责人指社团的会长，以校团委公布的名单为准。主要负责人任职满一学年的，加 6 分；任职不满一学年的，根据实际任职时间和工作量，适当下调加分；任职不满半年的，不加分。任职期间社团出现严重违规行为的，不加分。

（四）“锦年奖”社区建设之星、校园文化之星：因为在学生社区建设或校园文化建设中发挥骨干作用而获评奖项的，加 6 分/项。

团学干部和专项学生团队成员计分标准

职务序列			分值
校级	学院级	班级	
校团委兼职副书记 校学生会主席			16
校学生会副主席、主席团成员 校学生常任代表委员会主任			14
校团委和校学生会职能部门负责人 校学生会专门委员会委员	院团委副书记 院学生会主席		12
	院团委委员 院学生会副主席 院社团联主席		11
校学生会专门委员会、上政易班 青春上政、野马浜小精灵 内设部门或分支机构负责人			10
	院团委和院学生会职能部门负责人 学院易班工作站、综合测评办、学生党建中心、学风办、资助办、社区办负责人		9
校团委、校学生会、上政易班、青春上政、野马浜小精灵长期志愿者 校学生常任代表委员会委员	学生党支部书记、副书记 团总支书记	团支部书记 班长	8
	学院易班工作站、综合测评办、学生党建中心、学风办、资助办、社区办内设部门负责人		7
	学生党支部委员、党小组组长 团总支委员	团支部委员 班委会成员	6
	院团委、院学生会长期志愿者 学院易班工作站、综合测评办、学生党建中心、学风办、资助办、社区办长期志愿者	军训教官 新生导生	5

备注：“负责人”包含正职和副职。

团学干部和专项学生团队成员的任职计分，须符合以下条件：

1. 任职满一个学年且考核合格，可全额加分；任职超过半个学年但不满一个学年，根据实际任职时间和考核情况，适当下调加分；任职不满半个学年或考核不合格，不加分。

2. 军训教官以完成军训任务作为计分标准。

学生参与社会工作以服务同学为宗旨，鼓励奉献精神，强调模范带头。单独面向学生干部评选的荣誉项目，不再予以计分。

第十七条　社会实践特指学生参与教学实习、军事训练、社会调查、志愿服务等方面取得的成果。

按照教育部规定，本科生和研究生在校期间每人至少要开展一次社会调查，撰写一篇社会调查报告，其中，本科生应在第三学年的期末考试前完成社会调查报告，研究生在第一学年内完成。

（一）志愿服务计分

学院鼓励学生参加志愿服务。参加志愿服务可按次数计分，每次加 1 分，最高不超过 15 分。一项志愿服务活动原则上计为 1 次，但如果该项活动的服务时长超出 4 小时（不含培训时间），可按每 4 小时计为 1 次。

校方组织的志愿服务活动，以学校统一制作的志愿服务证明为准；校外机构组织的志愿服务活动，除提供相应证明外，其组织方须为合法注册的非营利性机构。

（二）荣誉计分

在社会实践领域（教学实习、军事训练、社会调查、志愿服务等），获评全国级、省级、学校级、院级荣誉表彰的，分别加 20 分、14 分、8 分、4 分。

当学年获得同一序列不同级别的荣誉，不累加，按最高分值计分。不同序列的荣誉，可累加计分。

根据学校规定，目前在社会实践领域的国家和市级荣誉仅限于文明办、共青团和相关政府职能部门授予；校级荣誉仅限于"锦年奖"教学实习之星、军事训练之星、社会实践之星、志愿服务之星。"锦年奖"等 4 项荣誉属于不同序列，可累加计分。

（三）竞赛计分

1. 按照本细则第十五条的规定执行。

2. 学院会对学生每学年提交的社会调查报告进行评选，并按竞赛 B 档相应标准计分。

第十八条　创新创造特指学生在发明创造、文化创作、创新创业竞赛等方面取得的成果。

（一）成果计分

1. 获得国家发明专利加 50 分，国家实用新型和外观设计专利加 12 分。

2. 拥有科研成果或研制产品，经 2 名以上具有高级职称的专家推荐并通过学校科研处审定，加 10～25 分；对于有重大学术水平、科技含量或应用前景的科研成果，经学校审定或鉴定，可加 30～50 分。

3. 在国家级、省级、校级、学院级正式刊物上发表作品(不包括学术性文章和一般性新闻稿),根据刊物影响力在区间内酌情加分:国家级 10～18 分;省级 4～10 分;校级 1～4 分;院级 0.5～1 分。

4. 同一成果符合多个加分项的,不累加,按最高分值计分。

5. 集体成果应区分起主要作用者和次要作用者,根据实际贡献大小,分别予以计分。

(二) 竞赛计分

1. 按照本细则第十五条的规定执行。

2. 个人作品第一作者按相应等第加分,合作者降一等第加分;集体作品第一至第四作者按相应等第加分,其余作者降一等第加分。

第十九条 文体竞赛特指学生在正规的体育竞赛、文化艺术竞赛中取得的成果。

(一) 体育竞赛计分

1. 按照本细则第十五条的规定执行。

2. 体育竞赛只取名次、不评等第时,第 1 名对应第一等第,第 2～3 名对应第二等第,第 4～6 名对应第三等第,第 6 名之后按竞赛规程所取的名次,均对应第四等第。

3. 体育竞赛中打破校纪录的,另加 5 分。

4. 在同一赛事序列中,不同项目获奖的,可累加计分。

5. 集体项目计分时,计分人数应与规定的报名人数一致,并对主力队员与替补队员区别计分,替补队员计分不超过主力队员的 70%。

(二) 文艺竞赛计分

1. 文艺竞赛一般包括艺术表演类(声乐、器乐、舞蹈、戏剧、朗诵)、艺术作品类(绘画、书法、篆刻、摄影、设计、微电影)、文化活动类(辩论、演讲、征文、知识竞赛)等类别。

2. 按照本细则第十五条的规定执行。

3. 在同一赛事序列中,不同项目获奖的,可累加计分。

第二十条 实践能力测评的等次分为优秀、合格、不合格。

按实践能力测评的分值,原则上前 20%为"优秀",其余为"合格",但有下列情形之一的,为"不合格":

(一) 实践能力测评分值小于 12 分(本科一年级小于 8 分);

(二) 本科生第三学年结束时,仍未完成一篇社会调查报告。

第五章 测评程序及要求

第二十一条 综合测评每学年进行一次,原则上应在夏季学期结束前全部完成,秋季学期开学后即进行公示。

非毕业班学生均须参加综合测评,转专业学生在当学年所在学院、班级参加综合素质测评。

第二十二条 综合测评采取学生自评、班级测评、学院审核的程序进行。

原则上,从春季学期教学周的最后一周开始,学生根据当学年(一般为上年 7 月 1 日至当年 6 月 30 日)实际表现进行自评自测并提供佐证材料。

夏季学期，各专业班级完成材料审定和积分核算，形成初步的测评结果（有补考的学生，学业成绩分待定）。

秋季学期第一周，各专业班级形成正式的测评结果，上报学院审定，公示5个工作日无异议后报校学生工作部备案。

第二十三条　学生对综合测评结果有异议的，应在公示期内向学院提出，学院应及时做出答复或处理。若学生对学院的答复或处理仍有异议的，可在接到答复或得知处理结果后3个工作日内，向学生工作部提出申诉。

第二十四条　综合测评的量化计分，应有合法的书面材料进行佐证，不得弄虚作假、虚报材料。

涉及成果的书面材料，原则上应为当学年以学生身份参加且署名中体现"××大学"方为有效；涉及任职、获奖的书面材料，应以官方提供的文件或证明为准。

集体成果的证明材料中未能体现参与人员信息的，应由组队的部门（学院）出具赛事通知、报名表、获奖证书等证明文件，经学生工作部集中审核后，再予确认。

第二十五条　综合测评的量化计分，应遵循均衡化、阶梯化、合理化、公开化的原则。

同一事项可在多处计分的，只得在一处计分。

应用测评结果所评定的奖励、荣誉或资格，不得计分。

集体成果（荣誉）量化时，应根据实际贡献大小差异化计分。

第二十六条　综合测评结果归入学生个人档案，归档时只记录等次（参见附表4）。

综合测评出现"不合格"项的，学院应通知学生家长。

第六章　测评的组织实施

第二十七条　本学院的综合测评工作，在校学生工作指导委员会的统一领导下开展。

学院成立学生综合素质测评领导小组，负责本学院的测评工作。组长由学院党总支书记、院长担任，成员包括专任教师代表、辅导员代表、学生代表。

第二十八条　本学院的综合测评一般以专业班级为基本组织单位，由班委会在辅导员指导下主持开展。测评中应注重发挥党支部、团支部的作用。

各专业班级要设立考勤簿、记事簿，严格执行考勤、登记制度，使学生日常的思想品德、学习态度、组织纪律、集体活动等情况，都有原始的、定量的记载，为综合测评奠定可靠基础。

第七章　附则

第二十九条　对港澳台侨学生的综合测评以及超出学制期限、休学、出国（出境）交流交换学习等特殊情况下的综合测评，由学院另行规定。

第三十条　本细则经学院党政联席会议审议通过，由学院学生综合素质测评领导小组负责解释。

附表1：学生思想素质评议表

附表2：竞赛准入清单

附表3：竞赛计分标准

附表4：学生综合素质测评成绩单

附表5：学生综合素质测评成绩汇总表

××大学××学院

20××年××月××日

（二）国家奖学金

国家奖学金奖励对象为学校全日制本科、高职在校二年级以上（含二年级）学生中特别优秀的学生。国家奖学金的奖励标准为每人每年8 000元。

例4-1-2　辅导员向学生发申请通知

××大学国家奖学金实施办法

为激励学生勤奋学习、努力进取，在德、智、体、美等方面得到全面发展，中央政府出资设立国家奖学金，用于奖励学校全日制本科、高职中特别优秀的学生。根据《财政部、教育部关于印发〈普通本科高校、高等职业学校国家奖学金管理暂行办法〉的通知》（财教〔20××〕90号）和《上海市财政局、上海市教育委员会关于印发〈上海市普通本科高校、高等职业学校国家奖学金实施细则〉的通知》（沪财教〔20××〕37号）有关精神，特制定××大学国家奖学金实施办法。

第一条　奖励对象及标准

国家奖学金奖励对象为学校全日制本科、高职在校二年级以上（含二年级）学生中特别优秀的学生。国家奖学金的奖励标准为每人每年8 000元。

第二条　申请条件

1. 热爱社会主义祖国，拥护中国共产党的领导。
2. 遵守宪法和法律，遵守学校规章制度，无违法违纪现象。
3. 诚实守信，道德品质优良。
4. 在校期间学习成绩优异，获得本学年优秀学生奖学金特等奖。
5. 在社会实践、创新能力、综合素质等方面特别突出，获得校级以上表彰和奖励。
6. 本年度已获国家励志奖学金、上海市奖学金、宝钢奖学金、索尼奖学金者不得再申请本奖项。

第三条　名额分配办法

根据市教委下达给××大学的国家奖学金名额，按照各学院学生人数，按比例分配名额。

第四条　组织机构

学校设立学生资助工作领导小组，其下设办公室（学生处）负责评选的具体事务。学院成立奖学金工作评审小组，成员应包含3～5名学生代表，评审小组应根据本办法制定学院评审细则并开展评审工作。

第五条　评选程序

1. 学生申请

各学院组织符合条件的学生网上申报。学生登录上海市高校学生资助信息管理系统在线提交申请。

2. 学院审查、上报

辅导员及学院审核通过，院内公示 5 个工作日，学院系统内上报给学校。

3. 学生处复核

学生处汇总复核，形成送审名单。

4. 学校审批、公示

校学生资助工作领导小组审议，校内公示 5 个工作日。校级审核后由二级学院组织申请者打印正式申请表，上交学生处。

5. 学校上报

学校报上海市教委。

6. 奖金发放

学校收到市教委关于国家奖学金的拨款后，由计财处全额划入获得该奖学金学生个人银行账户中，同时各学院负责将国家奖学金申请市批表存入学生档案。

第六条　本办法自 20××年××月××日起实施，由学生处负责解释。

例 4-1-3　××大学××学院关于 20××～20××学年国家奖学金评审情况的报告

学校学生资助管理中心：

依据《上海市普通本科高校、高等职业学校国家奖学金实施细则》(沪财教〔20××〕37 号)，按照《上海市教育委员会关于下达 20××年普通本科高校高等职业学校国家奖学金、上海市奖学金和国家助学金计划的通知》(沪教委学〔20××〕33 号)和我校《关于开展 20××～20××学年国家奖学金、上海市奖学金、国家励志奖学金和 20××～20××学年国家助学金评选工作的通知》(××委学综〔20××〕23 号)的要求，××大学××学院严格按照规定，坚持公开、公平、公正的原则，认真组织，规范操作，圆满完成 20××～20××学年国家奖学金评审工作。

现将落实国家奖学金评选工作的情况汇报如下：

一、评审依据

《上海市普通本科高校、高等职业学校国家奖学金实施细则》(沪财教〔20××〕37 号)、《上海市教育委员会关于下达 20××年普通本科高校高等职业学校国家奖学金、上海市奖学金和国家助学金计划的通知》(沪教委学〔20××〕33 号)、《××大学关于开展 20××～20××学年国家奖学金、上海市奖学金、国家励志奖学金和 20××～20××学年国家助学金评选工作的通知》(××委学综〔20××〕23 号)、《××大学国家奖学金实施办法》、《关于开展××大学××学院 20××～20××学年国家奖学金、上海市奖学金评选工作的通知》。

二、评审程序

1. 工作布置

20××年×月××日，××学院奖学金评审工作小组在 BX-110 召开 20××～20

××学年国家奖学金评审工作会议，传达学校专项工作会议精神、部署落实20××～20××年上海普通高校国家奖学金评审工作。

分配名额：××学院一共3个名额。2015级共434人，2016级共384人，2017级共397人，不分年级，按照答辩成绩取前3名。

2. 宣传动员

20××年×月××日，××学院在BX-110召开了20××～20××学年上海市奖学金评定政策宣讲会，××学院党总支书记、全体辅导员以及各班班长、团支书、学习委员参加会议并认真学习了会议精神。会议上，××学院党总支副书记××传达了××大学学生工作部(处)《关于开展20××～20××学年国家奖学金、上海市奖学金、国家励志奖学金和20××～20××学年国家助学金评选工作的通知》精神，要求学院师生参照《××大学国家奖学金实施办法》《关于开展××大学××学院20××～20××学年国家奖学金、上海市奖学金评选工作的通知》的有关规定进行评审，强调国家奖学金评选工作要有程序，重实效，要将真正品学兼优的学生推选到学校参评国家奖学金。之后，××老师详细宣传、解释了学校相关工作会议精神，强调本次国家奖学金评选只在学院进行答辩，学院进行答辩之后进行推荐，学校不再进行答辩。

3. 学生申请

×月××日起启动学生在线申请。符合条件的学生向所在院系提出申请，并登陆上海市学生资助管理中心信息化平台在线申请。

4. 院系评审

××学院成立国家奖学金评审小组，坚持公平、公正、公开的原则，对辅导员推荐的符合条件学生进行了初审。

××学院通过宣传栏张贴的方式进行了5个工作日的公示，公示时间为20××年×月××日～×月××日。在公示无异议后，学院填写了审核意见，将名单和材料一并报送学校审核。

三、评审结果

经过学生本人申请、学院初审，拟推荐××、××、××等×人获20××～20××学年普通高校国家奖学金。

××大学××学院

20××年××月××日

例4-1-4　××学院党政联席会议纪要

×月××日(星期×)上午，××学院20××年第×次党政联席扩大会议在B2-110会议室召开。院长××教授、党总支副书记××、各教研室主任、全体辅导员参加会议。会议由党总支书记××主持。

一、会议主要议题

1. ××学院教学团队的建设、发展与管理。

2. 关于招聘学科带头人事项的讨论。

3. 近期工作通报和安排。

二、会议内容

（一）××学院教学团队的建设、发展与管理

院长××教授关于教学团队建设任务的安排：

1. 各教学团队应当制定完善、合理的建设方案，工作安排应当细致、有序，明确团队成员的具体任务、相关权利与义务，确保取得丰硕成果。

2. 将教学团队建设工作中的梯队建设作为教改任务，不断引进与吸收新人才、新资源，拓展教学工作。

3. 教学团队建设时间紧迫，各团队负责人应注意时间节点，及时提交考核材料。××教授传达教务处教学例会内容，包括：解答坐班答疑的相关问题、教学团队任务的分配原则、教学团队成员名单的公示，以及对教学团队建设细节问题的解疑。

（二）关于招聘学科带头人事项的讨论

结合我校的发展和学院教学团队的实际，以及全体参会人员在会议中积极建言献策，最后决定招聘的学科带头人应具备以下条件：

1. 具有博士学位，教授职称，博士生导师资格；

2. 年龄不超过50（不含）周岁；

3. 主持过至少一项国家社会科学基金项目，曾在《××研究》《中国××》等权威期刊发表过论文；

4. 有海外留学背景者优先。

（三）党总支书记××关于近期工作的通报和安排

1. 奖学金评定结果通报：通过学生自愿报名的方式，遵循公开、公平、公正的原则，经学院评审，拟推荐××、××、××3人获20××～20××年普通高校国家奖学金，拟推荐××、××、××、××4人获20××～20××年普通高校上海市奖学金，拟推荐（具体名单略）72人获20××～20××学年普通高校国家励志奖学金。

2.《党政联席会议议事规则》有了一些新变化：除中层领导外，工会主席、团委书记也应当参加党政联席会议；学院例会和二级党组织会议每两周一次，按照先酝酿、后上会的程序进行。

（三）国家励志奖学金

国家励志奖学金奖励资助对象为学校全日制本科、高职在校二年级以上（含二年级）学生中家庭经济困难且品学兼优的学生。国家励志奖学金的奖励资助标准为每人每年5 000元。根据上海市教委下达给××大学的国家励志奖学金名额进行分配，具体原则：各学院在校人数的权重为60%，各院中西部生源人数的权重为40%。具体名额由学生工作部确定。

例4-1-5　××大学××学院20××～20××学年校长奖学金答辩通知

一、答辩对象：20××年××月××日～××日在学工信息系统提交校长奖学金网上申请，并已上交纸质版申请材料者

二、答辩时间:20××年××月××日 中午12:00

三、答辩地点:×××

四、评委组成:××学院党总支副书记××、××学院全体辅导员、学生评委

五、评审方式

(一) 书面评审:请将××大学校长奖学金申报表正反面打印在一页A4纸上,上交辅导员后打印11份。

(二) 答辩评审:围绕学习成绩、学术成果、社会实践、综合素质、临场表现等方面展开答辩,时长为5分钟,不可超时。

(三) 根据评委打分排序,如遇总分相同,综测排名高者排前。以排序情况确定1名候选人,候选人经学院审核及公示无异议者报送校学工办。

评选条件:

(一) 本年度获学校优秀学生奖学金特等奖。

(二) 具备下列条件之一:

1. 在校期间曾获市级以上"优秀团员"或"优秀团干部"等荣誉称号;

2. 在校期间曾独立撰写并公开发表学术性论文一篇;

3. 在社会实践方面有突出贡献或在市级以上体育类、艺术类比赛中为学校赢得荣誉,个人获得三等奖以上者。

(三) 已获得本年度国家奖学金、上海市奖学金、国家励志奖学金的学生不再参评。

评选标准:

1. 学习成绩:学习成绩优秀,本年度获学校优秀奖学金特等奖。

2. 学术成果:在校期间曾独立撰写并公开发表学术性论文。

3. 社会实践:按要求参加各类社会实践活动,内容丰富具体,切合实际需要,实践过程注重宣传,实践总结完整,实践成果有较高的专业水平。

4. 综合素质:考核在校期间社会实践、创新能力、综合素质等方面特别突出,答辩时仪表风范、主题内容、语言表达、时间掌控等。

5. 临场表现:仪态大方,自信礼貌,语言组织能力强,应变能力强。

(四) 校优秀学生奖学金

××大学优秀学生奖学金的参评对象为××大学在校大二以上全日制本科生,以《××大学××学院学生综合素质测评实施办法》测评的结果为参评依据。按照根据学生资助管理中心下达××大学××学院的优秀学生奖学金金额,参照评审细则中的人数比例进行名额分配。

例4-1-6　××大学××学院优秀学生奖学金评审细则

为进一步规范和完善××大学××学院优秀学生奖学金的评审工作,根据《××大学优秀学生奖学金评选办法》的有关规定,××大学××学院以公平、公正、公开为原则,积极开展优秀学生奖学金评审工作,特制定××大学××学院优秀学生奖学金评审细则。细则如下:

一、评审宗旨

为全面贯彻党和国家的教育方针,促进良好学风的形成,引导学生努力学习,奋发向上,勇于创新,激励学生德、智、体全面发展。

二、参评对象和依据

××大学在校大二以上全日制本科生均属参评奖学金的对象,以《××大学××学院学生综合素质测评实施办法》测评的结果为参评依据。

三、参评条件

1. 学习刻苦,成绩优良,本科生达到本学年教学计划所规定的学分要求。

2. 积极参加体育锻炼,学生体质健康标准达到良好以上。

3. 已有资格报考四级考试的本科学生必须通过英语四级考试。

有下列情形之一者,不能参加奖学金评审:

(1) 本学年因违法受到司法、行政机关处理,或因违反校规校纪受到校级处分的;

(2) 违反学生社区管理相关规定,受到两次以上通报批评的;

(3) 有课程不及格的,经补考仍不合格者;

(4) 旷课4节或缺课超过本学期全部课程的1/3;

(5) 在评审过程中弄虚作假的;

(6) 本人不申请的,不参加综合素质测评的;

(7) 考走的插班生不能参评。

四、名额分配办法

根据学生资助管理中心下达的××大学××学院的优秀学生奖学金金额,参照下表的人数比例进行分配。

等　级	特等奖	一等奖	二等奖	三等奖
占参评学生比例	本科人数	本科人数	本科人数	本科人数
	3%	5%	10%	20%
金额 (元/人)	2 500	1 500	800	500

五、组织机构

学院设立学生资助工作领导小组,并成立奖学金工作评审小组,成员包含3～5名学生代表,评审小组根据本评审细则开展评审工作。

六、评选时间

奖学金评选在每学年秋季学期开始1周后进行。

七、评审程序

1. 学生申请

学生登录学工系统进行网上申请。

2. 学院审查、申报

辅导员及学院对提出申请的学生进行资格及材料真实性进行审查,并在学工系统内审核通过，院内公示5个工作日，并将奖学金汇总表上报学生处，汇总名单需与系统上报内容一致。

本办法自20××年××月××日起实施，由××大学××学院负责解释。

××大学××学院

20××年××月××日

（五）港澳台地区及华侨学生奖学金

港澳台地区及华侨学生奖学金面向在××大学全日制就读的港澳台本(专)科生及华侨本科生。学院符合条件的学生很少，经常为零，因此一般只向学生转发学校发至二级学院的通知即可。

例4-1-7 关于开展××大学20××年度
港澳台地区及华侨学生奖学金评审工作的通知

各二级学院：

根据教育部《关于20××年度港澳台地区及华侨学生奖学金评审工作的通知》(教港澳台办〔20××〕466号)文件要求，现将××大学20××年度港澳台地区及华侨学生奖学金评审工作的有关事宜通知如下：

一、评选对象

港澳台地区及华侨学生奖学金面向在××大学全日制就读的港澳台本(专)科生及华侨本科生。

二、评选条件

港澳台地区及华侨学生奖学金评选条件详见学生手册第××页(20××年版)。

三、奖学金类别、名额

台湾地区学生奖学金(本专科生)：一等奖1名；二等奖1名；三等奖1名。

港澳地区及华侨学生奖学金(本专科生)：一等奖1名；二等奖1名；三等奖2名。

四、评选程序及申报材料

1. 学生申请

11月××日～××月××日，学生登录学工信息系统选择所要申报的奖项进行网上申请，提交申请后在系统内下载Word版申请表，打印在一张A4纸上，一式三份，获奖证书复印件一式一份，交至辅导员处，申请学生需提供综合测评成绩排名证明(大一学生提供高考成绩证明)。

2. 学院初评及院内公示

学院评审及院内公示时间为11月××日～××月××日，并在学工系统内审核通过初评学生。

3. 材料报送

学院将申报材料于11月××日(星期×)上午11:00前送主教10XB学工部资助奖励中心，申报材料和名单需与系统上报内容一致。

联系人：×× 联系电话：××××××××

特此通知。

学工部

20××年××月××日

（六）院级奖学金

以范××奖学金为例，范××奖学金是2013年由上海市范××律师事务所主任范××律师出资设立的××大学××学院奖学金。范××律师是××学院杰出校友，事业有成后回××大学××学院设立了范××奖学金。该奖学金进一步了激发了××学院学生对母校的感恩之情，有获得范××奖学金的学子毕业后，也回学校捐赠设立了奖学金。爱与感恩以这种方式一代代传承着。以下是××大学××学院学生对范××律师的感恩信：

老师，您在台上静静地讲，我在台下静静地听，我只是大会上那几百名学生中渺小的一员，但能以此方式与您相遇，深感荣幸，谢谢您，选择了我们，也谢谢您，燃亮我缥缈的人生。

我想您已听过无数声谢谢，您陪伴了多少人度过了艰难，又鼓励了多少人重新振作。我是幸福的，因为这份爱，自小我对爱的知悉是来自父母，但您给予我的，是来自社会的爱，虽您我相遇之前只是路人，但从此以后，我肩上留存的，不仅有父母的寄托，还有您的期许。或许您未曾察觉这份关怀给我带来的改变，但您的鞭策鼓励无时无刻不在提醒着我：一路奋战中，要不忘初心，牢记使命，要保持善良，保持爱。

在法律这条路上，我才刚刚启航，对法律的信仰是扬起的船帆，一路不断有人被击败倒下，能走到最后的才是赢家。而这一路，过来人的忠告与鼓励是前方的灯塔，只要它永远亮着，我们就永远不会气馁、不会放弃。

想起曾经，在封建思想腐蚀着整个中国时，知识分子为救国掀起了新文化运动；在中华被列强欺负的时候，大学生唤醒了国家的威严。国家现已日益强大，而我们这一代青年，也会始终牢记着我们的使命，不随波逐流，不玩物丧志，学会批判与创新。如鲁迅先生所言，愿我们都摆脱冷气，只是向上走，有一分热，发一分光，如果没有炬火，那我们便是唯一的光。

我把信仰与胸怀珍藏在心，把感激凝聚成这封信中一个个方块字，说一声“谢谢”太轻，但请您相信，它凝聚了我所有的真心。

谢谢您，为我点亮了灯塔，我自知青年人的使命，不会忘记最初的信仰，忘记您的教诲。

范××律师在百忙之中给学生们手写了回信：

罗××、陈××、王××、唐×等同学：

你们好！信收到，很高兴，也有些意外，这是设奖几年以来第一次收到信，谢谢你们。

来信字很漂亮，观点也不错，你们的真心感受到了。我力图以认真手写回复你们，给你们送来我的真诚！

我年已六十四，从事律师业32年了，以前做过几年老师。积人生之感悟，窃以为，人立于天地之间，无论何时，感恩之心切不可无，感恩父母，感恩师长、同学、朋友，感恩大自然，再过若干年，你们会体会个中意义。人有年龄、性别、财富、社会职务业之不同，但心地向上、向善、宽容、谦和、感恩者方能久远，尽管我们都学法律，但内心对正直、善良、正义的敬畏远高于法律之术，天自有天道大道，而大道则至简之为善。

愿你们努力学习，做一个一辈子都会仰望星空的人，可以有忙忙碌碌为衣食奔忙之时，可以有不如意甚至不堪之时，心中永远有阳光、永远有柔软、永远有美好的人生明灯。

今后，你们无论从事什么职业，一定立一个初心，就是，此生一定要成为一个怎样的人！最讨厌一个什么样的人，很多人在走上社会十年后是成了后者的！可以告诉各位同学，曾经的范参谋、范工长、范老师，现在的范律师，每一个职业，都保持了初心的。

祝愿你们幸福快乐！

范×× 3 月 22 日

例 4-1-8　××大学××学院 20××年下半年“范××奖学金”评选通知

现开展××大学××学院院级奖学金评选工作，具体事项如下：

一、评奖对象

××大学××学院在读全日制二年级(含)以上本科生、研究生。

二、评奖要求

此项奖学金与本年度所获所有类别、所有级别的奖学金不可兼得。

三、获奖名额、金额

“范××”特等奖学金每年获奖人数为 5 人(仅限本科生)，每人 2 000 元；“范仲兴”优秀奖学金每年获奖人数为 20 人(本科生 10 人、研究生 10 人)，每人 1 000 元。

四、评选程序

(一) 学生申请：11 月 30 日～12 月 3 日，登录“××大学学生工作管理系统”进行网上申请，选择所要申报的奖项进行网上申请，提交申请后在系统内下载 Word 版申请表，正反面打印在一张 A4 纸上，一式一份，交至辅导员处。注意：获奖情况写明获奖年度(或时间)及获奖名称，并按获奖层次从高向低填写(如国家、市级、校级、院级)，申请理由以第一人称书写，申请人签名处、学院负责人签名处均须用黑色水笔手工填写。

(二) 学院评选及其院内公示：12 月 4 日～10 日，辅导员及学院审核通过，院内公示。

××大学××学院

20××年 11 月 30 日

(七) 奖学金表彰大会

××大学××学院每年 12 月会举办奖学金表彰大会，借此表彰先进，树立榜样，传承感恩。每年 11 月中旬开始制作奖状、邀请嘉宾、准备嘉宾礼物、预定会议地点、筹备大会所需物品等，并带领学生礼仪队、学生志愿者进行彩排。

例 4-1-9　××大学××学院 20××年奖学金表彰大会议程

时间:20××年 12 月××日 14:00

地点:××大学××楼××会议室

主持:××学院辅导员　××

参会领导:

××大学党委副书记、副校长　××

上海××律师事务所创始合伙人、主任　××

上海××律师事务所合伙人、副主任　××

上海××律师事务所高级合伙人　××

上海范仲兴律师事务所顾问　××

××大学××学院党总支书记　××

××大学学工部副部长　××

××大学××学院副院长　××

××大学××学院党总支副书记　××

议程:

一、××学院辅导员××介绍 20××年××学院奖学金评审情况(2 分钟)

二、××学院党总支副书记××宣读表彰决定(1 分钟)

三、颁奖与致辞(略)

四、××学院学生为奖学金出资单位和个人赠送感恩小礼品

五、本科生学生代表××发言(3 分钟)、研究生学生代表××发言(3 分钟)

六、××大学××学院党总支书记××讲话(5 分钟)

七、××大学党委副书记、副校长××讲话

(八) 专项奖学金及 20××～20××学年生乐奖学金

例 4-1-10　××大学××学院关于开展××大学 20××～20××学年专项奖学金及 20××～20××学年生乐奖学金评审工作的通知

一、评选项目及条件

今年评选凌云、上好佳、退役大学生士兵、生乐等 4 项专项奖学金。以上几项奖学金不可兼得;上好佳奖学金的评选范围是被学校认定为 20××～20××学年家庭经济困难的女学生,退役大学生士兵单项奖学金在校期间只能获评一次。已获得本年度国家奖学金、上海市奖学金、国家励志奖学金、校长奖学金的学生不再参评。

(一) 凌云奖学金

参评对象为在校二年级以上的本科生。××学院一共 4 个名额。评选条件:

1. 遵纪守法,品行端正,在校期间无任何违纪违规现象;

2. 学习勤奋,课程无补考。本科生需达到本学年教学计划所规定的学分要求,20××～20××学年的成绩绩点排在前 25%;

3. 其中一等奖、二等奖获得者不仅成绩在班级中名列前茅，并且在各项学术性比赛中获得优异成绩，如一、二等奖；

4. 同等条件下，家庭经济困难的优先考虑。

（二）上好佳奖学金

参评对象为在校二年级以上的本科生。××学院一共3个名额，奖金金额2 000元/人。评选条件：

1. 遵纪守法，诚实守信，品德优良，在校期间无任何违纪违规现象；

2. 学习成绩优异，课程无补考，20××～20××学年的成绩绩点排在前50%，获得过奖学金的优先考虑；

3. 家庭经济困难的优秀女学生。

（三）退役大学生士兵单项奖学金

参评对象为在校退役大学生士兵，评选比例不低于每年退役复学学生人数的50%，奖金金额为500元/人。××学院一共4个名额。评选条件：

1. 遵纪守法，诚实守信，品德优良，在校期间无任何违纪违规现象；

2. 在部队服役期间表现良好，未受到任何处分；

3. 学习成绩良好，本学年无经补考仍不及格的课程；

4. 在校期间只能获评一次本奖学金；

5. 积极为学校国防教育做贡献，参军入伍应征地为××大学的优先考虑。

（四）生乐奖学金

参评对象为在校一年级本科生，奖金金额500元/人。××学院一共5个名额。评选条件：

1. 遵纪守法，品行端正，在校期间无任何违纪违规现象；

2. 学习刻苦、态度认真，20××～20××学年第一学期的成绩绩点排在前50%；

3. 关心集体，服务同学，在社会工作方面表现突出；

4. 家庭贫困，老、少、边、穷地区的学生优先考虑。

二、名额分配

（一）凌云奖学金4人，其中大四2人，大三1人，大二1人。

（二）上好佳奖学金3人，其中大四1人，大三1人，大二1人。

（三）退役大学生士兵单项奖学金4人。

（四）生乐奖学金5人，参评对象为××学院在校一年级本科生。

三、时间安排

（一）学生申请：3月××日～××日24:00时，学生登录学工信息系统选择所要申报的奖项进行网上申请，提交申请后在系统内下载Word版申请表，正反面打印在一张A4纸上。

4月1日上午11点之前将申请表一式三份以及获奖证书复印件一式一份（获奖证书每人最多提交5张）交至辅导员处。

（二）学院评审及院内公示：4月2日～12日学院进行评审并在学院内公示5个工

作日，需要在4月12日(周二)15:00前在学工系统内审核通过评审学生。

注意事项：

1. 申请表中获奖情况写明获奖年度(或时间)及获奖名称，并按获奖层次从高到低填写(如国家、市级、校级、院级)，申请理由以第一人称书写，申请人签名处需用黑色水笔手工填写。

2. 转专业学生占原学院名额，由现学院进行系统操作及汇总。

3. 材料须在规定时间内按要求提交，逾期或材料不符合要求者一律取消参评资格。

××大学××学院

20××年××月××日

(九) 研究生奖学金

在开展研究生奖学金评选工作时，要注意以下几点：

1. 多元主体参与。学业奖学金自2014年开始提出，2015年启动第一次评选，各高校缺乏借鉴经验，处于摸着石头过河的阶段，因此奖学金评定规定和指标体系的确立，需要充分考虑与研究生密切相关的多方面因素，比如导师、辅导员以及研究生的意见，特别是对于评审标准中出现争议的问题，需要多元主体共同参与，进行多回合的讨论和博弈。

2. 引入德育考核。德育是教育的基本准则，德才兼备是对人才培养的一个基本要求。将德育引入研究生学业奖学金评选机制中，将德育工作拓展到了“教师育人”与“励志感恩”共同开展的模式。多角度、全方位地关注、关爱学生，通过综合考察研究生在读期间的思想品德、学生工作、集体意识、示范表率作用、参与学校学院学术活动情况后对研究生进行综合评审，由班级同学互相打分，并给出相应评审结果和建议，引导研究生不断提升自身综合素质。

3. 设置骨干竞争激励。为了在研究生的培养过程中鼓励他们积极参加学生工作和社会服务，从而提高研究生的实践能力、团队协作能力和沟通交流能力，可以在研究生奖学金中增设学生骨干加分环节。经过调研，发现在学业奖学金评审中细微的0.1分也有可能起到决定奖学金等级的关键作用，因此引入竞争激励机制：要求学生骨干在每学期初制订工作计划，每学期末开展工作总结，由班级全体同学共同参与投票，评选出最被认可的3名班委进行加分。这样既能调动骨干的积极性，提高服务质量，又能降低给所有骨干都加分所带来的大范围影响。

4. 精准评价科研成果。在科学研究方面，为规范科研行为，营造风清气正、积极向上的学术态度和学术氛围，优化学术环境，学校建立负面清单制度，即负面清单所列举的期刊杂志在研究生评奖、评优和项目评审过程中不予认定成果和计分。

研究生奖学金额大、涉及范围广。在评审过程中要时刻树立强烈的问题意识，保持求真务实的科学态度，在实践中不断总结、不断完善、不断深化，构建“制定、实施、反馈、改进”的闭合回路，形成完备长效、动态调整的评审机制，提高人才培养质量。

例 4-1-11　研究生新生学业奖学金

一、评比流程

1. 硕士研究生新生学业奖学金的评定于每年 11 月进行。研究生处负责成立硕士研究生新生学业奖学金评定小组。

2. 结合新生学业奖学金的总比例和额度，根据硕士研究生入学前的学业情况、入学成绩和入学后的综合表现，讨论并制定评审标准，确定入选名单。

3. 获奖名单应在全校范围内公示，公示期为 5 个工作日。对获奖名单有异议者，可在公示期内向学校研究生处提出申诉。

4. 对已获奖的研究生，若查实其存在弄虚作假等严重问题，撤销奖励并予以相应处分。

二、评定比例和发放标准

专业类别	等 级	评定比例	金　额
学术型硕士研究生	一等	5%	6 000 元/学年/人
	二等	10%	4 000 元/学年/人
	三等	40%	2 000 元/学年/人
专业型硕士研究生	一等	10%	3 000 元/学年/人
	二等	20%	2 000 元/学年/人
	三等	50%	1 000 元/学年/人

三、申请条件与评审标准

申请条件：热爱社会主义祖国，拥护中国共产党的领导；遵守中华人民共和国宪法和法律，遵守高等学校规章制度；诚实守信，道德品质优良；入学考试成绩优异；本科阶段取得突出成绩，具有发展潜力。

评审标准包括五项指标，即初试成绩、复试成绩、学术论文、竞赛获奖、社会活动。各项指标的具体比重见下表①

指标体系	初试成绩（20%）	复试成绩（65%）	学术论文（5%）	竞赛获奖（5%）	社会活动（5%）
100 分	20 分	65 分	5 分	5 分	5 分

例 4-1-12　学业奖学金

一、评选流程

1. 提交材料。个人申请表一式两份，获奖及佐证材料一式一份。

---

① 具体规则见附件 1。

2. 组织评审。各研究生学业奖学金评审委员会组织评审。对申请者的相关材料原件及复印件进行审核，产生获奖名单，并进行为期3个工作日的院内公示。

3. 复核审查。校研究生学业奖学金评审领导小组审核获奖名单及相关材料。

4. 校内公示。

二、各专业名额分配

专业	16级			17级			18级		
	一等	二等	三等	一等	二等	三等	一等	二等	三等
××	1	1	5	1	1	2	1	1	2
××	1	2	12	1	3	14	1	2	10
××	0	0	0	1	3	12	2	3	11
××	0	0	0	1	1	5	1	2	7
××	0	0	0	4	7	18	8	15	38
××	3	5	14	2	5	13	3	7	16

三、申请条件与评审标准

申请条件：热爱社会主义祖国，拥护中国共产党的领导；遵守中华人民共和国宪法和法律，遵守高等学校规章制度；诚实守信，道德品质优良；入学考试成绩优异；本科阶段取得突出成绩，具有发展潜力。

例 4-1-13　国家奖学金

一、申请与评审

由本人向所在培养学院提出研究生国家奖学金申请，填写研究生国家奖学金申请审批表，并提交研究生国家奖学金专家推荐信表格、研究生课程学习成绩单、科研成果及获奖证书等证明材料。

经各学院评审委员会评审，推荐获奖候选人，公示无异议后，提交校研究生国家奖学金评审领导小组审定，审定的名单在全校范围内公示5个工作日。公示无异议后，将评审结果报市教育委员会审核、汇总，由市教育委员会统一报教育部审批。

研究生国家奖学金每学年评审一次，应坚持公开、公平、公正、择优的原则。

研究生国家奖学金原则上不能与财政拨付设立的其他同类奖励兼得。

二、奖励标准与基本条件

具有中华人民共和国国籍且纳入全国研究生招生计划的全日制（全脱产学习）研究生具有申请资格。当年毕业的研究生不再参评国家奖学金。

在学制期限基本修业年限内，因国家和单位公派出国留学或校际交流在境外学习的研究生，仍具备国家奖学金参评资格；因私出国留学、疾病、创业、延期毕业等原因未在校学习的研究生，其间内原则上不具备国家奖学金参评资格。

研究生在基本修业年限内可多次获得国家奖学金，但获奖成果不可重复申报使用。

参评学生应当拥护中国共产党领导，努力学习马克思列宁主义、毛泽东思想、中国特色社会主义理论体系，深入学习习近平总书记系列重要讲话精神和治国理政新理念新思想新战略，坚定中国特色社会主义道路自信、理论自信、制度自信、文化自信，树立中国特色社会主义共同理想；应当树立爱国主义思想，具有团结统一、爱好和平、勤劳勇敢、自强不息的精神；应当增强法治观念，遵守宪法、法律、法规，遵守公民道德规范，遵守学校管理制度，具有良好的道德品质和行为习惯；应当刻苦学习，勇于探索，积极实践，努力掌握现代科学文化知识和专业技能；应当积极锻炼身体，增进身心健康，提高个人修养，培养审美情趣。基本条件要求如下：热爱社会主义祖国，拥护中国共产党的领导；遵守宪法和法律，遵守学校规章制度。诚实守信，道德品质优良，综合素质高，发展潜力突出。学习成绩优异，科研能力显著。

例 4-1-14 研究生奖学金工作示例

一、提交材料：个人申请表、获奖及佐证材料。

二、组织评审：(一)各研究生班级内部成立工作小组，对于计分表等数据进行统计分析，评选出本班奖学金候选人，并将候选人名单提交至辅导员；(二)辅导员审核名单以后将其提交学院奖学金评审小组，学院奖学金评审小组核实并进行认定后进行公示。

三、复核审查：学院奖学金评审小组将公示名单提交至校学工办，校研究生学业奖学金评审领导小组审核获奖名单及相关材料。

四、校内公示。

第二节 资助工作

习近平总书记指出，保障贫困地区办学经费，健全家庭困难学生资助体系。①要推进教育精准脱贫，重点帮助贫困人口子女接受教育，阻断贫困代际传递，让每一个孩子都对自己有信心、对未来有希望。资助工作是辅导员在学生日常事务管理中的重要职责，2017 年 8 月 31 日，教育部 2017 年第 32 次部长办公会议上修订通过的《普通高等学校辅导员队伍建设规定》第五条规定："……指导学生办理助学贷款。组织学生开展勤工俭学活动，做好学生困难帮扶……"②

党的十九大报告也强调要"健全学生资助制度"，③为学生资助工作进一步指明了

① 2016 年 9 月 9 日，习近平总书记在北京市八一学校考察时的讲话。

② 2017 年 8 月 31 日，教育部 2017 年第 32 次部长办公会议上修订通过的《普通高等学校辅导员队伍建设规定》第五条规定："开展入学教育、毕业生教育及相关管理和服务工作。组织开展学生军事训练。组织评选各类奖学金、助学金。指导学生办理助学贷款。组织学生开展勤工俭学活动，做好学生困难帮扶。为学生提供生活指导，促进学生和谐相处、互帮互助。"

③ 陈宝生：《进一步加强学生资助工作》，《人民日报》2018 年 3 月 1 日。

方向，提出了更新更高的要求。由此可见，帮困助学工作在辅导员的日常事务管理中占据着重要地位，是辅导员的主要职责之一。

一、资助工作重点

辅导员要做好贫困大学生的资助育人工作，首先要从思想上高度重视大学生家庭经济困难资助工作的重要性，其次要认真研究和学习国家和有关地区所在高校的最新文件和政策，把握和深入了解资助育人工作的重点和难点，全方位了解资助育人工作的运行机制和规章制度，才能游刃有余地开展工作。究其内容，一是如何对家庭经济困难学生进行精准认定，二是如何对家庭经济困难学生进行资助，三是如何通过资助工作实现对困难学生的教育目的。

（一）资助工作的重要意义

家庭经济困难学生是大学生中一个重要而特殊的群体，认真做好资助工作，把"育人"这条主线贯穿到资助工作的全过程，才能更好地促进学生健康成长和全面发展，具有重要意义。

1. 资助工作是实现教育公平正义的有效途径

作为中国特色社会主义法治国家，教育公平是社会公平的重要组成部分，在社会中起着举足轻重的作用。由于我国各省份各地区社会经济发展水平不均衡，需要通过制度以实现教育形式上和实质上的双重公平。能够考入同一所大学，说明智力相当，但是由于高校并非义务教育，在生活和学习上有一定的开销，那么，资助工作能够通过制度的形式，很好地帮助到家庭经济困难学生顺利完成学业，减轻家庭负担。

2. 资助工作帮助大学生营造健康成长环境，促进校园和谐、社会和谐

国家通过各种法规政策帮助构建大学生健康成长环境，对于家庭确有困难的学生，为他们在经济上进行一定程度的帮助，帮助他们克服经济上的困难。有利于大学生有更多的余力开展学习、实践等大学生活。同时，进行感恩教育和诚信教育，国家助学金和助学贷款能够实现社会资源的良性互助。同学们在大学期间受到国家资助，毕业后能够更好地回馈社会、报效国家。

3. 资助工作是国家实现精准脱贫的重要一环

2020年是脱贫攻坚决战决胜之年，我们将全面建成小康社会，实现第一个百年奋斗目标。而高校的资助工作关系到每一个贫困大学生家庭，通过资助工作，对学生进行家庭经济困难认定，被认定为经济困难的学生将获得国家助学金，成绩优异的学生还可以获得国家励志奖学金。对于缴纳学费困难的学生，将提供国家助学贷款，同时，在校期间参加勤工助学岗位的学生，还可以获取一定的劳务收入。通过以上多种资助方式，能够为困难学生家庭减轻不少负担，从而在一定程度上帮助家庭经济困难学生家庭摆脱困境，为国家实现全面脱贫助力。

（二）资助工作的主要内容

1. 家庭经济困难学生的认定

关于困难学生的认定，全国各地各高校有着不同的认定标准。教育部财政部《关于

认真做好高等学校家庭经济困难学生认定工作的指导意见》(教财〔2007〕8号)中明确指出:家庭经济困难学生是指学生本人及其家庭所能筹集到的资金,难以支付在校学习期间的学习和生活基本费用的学生。一般来说,高校贫困生可分为特困生、一般贫困生和突发意外贫困生。[①]在进行家庭经济困难学生的认定工作中,主要考量因素有以下几个方面:

(1) 认定家庭经济困难学生的基本依据。认定依据主要包括家庭成员的工作单位、职务、收入,户籍所在地的社会经济发展水平、劳动力人数、家庭成员的身体健康状况、当地的劳动保障体系和家庭固定资产及移动资产的状况等。高校进行家庭经济困难学生认定时,要全方位考虑其基本依据的各个方面,综合学生本人情况进行考量和评价。但在实践中,辅导员不可能全面了解全国各地的具体情况,这就存在实践与理论应然的脱节。那么,在具体信息不对称的情况下,就需要采取主观和客观相结合等综合性手段进行认定。

(2) 家庭经济困难学生的认定方法。目前,全国高校认定家庭经济困难学生的方法有定性和定量两种。综合看来,定性认定主要包括生源地分析法、民主评议分析法、整体评价法。定量认定主要包括家庭人均收入分析法、家庭支出分析法、家庭所在地开具证明等。但认定家庭经济困难学生的过程中,不能仅仅采取某一种方法,其认定是多种方法相结合的,要通过主观和客观综合分析对学生进行家庭经济困难认定。如上海政法学院在对学生进行家庭经济困难认定时就采取了"家庭经济情况量化测评表"的方式,开创了困难认定方法的特色。该量化表设计了7个一级指标、12个二级指标、42个三级指标,分别对应相应的分值,根据评分高低,排序确定困难程度。先由学生提供材料自评,再通过民主程序评议,从而实现主观与客观相统一。

另外,一般情况下,由于新生和老生返校时间不同,对其认定的时间、方法和要求也有所不同。新生在入校前,对学校的资助政策和流程不甚了解,除了在寄送录取通知书的同时寄送家庭经济困难认定表以外,也要在开学后给新生留足够的准备时间,一般应比老生稍晚。

从2019年开始,上海市的困难生认定工作采取"承诺制",学生不再需要提供家庭所在地出具的贫困证明,而以"承诺书"替代。一方面,这是国家信贷诚信体系建立健全的表现;另一方面,也是为了减少家庭经济困难学生认定程序的流程,给学生提供方便。

为公平起见,在困难认定的组织程序中,认定小组一般由教师代表、学生代表组成,以实现流程客观化、公开化。

(3) 困难生数据库的管理。家庭经济困难学生数据库的管理是一个动态的过程,学生每年的家庭经济状况不一定相同,所以在每次数据库有变动时要进行适时更新,充分进行核实,调查了解班委、同学和户籍地对该生情况的评价,做好对困难生数据库的真实、动态掌握。

---

① 刘华:《高校贫困生的概念及其认定标准研究》,《知识经济》2008年第12期。

（4）家庭经济困难学生的信息保密和精神关怀。被认定为家庭经济困难的学生，大多是比较内向或者不善言谈的学生，有些同学并不想让大家知道自己的家庭情况。所以，辅导员在进行家庭经济困难生的认定时，要注意学生家庭隐私信息的保密。在公示期结束后，为了防止学生信息在网上泄露，也要及时删除公示内容。

另外，辅导员在开展工作的过程中还要多注重对其的精神关怀，因为一般情况下家庭经济非常困难的学生性格会比较内向，可能会比较敏感，辅导员在与学生沟通的时候要注意其心理特点，对其心理状态多加关注。

2. 国家助学金、国家励志奖学金的评选和发放

国家助学金的平均资助标准是每生每年 2 000 元，具体标准在每生每年 1 000～3 000 元范围内确定，可以分为 2～3 档。中央高校国家助学金分档及具体标准由财政部有关部门确定，地方高校国家助学金分档及具体标准由各省（自治区、直辖市）确定。国家助学金由高校按月发放到受助学生手中。国家励志奖学金用于奖励资助高校全日制本专科（含高职、第二学士学位）学生中品学兼优的家庭经济困难学生，奖励标准为每人每年 5 000 元。国家励志奖学金实行等额评审，申请与评审工作由高校组织实施。

国家励志奖学金评审在本书前述奖学金工作内容中已有体现，在此不作赘述。国家助学金的申报流程主要有：

（1）被认定为家庭经济困难的学生提交国家助学金申请表，写明家庭经济困难情况、家庭人均收入等信息。

（2）学院组织各班进行申请的审核，上报学院评审小组。

（3）经过公示，上报学校学生工作部，进行国家助学金的核发。

3. 国家助学贷款

国家助学贷款分为校园地助学贷款和生源地助学贷款，由政府主导、财政贴息、财政和高校共同给予银行一定风险补偿金，银行、教育行政部门与高校共同操作的专门帮助高校贫困家庭学生的银行贷款。借款学生通过法定程序向学校或者生源地提出申请，毕业后分期偿还。

在进行校园地助学贷款工作中，要把握好“入口”和“出口”两大关键环节。每年在进行助学贷款的申请时，要严格进行审批和合同的签署，学校与银行做好沟通和对接工作。在学生即将毕业面临还款时，做好诚信教育工作，确保学生能够顺利还款。

4. 勤工助学

勤工助学是高校为学生提供勤助岗位，通过学生自主申请，以实现利用课余时间获得劳动报酬的实践行为。学校对勤工助学岗位进行签到、考评，发放勤工助学报酬按月计算。①对于家庭经济困难学生来说，国家资助能够实现育人目的的主要原因就在于教会他们回报社会、学会感恩。勤工助学就是一种很好的资助方式，让学生能够通过自己

① 冯刚主编：《辅导员工作培训教程》，高等教育出版社 2013 年版，第 154 页。

的劳动获得报酬，他们会更加珍惜这一份所得，从而激起感恩之心，有利于学生更好地回报社会、奉献国家。

5. 其他

包括学费减免、临时困难补助、绿色通道等对家庭经济困难学生开展的活动。每种资助活动都是有其申请条件和适用对象的，对于缺乏诚信意识、平时有不良表现的学生，在制定规则时，也要把这些负面因素考虑进去。比如存在在校期间受处分、虚假申报材料等情况的，不但不能给予资助，还要对其进行一定的惩戒。

二、资助工作重点流程范例

（一）家庭经济困难学生的认定工作

做好家庭经济困难学生的认定，是整个资助工作的基础和前提，是公平、公正、合理分配资助资源的需要，同时也是切实保证国家制定的各项高等学校资助政策和措施真正落实到受助学生身上的需要。辅导员在进行家庭经济困难学生认定工作中，要形成工作报告存档。

例 4-2-1 关于开展 20××～20××学年家庭经济困难学生认定工作的通知

各二级学院：

根据家庭经济困难学生“一年一认定”的规定，我校学生工作部从即日起组织开展 20××～20××学年家庭经济困难学生认定工作。按照上海市四部门联合下发的《上海市家庭经济困难学生认定工作实施意见》（沪教委规〔2019〕7 号）精神和我校《家庭经济困难学生认定工作实施办法》（沪政院学〔2019〕200 号）的要求，今年我校将继续在申请过程中采用学生的个人承诺制和学生家庭经济情况的量化测评制。现将有关工作的具体要求和步骤布置如下：

一、学生（含全日制研究生、本科生、预科生）网上申请和提交佐证材料：20××年 9 月 21 日开始

1. 网上申请。学生（研究生、本科生、预科生）登录我校学生工作管理系统 http://sms.shupl.edu.cn（用户名为学号，未修改过密码的学生初始密码为身份证号码），进入“学生工作”中的“困难认定申请”模块，根据要求如实填写。

（1）老生网上申请时间：9 月 21 日～9 月 25 日。

（2）新生申请时间：9 月 28 日～10 月 8 日。须先提交之前寄送的申请表给辅导员，再进行网上申报，相关内容必须与前表一致。

（3）转专业学生统一在新学院认定，先提交纸质版认定表（附件 2）给辅导员，确定申请资格，9 月 29 日～10 月 8 日再进行网上申请。

2. 提交佐证材料。属于特殊群体类型（建档立卡、城乡低保、孤儿、烈士子女、残疾学生、困难残疾人家庭子女等）和家庭遭受意外事件、重病就医等情况造成家庭经济困难的，必须提供纸质版的佐证材料。其他佐证材料连同前述材料一并在量化测评前提交给辅导员。

二、量化测评与民主评议:10月9日~10月15日

1. 各学院应成立学院认定工作组,负责认定的具体组织与审核工作;年级(专业或班级)成立包括辅导员、班主任和不少于学生总数10%的学生代表在内的认定评议小组,并将小组成员名单在相应范围内提前公示。

2. 申请学生如实填写"××大学学生家庭经济情况量化测评表"(附件3),对所填信息实行个人承诺制。若后期发现造假,将取消评选年度的所有奖助评选资格,并追回相应资助金额。

3. 认定评议小组组长组织开展民主评议。根据学生的家庭经济因素、特殊群体因素、地区社会经济发展水平、突发状况、消费因素等方面,对提交的"××大学学生家庭经济情况量化测评表"进行评议打分,并进行综合评价,作为最终确定该生家庭经济是否困难以及困难等级的重要依据。

4. 经认定评议小组民主评议,将初评结果通过系统上报学院认定工作组,陈述理由不少于30字。初评结果分为四档:家庭经济一般困难、比较困难、特别困难和家庭经济不困难。同时上交量化测评表纸质版。

三、学院审核与公示:10月16日~10月23日

1. 学院认定工作组对全院初评学生进行线上和线下评审。在认定过程中应随机抽查10%~15%的申请者,通过个别谈话、信件、电话、家访、大数据分析等方式进行核实和书面记载。最终确定学院初审名单。

2. 学院对审核通过的学生名单予以公示5个工作日。公示时,严禁出现涉及学生个人敏感信息及隐私,公示期结束应及时去除信息。

3. 经公示无异议的学生,学院认定工作组线上通过后,应通知学生下载打印"上海市普通高等学校家庭经济困难学生认定申请表"(附件2)。此表必须由申请人亲笔签署个人承诺,申请人、评议小组组长、工作组组长签名处必须本人手写签名。

四、学工部复核:10月23日~10月30日

学院报送初审名单和相关认定材料给学工部资助奖励中心。中心负责审核认定材料、认定过程和认定依据执行情况,形成复审意见和送审名单后,报请校学生工作指导委员会(学校资助工作领导小组)审定。

五、相关材料报送与工作要求

1. 各学院须撰写《20××~20××学年××学院学生家庭经济困难认定评审报告》,包括认定工作的依据、过程和结果等情况,经学院认定工作组签字认可后加盖学院行政章。

2. 各学院10月23日(周五)15:00前将纸质版"上海市普通高等学校家庭经济困难学生认定申请表""量化测评表"、系统导出的"汇总表"、评审报告及抽查记录一式一份交至学工部资助奖励中心(注意:以上表格都须A4纸正反两面打印),所有材料须加盖学院行政章和领导签字。各学院须将认定过程相关材料复印留底备案。

3. 各学院上报的材料由资助奖励中心负责整理装订,建立学校家庭经济困难学生信息档案,并于开学后8周内将本学年家庭经济困难学生认定汇总信息录入上海市学生资助管理系统。

家庭经济困难认定是学生资助工作的基础，对于提高学生资助精准度、全面落实各项学生资助政策具有重要作用。为此，各二级学院在本项工作开展中，要结合教育部传送的特殊困难学生名单和地方政府资助项目审核的学生名单等情况，主动关心与引导经济困难学生参加困难认定，帮助他们利用国家资助完成学业。

六、联系人及联系方式

联系人：×老师　　办公地点：×××　　电话：×××××××××

特此通知。

附件：

1.《××大学家庭经济困难学生认定工作实施办法》

2. ××大学学生家庭经济情况量化测评表

学生工作部

20××年××月××日

附件 1

××大学家庭经济困难学生认定工作实施办法
（沪×院学〔20××〕××号）

为学习贯彻党的十九大精神，做好高校学生资助的基础性工作，提高本校学生资助精准度，全面落实各项学生资助政策，探索和构建符合新形势发展的资助工作体系，根据《上海市教育委员会等四部门关于印发〈上海市家庭经济困难学生认定工作实施意见〉的通知》（沪教委规〔20××〕7 号）文件要求，结合我校工作实际，完善本校家庭经济困难学生的认定工作，特制定本实施办法。

第一条　认定对象

家庭经济困难学生认定工作的对象，是指本人及其家庭的经济能力难以满足其在校期间的学习和生活基本支出的学生。

本办法中的学生包括：本校全日制本科学生（含预科生）、全日制硕士研究生。

第二条　认定原则

认定工作应坚持实事求是、客观公平，坚持定量评价和定性评价相结合的原则，通过科学的量化指标对学生家庭经济状况等情况进行统一的定量评价，也要深入实际通过定性分析修正量化结果，以便全面掌握学生的实际情况，确保公平公正。

坚持公开透明和保护隐私相结合，做到积极引导与遵循自愿申请的原则，尊重学生个人意愿，积极引导家庭经济困难的学生主动利用国家资助完成学业，在认定过程中，要注意保护学生隐私，也要做到认定内容、程序、方法等透明，保障学生权益。

第三条　认定工作的组织实施

（一）学校学生工作指导委员会（资助工作领导小组）全面领导、协调和监督本校家庭经济困难学生的认定工作。

（二）学工部学生资助奖励中心具体负责组织、管理全校家庭经济困难学生的认定工作。

（三）各二级学院成立由分管学生工作的院领导为组长、学生辅导员担任成员的学院认定工作组，负责本学院认定的具体组织与审核工作。

（四）各二级学院以年级（专业或班级）为单位成立认定评议小组，开展民主评议工作。认定评议小组组长由辅导员担任，组员中的学生代表应具有广泛的代表性，一般不少于本年级或专业班级总人数的10%，班级管理中设置班主任的，班主任应当成为组员。认定评议小组成立后，其组员名单应在本年级（专业或班级）范围内公示。

第四条 认定依据

（一）家庭经济因素

主要包括家庭收入、财产、债务等情况。

（二）特殊群体因素

持有县级以上扶贫、民政、退役军人事务、残联等部门颁发的相关证件的特殊群体。主要指建档立卡贫困家庭学生、最低生活保障家庭学生、特困供养学生、低收入困难家庭学生、孤残学生、烈士子女、家庭经济困难残疾学生及残疾人子女等。

（三）地区经济社会发展水平因素

主要指校园地、生源地经济发展水平，城乡居民最低生活保障标准，学校收费标准等情况。

学生家庭人均年收入虽然在困难评定标准以内，但是该生在上一学年度已经享受到学校学费减免、临时困难补助或地方政府、社会捐助等资助政策，能够解决全部和部分经济困难的，可认定为非困难学生或调整其困难档次。

（四）突发状况因素

主要指遭受重大自然灾害、重大突发意外事件等情况。

（五）学生消费因素

主要指学生消费的金额、结构等是否合理。

学生家庭人均年收入虽然在困难评定标准以内，但该生消费超出困难学生应有水准或有明显浪费现象的，应评定为非困难学生或调整其困难档次。

（六）其他影响家庭经济状况的有关因素

主要包括家庭负担、劳动力及职业状况等。

以上六个方面的因素，学校在量化计分的基础上进行综合评价，作为学生家庭经济是否困难的认定依据。

第五条 认定程序

家庭经济困难学生认定工作每学年进行一次。学校学生工作指导委员会（资助工作领导小组）、学工部学生资助奖励中心，各二级学院认定工作组、年级（专业或班级）认定评议小组，按照各自的职能分工，共同完成认定工作。

（一）提前告知

学校在向新生寄送录取通知书时，应同时寄送“上海市普通高等学校家庭经济困难学生认定申请表”（以下简称认定申请表）；每学年结束之前，学工部学生资助奖励中心和各二级学院做好学生资助政策宣传工作，告知学生认定申请表填报事宜。

（二）学生申请

由学生自愿如实填写认定申请表，上报家庭经济情况信息，并提出认定申请。学生应对所填信息的真实性负责并手工填写个人承诺内容，签字处必须由申请人亲笔签字。学生逾期不申请的，视为自动放弃。

（三）学院评审

新学年开学初，学院辅导员（班主任）收集、汇总学生认定申请材料，检查后提交年级（专业或班级）认定评议小组；认定评议小组负责对提交申请的学生开展民主评议，在量化计分的基础上进行综合评价，确定各档次初评名单报二级学院认定工作组审核；二级学院认定工作组对初评名单进行审核提出意见（若有异议，在征得认定评议小组意见后予以修改），确定各档次初审名单后报学工部学生资助奖励中心。

认定申请表中民主评议的陈述理由不少于30字，评议小组组长和认定工作组组长必须亲笔签字。学院应当对认定工作的依据、过程、结果形成评审报告，经学院认定工作组签字认可后加盖学院行政章，上报学工部学生奖励资助中心。

（四）学工部复核

学工部学生资助奖励中心复核二级学院的初审材料，可根据全校实际情况，调整各档次划档标准，形成送审名单。

（五）结果公示

学工部学生资助奖励中心在学校官网发布公示通知，各二级学院按照通知要求，将本院家庭经济困难学生的具体送审名单和认定等级在学院范围内公示5个工作日。如有异议，可通过书面的方式向二级学院认定工作组或学生资助奖励中心提交异议材料，认定工作组或学生资助奖励中心在接到异议材料的3个工作日内予以答复。如情况属实，应作出修正。

（六）学校核定

经公示无异议的送审名单，学工部学生资助奖励中心报送学校学生工作指导委员会（资助工作领导小组）核定，形成终审结果。

（七）建档备案

学工部学生资助奖励中心负责对终审的本校各等级家庭经济困难学生名单及相关认定资料按学年整理装订，建立学校家庭经济困难学生信息档案，并按要求录入全国和上海学生资助管理信息系统。每学年开学后8周内，将本学年家庭经济困难学生认定汇总信息录入上海市学生资助管理系统。

第六条 相关要求

学校和二级学院应加强对学生的诚信教育，每学年应定期对全部家庭经济困难学生进行一次资格复查，不定期地随机抽选一定比例的家庭经济困难学生，通过信件、电话、实地走访等方式进行核实。如发现弄虚作假现象，一经核实，取消受助资格，收回资助资金，并按照《××大学学生手册》相关规定进行严肃处理。

第七条 本规定自20××年××月××日起施行。由学校学工部负责解释。

附件 2

××大学学生家庭经济情况量化测评表(2020 版)

学院________ 年经________ 专业________ 班级________ 学号________ 姓名________

一级指标	二级指标	三级指标	最高单项	自评	评议	评分依据
一、特殊群体	1. 家庭经济困难类型	(1) 城市低保家庭	50			须提供相应的证明材料,指持有县级以上扶贫、民政、退役军人事务、残联等部门颁发的相关证件
		(2) 农村低保家庭	50			
		(3) 特困供养人员子女	50			
		(4) (近 3 年内)建档立卡贫困户子女	50			
		(5) 困难家庭的残疾学生或困难残疾人家庭的子女	50			
		(6) 烈士子女	50			
		(7) 孤儿	50			
若已勾选以上一项,请直接填写一级指标六和七						
二、家庭经济来源、劳动力状况及家庭抚养赡养	2. 家庭经济收入(人均年收)	(8)＜10 800 元	5			提供相应的证明材料(如:工资卡,银行流水单等)
		(9) 10 800 元≤人均年收入≤16 800 元	4			
		(10) 16 800 元＜人均年收入≤20 400 元	3			
	3. 父亲情况	(11) 失踪(联)、去世或完全丧失劳动能力(伤残等级为 1—2 级)	20			已有证明材料的,须提供相应的证明材料(如:医院开具的死亡证明,警署的户口注销,残疾证,离婚证,离婚协议等) 参考附件 2
		(12) 部分丧失劳动能力(伤残等级为 3—7 级)且失业	15			
		(13) 部分丧失劳动能力(伤残等级为 8—10 级)且失业	10			
		(14) 其他原因的失业(不包括病退或退休)	5			
		(15) 无固定职业	4			
		(16) 夫妻离异且另一方不承担抚养义务	4			
	4. 母亲情况	(17) 失踪(联)、去世或完全丧失劳动能力(伤残等级为 1—2 级)	20			已有证明材料的,须提供相应的证明材料(如:医院开具的死亡证明,警署的户口注销,残疾证,离婚证,离婚协议等) 参考附件 2
		(18) 部分丧失劳动能力(伤残等级为 3—7 级)且失业	15			
		(19) 部分丧失劳动能力(伤残等级为 8—10 级)且失业	10			
		(20) 其他原因的失业(不包括病退或退休)	5			
		(21) 无固定职业	4			
		(22) 夫妻离异且另一方不承担抚养义务	4			

（续表）

一级指标	二级指标	三级指标	最高单项	自评	评议	评分依据
二、家庭经济来源、劳动力状况及家庭抚养赡养	5. 需要家庭抚养的在读人口	(23) 二孩	4			须提供相应的证明材料(如户口本,学生证、学费缴费证明的复印件等)
		(24) 三孩及以上(每增加一个孩子加4分)	≥8			
	6. 家庭需赡养无经济来源人口	(25) 1人	2			须提供村委会或居委会证明
		(26) 2人	5			
		(27) 2人及以上	4			
三、家庭突发状况	7. 近两年内大额医疗支出,须扣除医保	(28) 本人或直系亲属医疗费用个人担负部分在1万元(含1万元)以下	3			须提供出院小结或医药费结算总清单等相关证明材料参考附件3
		(29) 本人或直系亲属医疗费用个人担负部分在1万～8万元	6			
		(30) 本人或直系亲属医疗费用个人担负部分在3万元以上或患重大疾病之一者	9			
	8. 家庭受灾或家庭变故	(31) 近两年内遭受一般自然灾害或家庭变故,影响家庭生产和收入	3			须提供村委会或居委会证明等相关材料
		(32) 近两年内遭受较重自然灾害或较大家庭变故,导致收入减少或财产损失,严重影响家庭生活	6			
		(33) 近两年内遭受严重自然灾害或家庭变故,导致家庭重大财产损失和家庭成员出现重大伤残、意外死亡	9			
四、家庭债务情况	9. 家庭债务情况和个人贷款	(34) 家庭负债5万～10万元(房贷、车贷以及信用卡消费贷除外)	3			须提供佐证材料,如法院执行书、贷款合同等
		(35) 家庭负债10万元以上(房贷、车贷以及信用卡消费贷除外)	6			
		(36) 本人申请并获批生源地或校园地助学贷款	5			
五、地区经济发展水平	10. 脱贫攻坚重点地区	(37) 属于“三区三州”地区的困难家庭或未摘帽的52个贫困县的困难家庭	10			须提供户口簿复印件等材料
六、学生消费情况	11. 消费结构	(38) 经常校外就餐、出入娱乐场所消费或购买高档物品	−15			注:外出频率较高,或消费地点较高档
		(39) 在校外租房住(因病必须校外住宿的除外)	−15			
		(40) 经常外出旅游观光(上海市除外)	−10			

（续表）

一级指标	二级指标	三级指标	最高单项	自评	评议	评分依据
七、学生获得帮困资助情况	12. 上一学年获得国家资助情况	（41）学费减免或临时困难补助（金额≥3 000元）	−5			
		（42）学费减免或临时困难补助（金额＜3 000）	−2			
		（43）生源地政府资助（金额≥2 000 元）	−2			
得分	自评总分：　　（本人签名）				评议总分：	
民主评议	A. 一般困难□；B. 比较困难□；C. 特别困难□；D. 不困难□ 评议小组组长 签名：					

说明：本表满分为 50 分，若在评分中超过 50 分，则以 50 分计算。

（二）国家助学金的评选和发放工作

国家助学金的发放涉及每个贫困学生的切身利益，需要辅导员深入了解、细致工作，不漏发、不错发，把助学金真正奖励到有需要的同学手中。国家助学金和国家励志奖学金有所不同，国家励志奖学金的评审对象是学习成绩优异的困难生，要求获得本学年校级优秀学生奖学金，而国家助学金是具有普及性的，只要符合困难生的条件，一般就能获得国家助学金。

例 4-2-2　辅导员向学生发申请通知

20××～20××学年困难生同学申请国家助学金：

一、评选条件

本学年认定为家庭经济困难的学生。

二、奖金额度

××学院特别困难的学生，按 350 元/人/月的档次；××学院一般困难的学生，按 300 元/人/月的档次。

三、时间安排

学生于 10 月 15 日～17 日登录学工信息管理系统，在线申请。

四、注意事项

1. 申请表中申请理由直接一整段，无需分段，首行缩进 2 个字符；开头避免出现“尊敬的领导”“您好”等相关表达，直接以“我是××学院××班学生”开头；结尾避免出现，“此致、敬礼、望领导批准申请”等相关表达；申请理由表述请保证语句通顺，无明显语句毛病和标点符号等错误。

2. 学院审核完毕之后，另行通知大家提交申请表纸质版（一式三份），正反面打印在一张 A4 纸上，申请人签名处务必手写。请大家不要自行导出申请打印，等待学院统一通知，按要求打印，以免出错。

3. 各位同学务必在规定时间内按要求申请，逾期或填写不规范者一律取消资格，请大家认真对待！

例 4-2-3 通知文件

关于开展 20××～20××学年国家奖学金、上海市奖学金、国家励志奖学金和 20××～20××学年国家助学金评选工作的通知

××委学综〔20××〕23 号

各学院：

根据《××市教育委员会关于下达 20××年普通本科高校、高等职业学校国家奖学金、上海市奖学金、国家励志奖学金和秋季学期国家助学金计划的通知》（沪教委学〔20××〕33 号）文件的相关精神和要求，现将我校以上 4 项奖助学金评选工作有关事项通知如下：

一、评选对象

国家奖学金、上海市奖学金、国家励志奖学金为在校二年级以上（含二年级）学生中特别优秀的学生。其中国家励志奖学金申请者应为 20××～20××学年家庭经济困难学生，且应当是本学年学校优秀学生奖学金获得者。专升本学生进入本科阶段第二年起具备三奖的申请资格。二年级转专业学生在原学院参评三奖。

国家助学金申请者应为 20××～20××学年家庭经济困难学生。

二、评选人数

国家奖学金××人（其中本科××人），上海市奖学金××人（其中本科××人），国家励志奖学金××人，国家助学金××人。

三、奖学金金额

国家奖学金、上海市奖学金每人 8 000 元。

国家励志奖学金每人 5 000 元。

国家助学金人均 300 元/月，每年发放 10 个月，分三档：250 元/人/月，300 元/人/月，350 元/人/月。

四、评选条件

申请国家奖学金、上海市奖学金的学生必须是学业成绩和综合评价特别优秀，社会实践、创新能力、综合素质等方面特别突出。学习成绩和综合测评排名均应在评选范围内位于前 10%，且没有不及格科目。其余评选条件详见《××大学学生手册》相关规定。

五、名额分配

见附件：20××～20××学年国家奖学金、上海市奖学金、国家励志奖学金及 20××～20××学年国家助学金名额分配表。

六、评选程序

（一）国家奖学金、国家励志奖学金、上海市奖学金

1. 9 月 17 日～××日各学院组织入选学生网上申报。学生登录上海市学生资助

管理中心信息化工作平台系统(http://116.236.218.71:8080/infomssh/login_online.jsp)在线提交申请。

2. 9月20日～30日辅导员及学院审核通过，院内公示5个工作日。系统内上报给学校(http://116.236.218.71:8080/infomssh/identity/index.action)。

3. 10月1日～7日学生处汇总，形成送审名单。

4. 10月8日～12日校资助工作领导小组审议，校内公示5个工作日。校级审核后国奖、上奖由学生处统一打印正式申请表，国家励志奖由二级学院组织申请者打印正式申请表，上交学生处。

5. 10月17日报上海市教委。

(二) 国家助学金

各学院须严格按照《××大学国家助学金实施办法》的规定，结合本院家庭经济困难学生等级认定情况，组织评审，提出享受国家助学金资助初步名单及资助档次报学生处，不得突破既定的名额及金额。

1. 10月15日～17日，具有本学年困难认定资格的学生登录学工信息管理系统(http://sms.shupl.edu.cn)，在线申请。

2. 10月××日～××日，辅导员审核。辅导员根据学生的困难情况划分档次，并在系统中审核通过。

3. 10月22日～26日，学院审核及公示。学院在系统中审核通过，导出国家助学金汇总名单并在院内公示5个工作日。学院形成本院国家助学金评审报告，内容含评审依据、评审程序、分配名额、院系公示时间及公示情况、评审结果等。

4. 10月29日～11月9日，学生处组织学生代表进行初评，结合全校困难学生情况对学院上报的名单进行复核及档次调整，汇总形成送审名单，报校资助工作领导小组审议，校内公示5个工作日。校级审核后由二级学院组织申请者打印正式申请表，正反面打印在一张A4纸上，上交学生处。

5. 11月14日报上海市教委。

七、材料报送要求

(一) 国家奖学金、国家励志奖学金、上海市奖学金

1. 各学院于9月20日12:00前提交国奖、上奖候选人评选范围内学习成绩和综合测评成绩排名总表及附个人获奖证书复印件一份。

2. 各学院于10月9日15:00前需将以下纸质材料交学生处主教108BXX。(1)国家奖学金、国家励志奖学金和上海市奖学金评审情况的评审报告，报告题目应写成《×××(学院名)关于20××～20××学年××奖学金评审情况的报告》，主要内容包括：评审依据、组织保障、评审程序、分配名额、院系公示时间及公示情况、评审结果等。(2)二级学院党政联席会议评审纪要。(3)学生申请审批表一式三份，表格上所有签字处必须手写，不得使用签名章代替。(4)获奖学生汇总表一份。

(二) 国家助学金

各学院于11月9日(周五)15:00前将学生申请表一式三份、国家助学金汇总表一

份交学生处××。

以上材料均须盖学院行政章。如申报材料不符合要求,一律取消参评资格。

特此通知。

附件:20××～20××学年国家奖学金、上海市奖学金、国家励志奖学金及20××～20××学年国家助学金名额分配表。

学生处

20××年9月10日

例4-2-4　审核注意事项

20××～20××学年国家助学金审核注意事项:

1. 学生申请理由开头不用空格,系统统一调整好的,导出后自动空2个字符格。

2. 辅导员审核意见要按照学生的实际情况填写20～30字评语,应因人而异,不得雷同。

3. 学院审核意见可以填"情况属实,同意申请"。

4. 申请表先不要自行打印,等待校级审核好,通知打印后再打印上报。

5. ××和××号两天是辅导员审核。

6. 审查学生的申请理由,有无错别字和不通顺的地方,进行修改。

7. 档次为:特别困难350元;一般困难300元。

8. 国家助学金学生的申请理由一定要以第一人称写。

9. 填写参考模板:

推荐理由

情况属实,某某同学父母离异,由母亲单独在家务农供其上大学,家庭困难,建议予以资助。

情况属实,爷爷身患重病,奶奶重病花去家里大部分积蓄,家庭经济困难,建议予以资助。

情况属实,家庭经济困难,父亲没有固定工作,母亲是下岗职工并且是低保对象,建议予以资助。

情况属实,父母没有稳定工作,家里有两个孩子上大学,负担重,家庭经济困难,建议予以资助。

情况属实,父母务农无固定工作,家里一个孩子上高中,一个孩子上大学,爷爷身患重病,负担重,家庭经济困难,建议予以资助。

情况属实,父母在家务农,家里有两位老人需要赡养,家庭经济困难,建议予以资助。

情况属实,母亲重病,家里有年迈的奶奶需要赡养,全家经济来源于父亲务农,家庭经济困难,生活拮据,建议予以资助。

情况属实,父母离异,和父亲一起生活,父亲下岗,家庭经济困难,生活拮据,建议予以资助。

情况属实,母亲身患重病,父亲在家务农,收入微薄,家庭经济困难,生活拮据,平时勤工俭学,建议予以资助。

情况属实,父母在家务农,收入微薄,家里两个孩子上大学,负担较重,家庭经济困难,生活拮据,建议予以资助。

情况属实,父母离异,没有固定工作,家庭经济困难,生活拮据,建议予以资助。

情况属实,父母皆为农民,父亲有四级残疾几乎无劳动能力,且需花费大量医药费,家庭经济困难,建议予以资助。

情况属实,父母离异,和母亲一起生活,但母亲肢体有残疾以至于没有劳动能力,家里还有两位老人需要赡养,负担较重,家庭经济困难,建议予以资助。

同意给予该生该等级的国家助学金。

例 4-2-5 公示情况

20××～20××学年××学院国家助学金名单公示

由学生本人申请，经学院认定审核组认定，学校审核，现对××学院国家助学金名单进行公示：

公示期为20××年10月22日～20××年10月26日，如有异议，请联系××，电话：××。

××学院

序号	学院	班级	学生学号	学生姓名	家庭经济情况	国家助学金金额

20××年10月22日

（三）勤工助学工作

在进行勤工助学的认定时，需要着重注意以下几点：

1. 勤工助学岗位的提前设定和公开。学校各个部门向学工部负责勤工助学的部门进行岗位空缺登记备案，并通过一定方式对学生进行公开。

2. 学生对勤工助学岗位的申请。学生根据自己的需要，在对各个岗位有所了解的前提下，选择勤工助学的岗位，一般通过辅导员推荐和学生自荐两种方式。

3. 学院对勤工助学岗位进行考核。学生在进行勤工助学时要进行签到，并在岗位工作结束时进行考核。

4. 勤工助学岗位工资的核发要准确无误。

例 4-2-6 勤工助学名单

20××～20××学年××学院勤工助学名单

序号	助理姓名	学号	班级	电话	岗位

例 4-2-7 勤工助学值班表

时间	周一	周二	周三	周四	周五
1—2					
3—4					
5—6					
7—8					

（四）学费减免、冬令补助、火车票补贴、春节走访评审工作

各个高校除了以上国家助学金等方式对家庭经济困难学生进行帮扶以外，还会采取学费减免、冬令补助、火车票补贴、春节走访等方式进行补充，以期受助学生能够得到全方位的资助，顺利完成学业。

例 4-2-8 学院资助管理中心发给辅导员的通知

各位老师，烦请通知所有同学，转发班级：[20××年学费减免和冬令困难补助等工作的通知]学生申请：10月25日～28日，学生根据《××大学学费减免管理办法》规定，登录学工信息管理系统进行申请，需要注意：1.申请学费减免的，下载表格后正反面打印在一张A4纸上，表格一式三份、证明材料一式一份，28日前上交至辅导员处。2.申请冬令困难补助、火车票补贴和春节补贴的金额已经分配好，请学生务必按照附件表格中分配的档次进行网上申请。

例 4-2-9 关于开展20××年学费减免春节等补贴申请工作的通知

现××学院资助管理中心接到学校通知，开展20××年学费减免及春节补贴工作，具体安排如下：

一、学费减免

（一）申请对象

家庭经济特别困难、无法缴纳学费的学生，特别是其中的孤残学生、少数民族学生及烈士子女、优抚家庭子女等，可实行学费减免政策。拒绝参加勤工助学及国家助学贷款、上学年有课程经补考仍不及格、受处分者均不得享受本学年学费减免。

（二）具体流程

1. 学生申请：10月25日～28日，学生根据《××大学学费减免管理办法》规定，登录学工信息管理系统，申请学费减免，下载表格后正反面打印在一张A4纸上，表格一式三份、证明材料一式一份，上交至辅导员处。

2. 学院审核及公示：10月29日～11月7日，学院视学生经济困难的实际情况，按学费的15%、30%、50%、100%提出减免意见，通过学工信息系统上报学校，同时将申请表格签署学院意见，形成本学院学费减免的评议材料并经学院学生资助工作评审小组签字认可后加盖公章，于11月7日15:00前交学生工作部×老师处。

3. 学校审核：11月8日～16日，学生工作部进行复核汇总并确定具体减免额度，上报学校学生资助工作领导小组审议通过。

请符合条件有意向的同学及时登录学生工作系统申请，并准备好相关材料在指定日期前统一上交至辅导员处。

二、冬令困难补助、火车票补贴及春节补贴

（一）申请对象

我校全日制在读本科生、高职家庭经济困难学生（以发放年度的困难认定结果为依据），其中火车票补贴必须为外地学生（以学生证记载事项为依据）。

（二）具体流程

1. 学生申请：10月25日～28日，学生根据《××大学学生冬令困难补助、火车票补贴、春节补贴管理办法》规定，登录学工信息管理系统，选择具体补助项目进行申请，无需下载表格，仅需网上申请（请学生务必按照附件表格中分配的档次申请）。

2. 学院审核及公示:10 月 29 日～11 月 7 日,学院根据相关规定确定申请者的补助额度,通过学工信息系统上报学校。同时形成本学院冬令困难补助、火车票补贴及春节补贴的评议材料并经学院学生资助工作评审小组签字认可后加盖公章,于 11 月 7 日 15:00 前交学生工作部×老师处。

3. 学校审核:11 月 8 日～16 日,学生工作部进行复核汇总,报学校学生资助工作领导小组审议通过。

特此通知。

××学院资助管理中心

20××年 10 月 25 日

例 4-2-10　辅导员审核注意事项

[冬令补助、火车票补贴、春节补贴辅导员审核开始啦]辅导员审核时间为 10 月 29 日～30 日,烦请各位老师逐一审核,并提醒同学们抓紧申请,不能有遗漏(目前仍有十几名学生未申请!烦请督促)。审核注意事项:1.严格按照下表中的金额审核。2.学生申请理由开头不用空格。3.辅导员意见可以填:情况属实,同意申请。4.审查学生的申请理由,有无错别字和不通顺的地方,进行修改。不要有“尊敬的领导”和“此致敬礼”之类的话语。5.学费减免的申请截至今天下午下班之前。

学费减免:

必须要有意见评述,不少于 30 字。

学院审核注意事项:

冬令补助和火车票补贴,学院审核意见这样写:经学院学生资助工作评审小组审议通过,同意此项资助。学费减免,应该突出学生减免的必要性。

第三节　其他日常事务管理工作

关于辅导员在学生日常事务管理中的职责,2017 年 8 月 31 日教育部第 32 次部长办公会议上修订通过的《普通高等学校辅导员队伍建设规定》第五条规定:“……开展入学教育、毕业生教育及相关管理和服务工作。组织开展学生军事训练……”由此可见,作为辅导员的其他日常事务管理工作,迎新、军训等也是需要辅导员参与的重要活动。

一、迎新工作重点

辅导员要做好迎新工作,首先要从思想上高度重视大学生迎新工作的重要性,其次要认真研究和学习国家与所在高校的最新文件和政策,把握和深入了解迎新工作的重点和难点,全方位了解迎新工作的规章制度,才能游刃有余地开展工作。大学与中学的学习方式、校园生活、与社会的对接等方面,都有巨大差异。做好迎新工作,对建立彼此信任和谐的师生关系,更好地优化日后的辅导员工作将起到事半功倍的效果。

例 4-3-1　上海××大学 20××级新生入学教育(集中阶段)安排一览

<table>
<tr><th></th><th>数码拍照</th><th>新生体检</th><th>手册测试</th><th>开学典礼</th><th>大学生活指导</th></tr>
<tr><td>××学院</td><td>9:00～9:50</td><td>12:00～12:45</td><td rowspan="12">1. 时间:13:30～15:00
2.地点:各班指定教室(见测试安排表)</td><td rowspan="12">1. 时间:13:30～15:00
2. 地点:训练馆
3. 参加对象:全体新生。
4. 要求:13:00 进场完毕。</td><td rowspan="12">1. 时间:15:00～16:30
2. 地点:训练馆
3. 参加对象:全体新生。</td></tr>
<tr><td>××学院</td><td>9:50～10:45</td><td>8:00～8:50</td></tr>
<tr><td>××学院</td><td>10:45～11:15</td><td>8:50～9:20</td></tr>
<tr><td>××学院</td><td>11:15～12:05</td><td>12:45～13:35</td></tr>
<tr><td>××学院</td><td>12:05～12:20</td><td>11:20～11:30</td></tr>
<tr><td>××学院</td><td>12:20～14:00</td><td>9:20～11:00</td></tr>
<tr><td>××学院</td><td>14:00～14:35</td><td>15:00～15:30</td></tr>
<tr><td>××学院</td><td>14:35～15:05</td><td>13:35～14:05</td></tr>
<tr><td>××学院</td><td>15:05～15:25</td><td>14:05～14:25</td></tr>
<tr><td>××学院</td><td>15:25～15:45</td><td>14:25～14:45</td></tr>
<tr><td>××学院</td><td>15:45～16:00</td><td>14:45～15:00</td></tr>
<tr><td>××学院</td><td>16:00～16:20</td><td>11:00～11:20</td></tr>
</table>

注:

1. 数码照片拍摄地点:比赛馆;2.心理测试时间另行通知;3.体检地点:比赛馆;4.表内未安排的其他时间段可由二级学院自行安排,应保证《学生手册》《安全教育手册》的学习时间;5.招插班生的学院,将插班生安排在新生相同专业班级中参加各项入学教育。

例 4-3-2　20××级新生报到流程

步骤一:

到训练馆内所属学院报到处报到:
1. 查阅录取通知书;
2. 查验身份证;
3. 组织关系转接;
4. 在学工系统录入信息并注册

⇩

步骤二:

各学院收取录取通知书,专升本新生另须收取专科毕业证书复印件一份。同时下发校园一卡通和"各学院入学安排表"

⇩

步骤三:

到学生寝室楼宿管室领取宿舍钥匙;入住寝室

注:

1. 计财处为新生提供学费交纳工作咨询,并接受现金交费(学生凭交费发票到学院报到处报到)。地点:××馆。

2. 学校为家庭经济困难学生提供绿色通道现场服务,学生凭绿色通道服务处开具的凭证到学院报到处报到。地点:××馆。绿色通道物品领取点:学生社区小区 10 号楼学生楼领取。

3. 购买、领取(已经在线支付款项的同学)生活卧具地点:××馆。

4. 空调公司为需要办理宿舍空调的新生提供现场服务。办理地点:比赛馆。

5. 外省市学生户口迁移、上海籍学生农转非手续办理时间及方式另行通知。

例 4-3-3 20××级新生安全和相关事项提示

各位新同学和家长：

1. 迎新期间，校园人多复杂，请注意保管好个人贵重物品，谨防被盗或丢失。

2. 个人移动电话卡、网络宽带及报刊订阅等业务均为社会化服务，请根据个人实际需要自主选择，并到学校指定的报亭广场(教育超市东侧)办理。除此以外，学校各个部门及员工不会以任何名义、任何形式向学生推销任何商品或服务。请认真甄别，谨防受骗。

3. 新生报到期间，学生家长可以到学生礼堂临时休息。周边旅馆信息请留意各宿舍楼张贴栏。

4. 9 月 8 日 17:00 以后来校报到学生，可直接前往××号学生公寓 1 楼社区管理办公室办理入住，再联系所属学院办理报到手续。

5. 校园一卡通充值地点：第一餐厅、第二餐厅、第三餐厅、第五餐厅。

6. 宿舍电卡充值地点：行政楼 2××；或者采用"智能电控微信充值"进行点卡充值，具体详见"智能电控微信充值流程"。

例 4-3-4 20××年各部门迎新位置示意图

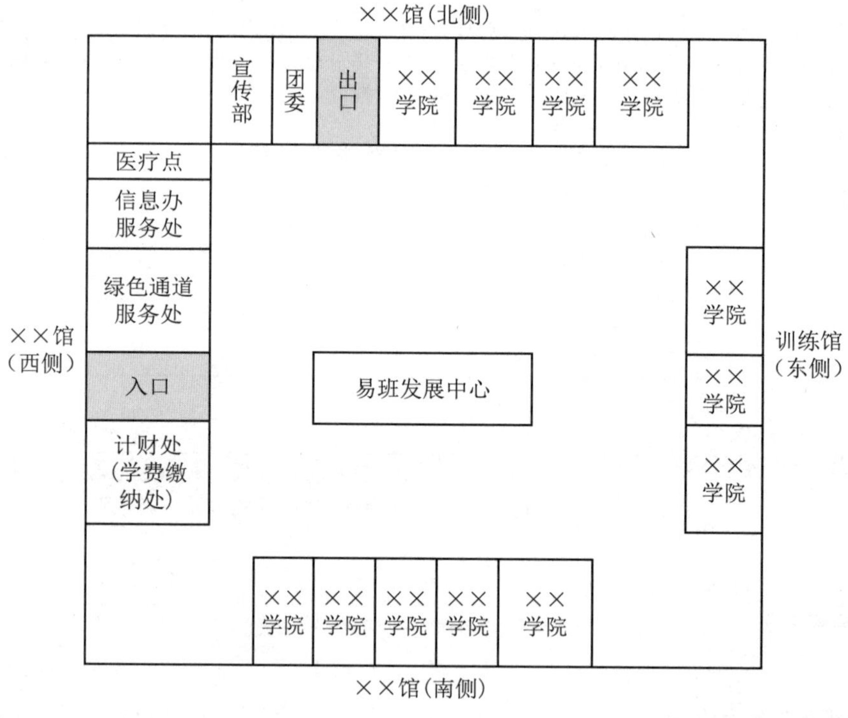

20××年×月×日

例 4-3-5 关于 20××级新生学生手册与安全教育手册测试相关事项的通知

各二级学院：

为了促进学生了解并掌握我校各项规章制度及安全常识，我校将在 20××级新生中开展《上海××大学学生手册》《上海××大学安全教育手册》测试。现将有关事项通知如下：

一、测试时间

9月11日(周二)13:30～15:00

二、测试地点

详见附件。

三、测试形式

开卷考试。

四、测试内容

学生手册试卷内容涵盖《上海××大学学生手册》《上海××大学安全教育手册》。

五、监考及阅卷

各学院交叉监考阅卷，安排详见附件。

六、工作要求

(一) 请各学院派辅导员于9月11日(周二)12:40～13:10到学生处(主教1××B)领取考卷。

(二) 各学院按照考生班级数自行安排相应数量的辅导员和导生监考，并如实填写20××级新生学生手册与安全教育手册测试监考、阅卷情况统计表中的监考情况栏目(表格在考卷袋中)。

(三) 各学院安排辅导员进行阅卷，并如实填写20××级新生学生手册与安全教育手册测试监考、阅卷情况统计表中的阅卷情况栏目(表格在考卷袋中)。

(四) 各学院将20××级新生学生手册与安全教育手册测试监考、阅卷情况统计表及考生试卷于9月21日(周五)15:00前交学生处(主教102B)。

(五) 监考、阅卷过程中如有任何问题，请与学生处联系。联系人：××　电话：××××××××。

学生工作部(处)

20××年8月9日

例4-3-6　上海××大学20××级新生学生手册与安全教育手册测试安排表

上海××大学20××级新生学生手册与安全教育手册测试安排表

监考/阅卷	新班号	考试地点	监考/阅卷	新班号	考试地点
××学院			××学院		

（续表）

监考/阅卷	新班号	考试地点	监考/阅卷	新班号	考试地点
××学院			××学院		
××学院					
备注：试卷9月11日(周二)12:30～13:00在主教1××B领取，考试时间：9月11日(周二)13:30～15:00，考完后各学院自行带回阅卷，9月20日(周四)15:00前交回主教1××B。 联系人：×××，152××××××××					

例4-3-7　20××级新生学工系统数据完善要求及注意事项

一、新生迎新数据完善(9月16日前完成)

新生登录上海××大学学生工作管理信息系统，用户名：学号；初始密码：本人身份证号码(如已登录过则使用自己设置的密码)。进入“迎新管理”中的“学生迎新数据完善”，填写学习工作经历、家庭成员关系、社会关系、特长信息、异动表(含户口地址、家庭地址、邮政编码、手机、联系人及联系电话、政治面貌)，点击“保存信息并提交”。

二、困难学生认定申请(9月16日前完成)

8月31日前未进行网上申请，但携带纸质认定表来校的学生，须登录上海××大学学生工作管理信息系统，用户名：学号；初始密码：本人身份证号码(如已登录过则使用自己设置的密码)。进入“学生工作”中的“困难认定申请”，根据**纸质申请书内容及网上要求**填写，提交申请。

以上事项自新生报到之日起即可自行完成，新生如有遗忘密码的，可由辅导员进行密码重置。请带班辅导员提前告知新生以上要求和注意事项。

学生工作部(处)

20××年8月9日

例4-3-8　20××年新生报到二级学院工作一览表

时　间	二级学院工作分解
9月5日(周三)	上午10:00前，将9月7日～9日迎新和入学集中教育期间的每天一名辅导员值班安排，及开学后周一至周四每天值班安排，报张××老师。值班安排原则：老辅导员每周1次，新辅导员每周2次。
9月7日(周五)	1. 上午9:00～11:00，以学院为单位到行政楼2××领取一卡通(包含研究生)。 2. 下午13:00～15:30到主教1×B顾××老师处领取校徽、学生证、学生手册、安全教育手册、新生综合素质测评手册。 3. 以学院为单位到卫生保健科××室领取体检表(领取时间：8:30～15:30)。 4. 晚上迎新辅导员和工作人员住校。

（续表）

时　间	二级学院工作分解
9月8日 （周六）	一、早8:00前二级学院工作人员到位（二级学院学工负责人、辅导员、班导生、志愿者、易班工作学生负责人等）；报到接待时间：8:00～17:00；17:00～20:00电话接待。 二、训练馆报到的工作流程 1. 收“录取通知书”（存入学生档案）、查看身份证（核对身份证号码），专升本新生另须收取专科毕业证书复印件一份。 2. 收取档案（自带档案的同学），9月28日前将档案收取情况上报学生处顾××老师，档案由二级学院自行保管。 3. 收取党员组织关系（少数同学有）；收学生家长告知书（一定要学生及家长签字）。 4. 确认交费情况，如果没有交费，就到计财交费，如果有交费困难的同学，请走绿色通道，并领取“爱心大礼包”。 5. 下发一卡通，学生自行充值，充值地点：第一餐厅、第二餐厅、第三餐厅、第五餐厅；电卡充值地点：行政楼2××。 6. 学生信息系统登录相关信息、易班注册、实名认证（二级学院易班工作人员参与迎新，自带电脑、电源线）。 7. 下发新生报到流程、下发二级学院入学安排表（表格自行制作）。 8. 告知学生所属班级、学号、寝室。 （学校在校内安排3辆电瓶车，请二级学院安排志愿者帮助搬行李） 17:00，上报未报到学生人数给××；报到当天晚上，二级学院领导及辅导员下寝室看望同学。 三、其他安排 1. 召开班会，下发校徽、学生学习手册。 2. 收取身份证复印件（2份），正反面复印在一张A4纸上，注明学生身高（厘米），本人签字，一份放学生档案袋存档，一份交保卫处。 3. 下发体检表。 4. 统计需要办理户口迁入的同学名单（9月22日前以二级学院为单位交给保卫处××老师，以便统筹安排身份证拍照时间）。 四、相关配套服务及地址 1. 缴费：训练馆，现金、刷卡均可。 2. 绿色通道：训练馆。爱心大礼包领取处在学生社区小区×号楼学生楼领取。 3. 购买、领取（已经在线支付款项的同学）生活卧具地点：比赛馆，自行缴费××元/套。 4. 新生家长休息地点：学生礼堂。1.白天（9月8日全天）；2.晚上（9月7日晚×:00至9月9日早×:00）。 5. 社区提供周边住宿一览表，请家长自行解决住宿问题，不得住在学生宿舍楼内。地址：各宿舍楼张贴栏。 6. 空调协议交费办理处：比赛馆。 7. 医务人员迎新服务处设在训练馆内报到处。 特别提醒学生：如有人不在学校指定的报亭广场进行征订报刊杂志、学习资料等都是非校方行为，坚决抵制，避免受骗。
9月9日 （周日）	上午8:30，以学院为单位上报未报到学生的未报到原因给××（学生工作管理信息系统中迎新工作管理模块可以直接导出学院汇总表）。
9月10日 （周一）	1. 数码照片拍摄：9月10日×:00～×:20；地点：比赛馆；注意事项：①请各位学生拍照时携带好本人身份证，若身份证消磁或忘记携带身份证，请于当天下午×:30之后前来拍摄。②照片背景布为蓝色，新生拍照当天最好不穿蓝色、青色、绿色上衣。 2. 体检时间：9月10日×:00～×:30；地点：比赛馆。注意事项：请各位学生体检时携带好本人身份证。

(续表)

时　间	二级学院工作分解
9月11日(周二)	学生手册考试时间:9月11日下午××:30～××:00;地点:各班指定教室(见测试安排表)。
9月××日(周二)	1. 下午××:30,全体学生在训练馆参加开学典礼。要求:××:10开始组织进场,××:00分进场完毕;参会人员佩戴校徽;二级学院学工负责人、新生辅导员全部参会。 2. 大学生活指导:9月××日下午××:00～××:30;地点:训练馆;内容:保卫处、学工部(处)、卫生保健科、图书馆、国际交流处等职能部门介绍;要求:各学院带队老师组织好学生并维持纪律。

例 4-3-9　20××～20××学年秋季学期新生教材发放安排

时间:20××年9月8日(周六)　地点:主教×座底楼

各学院教材发放安排如下:

学　院	时　间	学　院	时　间
××学院	8:00～8:30	××学院	11:00～11:30
××学院	8:30～9:00	××学院	12:30～13:00
××学院	9:00～9:30	××学院	13:00～13:30
××学院	9:30～10:00	××学院	13:30～14:00
××学院	10:00～10:30	××学院	14:00～14:30
××学院	10:30～11:00	××学院	14:30～15:00

请各班以班级为单位前来领取教材。

请严格遵守领书时间,以维持发书秩序,谢谢合作!

教务处

20××年8月9日

例 4-3-10　上海××大学新生保留入学资格申请表

申请人姓名		性别		身份证号	
学院		专业班级		家庭电话	
通信地址				手机	
申请理由	申请人签名: 年　月　日		申请人家长签名: 年　月　日		

（续表）

卫生保健科意见	负责人：　　　　（盖章）　年　　月　　日
学院意见	负责人：　　　　（盖章）　年　　月　　日
教务处意见	负责人：　　　　（盖章）　年　　月　　日
招生就业办意见	负责人：　　　　（盖章）　年　　月　　日
学工部(处)意见	负责人：　　　　（盖章）　年　　月　　日
学校领导意见	负责人：　　　　（盖章）　年　　月　　日

备注：

1. 保留入学资格，仅指参军入伍或患有疾病不能当年入学的新生。保留入学资格期限因参军入伍的为两年，因疾病原因的为一年，因创业原因的最长为一年。保留入学资格者不具有学籍。

2. 新生申请保留入学资格，参军入伍的必须提供入伍通知书，患病的必须提供二级甲等以上医院诊断不宜在校学习的病历证明及相关材料，创业的须街道（村委会）、工商行政管理部门或其他部门提供相关证明材料。

3. 申请人如需返校学习，须在次年 6 月底前向所在学院提出入学申请，经学校复查合格后，重新办理入学手续。复查不合格或者逾期不办理入学手续者，取消入学资格。

4. 此表一式四份，教务处、学工部（处）、申请人所在学院、申请人各执一份。

例 4-3-11　××学院迎新准备工作

××学院 20××年迎新导生收取材料清单及注意事项

1. 核实材料清单，确认收取录取通知书（存入学生档案），查看身份证（核对身份证号码）。

2. 收取档案（自带档案的同学）。

3. 收取党组织关系材料（少数同学有）。

4. 收取安全责任告知书（**一定要学生及家长签字**）。

5. 收取个人税收居民身份声明文件。

6. 收取身份证复印件 3 份（正反面复印在一张 A4 纸上，其中两张注明身高（厘米）、家庭住址，本人签字，另一张不需填写）。

7. 收取两张 1 寸照片（一张贴学生登记表，一张导生留存）。

8. 困难认定申请表、家庭情况调查表、相关证明材料（申请贫困认定的学生携带）。

9. 确认学费交纳情况，如果没有交费，就到计财处交费，有交费困难的同学，请走绿色通道，并领取“爱心大礼包”，提醒办理空调、保险等交费事项。

10. 下发新生一卡通(学生自行充值)、“××学院新生大礼包”、学院学生组织宣传材料。

11. 下发征兵问卷(男生)。

12. 通知新生添加班级群、登录学工信息网站完善信息,注册易班账号。

13. 告知所属班级,学号,寝室;绿色通道,统计贫困学生;告知有人不在学校指定的报亭广场进行征订报刊杂志、学习资料等都是非校方行为,坚决抵制,避免受骗。

14. 每个班级导生自带电脑和电源线,早上7:20在训练馆就位,由于注册易班和完善学工信息比较繁琐,所以需要分工,一般一个导生负责收材料和布置相关事宜,另一个导生负责在电脑上注册和完善。

××学院20××年迎新展板(略)

××学院新生入学教育

(1) ××学院20××级新生入学教育日程表

日期	时　间	内　容	地　点
9.8 (周六)	8:00～17:00	报到	训练馆南侧
	15:00	新生家长会	庸夫楼101
	××:00～21:00	各班新生班会 班会内容:下发体检表、校徽;组织新生填写学生登记表;学习学生手册;统计需要办理户口迁入的学生单;选定临时负责人等	B4-2××(××011班、××031班) B4-2××(××023班、××024班) B4-2××(××021班、××022班)
9.9 (周日)	13:00～17:00	学院破冰素拓	篮球场
	××:00～××:30	团学宣讲会	B4模拟法庭
	××:30～20:10	党建宣讲会	B4模拟法庭
	20:10～21:00	易班宣讲会	B4模拟法庭
9.10 (周一)	9:00～9:50	数码照片拍摄(带好身份证,拍照当天最好不穿蓝色、青色、绿色上衣)	比赛馆
	12:00～12:45	新生体检 (带好身份证)	比赛馆
9.11 (周二)	13:30～15:00	新生学生手册与安全教育手册测试	××011班:主教×× ××021班:主教×× ××022班:主教××班 ××023班:主教××班 ××024班:主教××班 ××031班:主教××
9.13 (周四)	××:00	××学院青年大学生征文演讲比赛选拔	暂定B2-1××
9.×× (周二)	13:30 (12:10开始进场,13:00进场完毕)	开学典礼(参会人员必须穿院服、佩戴校徽)	训练馆
	15:00～16:30	大学生活指导	训练馆

(2) ××学院新生家长会

××学院20××级新生家长会议程

时间:20××年9月8日15:00

地点:××楼101会议室

出席人员:××学院党总支书记　××

××学院副院长　××

××学院党总支副书记　××

××学院新生辅导员　李××　××　买××

主持:××学院党总支副书记　××

议程:

一、××学院副院长××介绍

××学院学科建设与专业发展方向

二、××学院党总支副书记××介绍

××学院学生工作情况

三、××学院新生辅导员介绍

1. 李××介绍带班情况及国际交流工作(6分钟)

2. 张×介绍带班情况及团学建设工作(6分钟)

3. 买××介绍带班情况及资助工作(6分钟)

四、××学院党总支书记文××讲话

二、军训工作重点

大学军事训练是新生入学以后第一门重要而关键的必修课程,它既是全面贯彻党的教育方针、推进素质教育、培养高素质人才的客观要求,也是国家开展国防教育、强化国防意识、为国防建设培养高素质后备人才的战略举措,更是开展爱国教育的良好契机。辅导员在开展军训带队工作时,需要做好多方面的工作准备,以便工作的正常开展。

(一) 思想准备

1. 军事理论课前动员,对包括军容、军纪在内的各种军事化管理内容进行动员。

2. 军事理论课期间,辅导员需要配合教官对学生进行军训的必要性、重要意义等动员工作,让学生在思想上提高认识,通过日常规范严格管理,让学生开始适应军事化管理。

3. 军事基地训练期间,协助带队教官做好思想政治教育,做好每天的军训点评,对表现出色的学生予以表扬,对出现个别影响集体荣誉的学生及时批评教育。在军事训练中期,学生对军事训练的新鲜感渐失,容易出现纪律涣散的情况,更需鼓舞士气,以期军训成果汇报时能有出色表现。

（二）工作准备

1. 军训准备期工作方案

例 4-3-12　20××年军训准备期工作方案及××学院军训计划表

<table>
<tr><th colspan="7">20××年军训准备期各排工作方案</th></tr>
<tr><th colspan="2">时　　间</th><th>排数</th><th>地　点</th><th>内　　容</th><th>辅导员</th><th>联系方式</th></tr>
<tr><td rowspan="2">军训第一天
（6 月 12 日）</td><td>上午 9:00～9:05</td><td>×排</td><td>2××B</td><td>发放军训服装</td><td></td><td></td></tr>
<tr><td>下午 14:00～16:00</td><td>×排</td><td>2××B</td><td>13:50～14:30
开展军训主题班会
14:30～16:00
开展应急救护培训</td><td></td><td></td></tr>
<tr><td rowspan="4">军训第二天
（6 月 13 日）</td><td>上午 8:15～9:15</td><td>×排</td><td>2××B</td><td>开展国防教育主题班会</td><td></td><td></td></tr>
<tr><td>上午 9:30～10:30</td><td>×排</td><td></td><td>参观军营：班长、团支书</td><td></td><td></td></tr>
<tr><td>下午 13:00～14:30</td><td>×排</td><td>班级宿舍</td><td>辅导员带队进行内务检查</td><td></td><td></td></tr>
<tr><td>下午 15:00～16:30</td><td>×排</td><td>×排军训场地</td><td>班委会牵头设计进行
团队训练</td><td></td><td></td></tr>
<tr><td rowspan="2">军训第三天
（6 月 14 日）</td><td>上午 8:15～9:45</td><td>×排</td><td>博雅馆
（原学生礼堂）</td><td>观赏爱国主义影片</td><td></td><td></td></tr>
<tr><td>下午 16:00～17:00</td><td>×排</td><td>2××B</td><td>开展军训主题班会</td><td></td><td></td></tr>
</table>

<table>
<tr><th colspan="6">××学院军训计划表</th></tr>
<tr><th colspan="3">时　　间</th><th>训练内容</th><th>地　点</th><th>参加人员</th></tr>
<tr><td rowspan="3">6 月 12 日</td><td>上午</td><td>9:00～9:30</td><td>领取衣服</td><td rowspan="3">各教室</td><td rowspan="3">全体班级</td></tr>
<tr><td rowspan="2">下午</td><td>14:00～14:30</td><td>主题班会</td></tr>
<tr><td>14:30～16:00</td><td>应急救护培训</td></tr>
<tr><td rowspan="4">6 月 13 日</td><td rowspan="2">上午</td><td>8:15～9:15</td><td>国防教育主题班会</td><td>各教室</td><td>全体班级</td></tr>
<tr><td>9:30～10:30</td><td>参观军营</td><td>校外</td><td>团支书、班长</td></tr>
<tr><td rowspan="2">下午</td><td>13:30～14:30</td><td>内务检查</td><td>各寝室</td><td>全体班级</td></tr>
<tr><td>15:00～16:30</td><td>团队训练</td><td>篮球场</td><td>全体班级</td></tr>
<tr><td rowspan="3">6 月 14 日</td><td>上午</td><td>8:15～9:45</td><td>爱国主义影片观赏</td><td>博雅馆</td><td>××18011
××18031</td></tr>
<tr><td rowspan="2">下午</td><td>13:00～16:00</td><td>职业生涯规划大赛决赛</td><td>博雅馆</td><td>××18021
××18022</td></tr>
<tr><td>16:00～17:00</td><td>军训主题班会</td><td>各教室</td><td>全体班级</td></tr>
</table>

（续表）

时　　间			训练内容	地　点	参加人员
6月17日	上午	8:15～8:45	军训动员	各教室	全体班级
6月17日	上午	9:00～10:00	军训入营式	体育场	全体班级
6月17日	上午	10:00～11:30	“反恐”训练抽签	主教1××B	每班派一名代表
6月17日	下午	13:00～15:00	机动	——	——
6月17日	下午	15:00～18:00	立正、跨立、稍息、停止间转法	篮球场	全体班级
6月18日	上午	6:50～7:00	升国旗	体育场	全体班级
6月18日	上午	7:00～10:30	立正、跨立、稍息、停止间转法、起步行进与立定	篮球场	全体班级
6月18日	上午	10:30～11:30	内务检查	各寝室	全体班级
6月18日	下午	14:30～16:00	国防教育主题讲座	博雅馆	××023班级 ××024班级
6月18日	下午	16:00～18:00	停止间转法、起步行进与立定/内务整理培训	篮球场/各寝室	全体班级
6月19日	上午	7:00～10:30	起步行进与立定、正步行进与立定	篮球场	全体班级
6月19日	上午	10:30～11:30	军训团部内务抽查	各寝室	全体班级
6月19日	下午	15:00～18:00	正步行进与立定、跑步行进与立定	篮球场	全体班级
6月20日	上午	7:00～10:30	立正、跨立、稍息、停止间转法、起步行进与立定	篮球场	全体班级
6月20日	上午	10:30～11:30	军训团部内务抽查	各寝室	全体班级
6月20日	下午	13:00～15:00	“我的军魂，我的团”演讲比赛学院初赛	B2-1××	——
6月20日	下午	15:00～18:00	军训团部内务抽查	各寝室	全体班级
6月21日	上午	7:00～10:30	起步、正步、跑步、步伐变换	篮球场	全体班级
6月21日	上午	10:30～11:30	“抢滩登陆”训练	国防教育基地	18××班级 18××班级 18××班级
6月21日	下午	13:30～15:00	“抢滩登陆”训练	国防教育基地	18××班级 18××班级 18××班级
6月21日	下午	15:00～18:00	步伐变换、蹲下、坐下、起立、敬礼	篮球场	全体班级
6月22日	上午	7:00～10:30	步伐变换、蹲下、坐下、起立、敬礼	篮球场	全体班级
6月22日	上午	10:30～11:30	军训团部内务抽查	各寝室	全体班级
6月22日	下午	15:00～18:00	队列整体练习	篮球场	全体班级

（续表）

<table>
<tr><th colspan="3">时　　间</th><th>训练内容</th><th>地　点</th><th>参加人员</th></tr>
<tr><td rowspan="4">6月23日</td><td rowspan="2">上午</td><td>7:00～10:30</td><td>队列整体练习</td><td>篮球场</td><td>全体班级</td></tr>
<tr><td>10:30～11:30</td><td>军训团部内务抽查</td><td>各寝室</td><td>全体班级</td></tr>
<tr><td rowspan="2">下午</td><td>13:30～15:00</td><td>“我的军魂，我的团”
演讲比赛决赛</td><td>博雅馆</td><td>18××班级
18××班级</td></tr>
<tr><td>15:00～18:00</td><td>队列整体练习</td><td>篮球场</td><td>全体班级</td></tr>
<tr><td rowspan="3">6月24日</td><td rowspan="2">上午</td><td>7:00～10:30</td><td>分列式训练</td><td>篮球场</td><td>全体班级</td></tr>
<tr><td>10:30～11:30</td><td>军训团部内务抽查</td><td>各寝室</td><td>全体班级</td></tr>
<tr><td>下午</td><td>15:00～18:00</td><td>分列式训练</td><td>篮球场</td><td>全体班级</td></tr>
<tr><td rowspan="4">6月25日</td><td rowspan="2">上午</td><td>7:00～10:30</td><td>分列式合练</td><td>体育场</td><td>全体班级</td></tr>
<tr><td>10:30～11:30</td><td>军训团部内务抽查</td><td>各寝室</td><td>全体班级</td></tr>
<tr><td rowspan="2">下午</td><td>13:00～15:00</td><td>图书馆紧急疏散演练</td><td>图书馆</td><td>全体班级</td></tr>
<tr><td>15:00～18:00</td><td>分列式训练</td><td>篮球场</td><td>全体班级</td></tr>
<tr><td rowspan="3">6月26日</td><td rowspan="2">上午</td><td>7:00～10:30</td><td>分列式合练</td><td>体育场</td><td>全体班级</td></tr>
<tr><td>10:30～11:30</td><td>军训团部内务抽查</td><td>各寝室</td><td>全体班级</td></tr>
<tr><td>下午</td><td>15:00～18:00</td><td>分列式训练</td><td>篮球场</td><td>全体班级</td></tr>
<tr><td rowspan="3">6月27日</td><td rowspan="2">上午</td><td>7:00～10:30</td><td>分列式合练</td><td>体育场</td><td>全体班级</td></tr>
<tr><td>10:30～11:30</td><td>军训团部内务抽查</td><td>各寝室</td><td>全体班级</td></tr>
<tr><td>下午</td><td>15:00～18:00</td><td>主教楼紧急疏散演练、分列式合练</td><td>体育场</td><td>全体班级</td></tr>
<tr><td rowspan="4">6月28日</td><td rowspan="2">上午</td><td>7:00～10:30</td><td>阅兵式彩排</td><td>体育场</td><td>全体班级</td></tr>
<tr><td>10:30～11:30</td><td>军训团部内务抽查</td><td>各寝室</td><td>全体班级</td></tr>
<tr><td rowspan="2">下午</td><td>15:00～18:00</td><td>阅兵式彩排</td><td>体育场</td><td>全体班级</td></tr>
<tr><td>19:30～21:00</td><td>军训晚会</td><td>信教 218</td><td>全体班级</td></tr>
<tr><td rowspan="3">6月29日</td><td>上午</td><td>7:00～10:30</td><td>阅兵式彩排（含教室逃生训练）</td><td>体育场</td><td>全体班级</td></tr>
<tr><td rowspan="2">下午</td><td>13:30～16:00</td><td>国防教育主题讲座</td><td>博雅馆</td><td>18××班级
18××班级</td></tr>
<tr><td>16:00～18:00</td><td>阅兵式彩排</td><td>体育场</td><td>全体班级</td></tr>
<tr><td rowspan="2">6月30日</td><td>上午</td><td>7:00～10:30</td><td>阅兵式彩排（含教室逃生训练）</td><td>体育场</td><td>全体班级</td></tr>
<tr><td>下午</td><td>15:00～18:00</td><td>阅兵式彩排</td><td>体育场</td><td>全体班级</td></tr>
<tr><td>7月1日</td><td>上午</td><td>8:30～10:30</td><td>军训阅兵式
（集体升国旗、教室逃生演习）</td><td>体育场</td><td>全体班级</td></tr>
</table>

2. 学生军训成绩评定

为进一步规范军训期间学生军事技能训练和生活秩序，促进学生军训正规化建设，推动学生军事训练工作新格局，拓展学生军事训练综合育人功能，提升青少年国防意识和军事素养，同时为规范我院军训学员的训练、生活，培养良好的生活纪律作风，创建良好的生活环境，提高军训学员的实训效果，学校需对学生的军训成绩作出评定。

例 4-3-13　上海××大学××学院学生军训成绩评定细则

一、一般情况下军训成绩的评定比例

		比例	计分
A	军训优秀学员	≤10%	98
B		≤15%	90—95
C		≤60%	80—89
D		≤15%	≤79

二、未参训人员的成绩评定

（一）经××学院批准的观训人员（身体原因），原则上在D档核定成绩；个别在内务、服务等方面表现特别优秀的，可在C档核定成绩。

（二）经有关部门或××学院批准替代军训的军训工作人员（不含军训教官），原则上在C档核定成绩；个别工作表现特别优秀的，可在B档核定成绩。在校级部门提供军训服务的工作人员，其成绩由校级部门与××学院会商后确定。

（三）经教务处批准的替代军训的体育运动队成员，其成绩由体育部提出建议，教务处审核后抄告学工部及××学院。

（四）经学工部选拔的军训教官（一年级生），其军训成绩由学工部提出建议，教务处审核后抄告××学院，不受比例限制。

三、成绩评定办法

（一）军容军纪军貌评定

详见《上海××大学××学院学生军训军容、军纪、军貌管理实施细则》。

（二）宿舍内务情况评定

详见《上海××大学××学院学生军训期间宿舍内务管理实施细则》。

（三）总分计算方法

1. 根据百分制原则，计算出各项“实质分数”，军容军纪军貌与宿舍内务情况各占50%。

2. 按实质得分降序排列，得出对应比例档位。

3. 根据档位确定“形式分数”，即“计分”项。

4. 根据计分项确定对应绩点。

（四）举例

某排张三，按百分制原则，“实质得分”为88分，经排序后，位次为班级内前10%，故“形式得分”应当为98分。

四、本细则自2019年6月17日正式实施。

五、本细则最终解释权归共青团上海××大学××学院委员会所有。

共青团上海××大学××学院委员会

2019年6月15日

上海××大学××学院学生军训成绩评定表							
班级:							
姓名	军容军纪军貌分数	宿舍内务分数	实质分数	比例	档位	形式分数	绩点
注:实质分数=军容军纪军貌分数×0.5+宿舍内务分数×0.5;比例以实质分数降序排列计算。							

例4-3-14 上海××大学××学院学生军训军容、军纪、军貌管理实施细则

为进一步规范军训期间学生军事技能训练和生活秩序,促进学生军训正规化建设,推动形成学生军事训练工作新格局,拓展学生军事训练综合育人功能,提升青少年国防意识和军事素养,根据《中华人民共和国兵役法》《中华人民共和国国防教育法》,国务院办公厅、中央军委办公厅《关于深化学生军事训练改革的意见》(国办发〔2017〕76号),教育部、中央军委国防动员部联合颁布的《普通高等学校军事课教学大纲》(教体艺〔2019〕1号)等有关规定精神,并依据我校《上海××大学学生军容风纪管理实施细则》,结合我院学生军训工作实际,制定本管理实施细则。

一、成绩评定细则(100分)

(一)军容方面(满分30分,违者扣分,扣完为止)

1. 军训期间,学生必须按规定统一着装。操课和大型集会时着军训服装,未经允许,不披衣、敞怀、挽袖、卷裤腿、摘帽子。(有违者,一次扣5分)

2. 着军服时,不戴耳环、项链、领饰、戒指等饰物,不描眉、涂口红、染发;男生不留长发。(有违者,一次扣5分)

3. 军训期间,注意个人卫生,军训服装干净、无异味。(有违者,一次扣5分)

4. 除工作需要和眼疾外,不戴有色眼镜。(有违者,一次扣5分)

5. 不佩戴非统一指定的徽章、标志。(有违者,一次扣5分)

(二)军纪方面(满分40分,违者扣分,扣完为止)

1. 重视纪律规矩意识,听从指挥、服从管理,不顶撞教官、领导。(有违者,一次扣10分)

2. 军训期间,严格遵守训练场纪律,不无故旷训、迟到、早退。(有违者,一次扣10分)

3. 参加集会、报告必须按规定时间和顺序入场,按照指定位置就座,遵守会场秩序,不迟到早退,散会时,依次退场。(有违者,一次扣5分)

4. 发扬吃苦耐劳精神,不小病大作、无病呻吟、随意到医务室索要病假条。(有违者,一次扣5分)

5. 不在公共场所和其他禁止吸烟的场所吸烟，不随地吐痰、乱丢废弃物品。（有违者，一次扣5分）

（三）军貌方面（满分30分，各项均由评分者据学生个人表现打分）

1. 举止端正，谈吐文明，精神振作，姿态良好。（0～10分）

2. 训练期间，精神饱满，注意力集中，能高效率、高质量完成训练任务，提高基本技能水平。（0～10分）

3. 重视集体主义精神，能积极参与集体活动，为集体宣传、服务等工作做出贡献。（0～10分）

二、本细则自2019年6月17日正式实施。

三、本细则最终解释权归共青团上海××大学××学院委员会所有。

共青团上海××大学××学院委员会

2019年6月15日

上海××大学××学院学生军训军容、军纪、军貌成绩评定表				
班级：				
姓名	军容(30分)	军纪(40分)	军貌(30分)	总分
注：具体评分细则请参照《上海××大学××学院学生军训军容、军纪、军貌管理实施细则》				

例4-3-15　上海××大学××学院学生军训期间宿舍内务管理实施细则

为了规范我院军训学员的训练、生活，培养良好的生活纪律作风，创建良好的生活环境，提高军训学员的实训效果，根据《上海××大学学生宿舍管理办法》《上海××大学军训日常管理相关制度》，现结合我院军训工作实际，制定我院学生军训期间宿舍内务管理实施细则。

一、内务评分标准(100分)

（一）个人宿舍环境宜居(25分)

1. 宿舍空气良好无异味(5分)；

2. 无乱拉晾物线，家具、生活用品无乱摆放现象(10分)；

3. 个人桌上桌下干净无垃圾，鞋子摆放整齐(10分)。

（二）床铺整洁(20分)

1. 参训学员应按指定宿舍、床位就寝，不准私自调换寝室或就寝他人床铺(10分)；

2. 床上无床帘，蚊帐整齐洁净(5分)；

3. 床面平整无杂物，被子叠整齐按规范放置床头，枕头置于被子上(5分)。

（三）橱柜物品整齐(20分)

1. 书架上书籍从高到低摆放整齐(5分)；

2. 桌面整洁无杂物、无灰尘(5分)；

3. 宿舍无人时桌面电源开关及时关闭(5分)；

4. 毛巾、牙刷杯子等洗漱用品摆放整齐(5分)。

（四）遵纪守规(35分)

本项每人均为35分，违反以下寝室规定者，依规定扣分。

1. 不在宿舍抽烟、饮酒、搓麻将，违者一次扣10分；

2. 不私拉电线和网线，插线板不上床，违者一次扣10分；

3. 严禁使用电吹风、卷发棒、电磁炉、电饭煲等各类电加热器和不符合安全标准的电器具，违者一次扣15分。

二、最终得分取所有检查得分的平均分。

三、若寝室内务检查不合格达2次，无异议总成绩则降一档，以此类推，直至D档。

四、本细则自20××年6月17日正式实施。

五、本细则最终解释权归共青团上海××大学××学院委员会所有。

共青团上海××大学××学院委员会

20××年6月15日

上海××大学××学院学生军训期间宿舍内务评定表						
班级：						
姓名	寝室	个人宿舍环境宜居	床铺整洁	橱柜物品整齐	遵纪守规	总分
		(25分)	(20分)	(20分)	(35分)	
注：具体评分细则请参照《上海××大学××学院学生军训期间宿舍内务管理实施细则》						

第五章　心理健康教育与咨询工作

第一节　心理健康教育咨询工作重点

2001 年 3 月,《教育部关于加强普通高等学校大学生心理健康教育工作的意见》指出:“大力加强大学生心理健康教育工作是时代发展的需要,是社会全面发展对培养高素质创新人才的必然要求。它对于提高大学生适应社会生活的能力,培养大学生良好的个性心理品质,促进心理素质与思想道德素质、文化素质、专业素质和身体素质的协调发展,提高高等学校德育工作的针对性、实效性和主动性,具有重要作用。”①

一、心理健康教育咨询工作的意义与特点

心理健康教育和思想政治教育、专业能力教育都是高校人才培养目标中的重要教育手段,也是实现整体育人目标的重要载体。从当前高校学生的思想意识状态来看,他们的人格日臻完善,情绪情感日趋稳定,他们的生活形态、他们关注的问题与此前的青少年时期已经大不相同,因此他们的心理状态也发生了相应的转变,随之而来的心理变化与适应必然成为教育工作者所需要重点关注的问题。

高校的心理健康工作究其实质是大不同于普通心理咨询或治疗的。根本而言,心理健康工作是实现全面育人目标的重要路径之一,其存在必须服务于学生工作这个更大的领域。这就使其具有如下特点:

首先,青年大学生的健康成长与发展是心理健康工作的重要目标之一。因此在具体工作中应当始终秉承预防与诊治并重、发展咨询与障碍咨询并重的核心原则,不宜有所偏废,或重诊治而轻预防,或重障碍咨询而轻发展咨询。

其次,发现问题是工作中较为重要的一个环节。不同于普通心理咨询或治疗的“来者不拒,去者不追”以及“以来访者为中心”的原则,高校心理健康工作肩负着排摸学生心理健康状况、发现潜在问题隐患的重要责任,能否及时、准确地排摸隐患很大程度上

① 中华人民共和国中央人民政府国务院公报　教社政〔2001〕1 号,《教育部关于加强普通高等学校大学生心理健康教育工作的意见》,http://www.gov.cn/gongbao/content/2002/content_61930.htm。

影响着工作的进展与成效。

再者，面对较为严重的问题，转介是经常被使用的处理方式。高校心理健康工作的重心不在于治疗，而是防止问题变得更为严重，治疗的部分可以转介至更为专业的机构（比如当地的精神卫生中心）来完成，而作为服务学生工作的高校心理健康工作团队，往往需要关注另一条底线，即尽量确保学生能够正常完成学业。

最后，心理健康的宣传推广和各类活动构成了高校日常校园文化的一部分，更广泛、更普遍地影响广大学生的身心健康发展和人格健全。

二、心理健康教育咨询工作的主要内容

心理健康教育咨询工作的主要内容包括：新生入学心理健康测试筛查、日常心理健康辅导、特群学生心理咨询与治疗、心理健康知识竞赛和心理剧比赛。

（一）新生入学心理健康筛查

新生入学心理健康筛查一般由学校心理咨询中心统一组织实施，测试量表多采用16PF和SCL90，前者是人格特质量表，后者是精神健康量表。在新生心理筛查中，学院首先是做好基础工作，根据咨询中心确定的时间地点安排组织好学生参加测试，确保没有学生遗漏；其次是根据测试完成之后测试中心给出的反馈，确定需要关注的心理特群学生。情况特别严重的，比如有自杀倾向的学生，学校心理咨询中心会直接约谈干预，其他需要辅导员关注的学生，咨询中心一般会直接反馈名单和情况，这时候辅导员应当及时约谈相应的学生，了解学生的家庭背景、生活状况和心理状况，并在今后保持跟进。

（二）日常心理健康教育辅导

日常心理健康教育辅导主要针对广大学生在日常学习生活中所普遍面临的心理问题。有调查研究显示，人际关系问题、情绪问题、学业问题和恋爱与性的问题是当代大学生心理健康中尤其常见和需要重视的几个问题。①一方面，辅导员可以在日常的思想政治教育工作中进行一对一的、有针对性的关注和引导，可以适当借助于心理辅导的技术，必要时还可以借助于学生的同伴或家长的共同帮助；另一方面，也可以以学院或者学校为单位组织一些团体辅导、沙龙或者训练营之类的，进行更大范围的宣讲，在具体的活动中锻炼学生的应对能力。

（三）特群学生心理咨询与治疗

特群学生的心理问题一般情况下都很难通过学院或辅导员的日常思想政治教育工作得到解决，他们所面临的问题，比如抑郁倾向、强迫倾向、双相情感障碍等，必须到学校心理咨询中心寻求学校心理老师的帮助。学校心理老师视具体情况可能还会将他们转介到精神卫生中心寻求专业的治疗。此时辅导员要做好后续的跟进工作以及与家长的沟通联系，确保家长知情同意并且能够积极配合学生的心理治疗，做好后援工作。

（四）心理健康知识竞赛和心理剧比赛

心理健康知识竞赛和心理剧比赛一般是学校层面主办的大型比赛，通常每学期一

---

① 李新明：《当代大学生普遍存在的心理问题及其对策探讨》，《湘潭大学社会科学学报》2002年第1期。

次，其主要目的是在广大学生群体中进行心理健康宣传，引发更多同学对心理健康的重视和兴趣。在这些活动上，学院和辅导员根据学校的安排，组织学生积极参与。

第二节 心理健康教育咨询工作内容

一、新生入学心理健康筛查

新生入学心理健康筛查是面向刚入学大一新生的全员心理测试，旨在掌握当年入学新生的心理健康状况，初步排摸出可能有心理健康问题的学生以便进行重点关注。辅导员要根据学校心理咨询中心反馈的名单及时与相应的学生进行约谈，进一步了解具体情况，并在今后保持关注。

例 5-2-1 新生心理测试通知

各位老师好，中心将在 9 月 11 日下午 1 点、周三晚上 6 点、周四晚上 6 点等 3 个时段（任选一个时段即可）对负责心理测评的导生进行培训，请各学院将负责导生的名单及参训时间报给我，建议每个学院 3 名左右的导生，具体名额，各位老师斟酌考虑，收到请回复，谢谢！

各位老师早上好，心理测试系统将于 9 月 15 日 00:00 至 9 月 25 日 15:00 开放，烦请老师们确定好新生测试时间、地点后告知我一声，我们会过去看一看，收到请回复，谢谢老师们的配合。

老师们好，再次附上心理测试的安排和流程，请查阅通知并辛苦各位老师转发给新生辅导员，建议学生也提前了解下测试流程，做好测试准备，谢谢老师们的协助！如有其他问题再问我。另：心理测试系统将于 9 月 15 日 00:00 至 9 月 25 日 15:00 开放，烦请老师们确定好新生测试时间、地点后告知我一声，我们会过去看一看，再次谢谢老师们的配合。

关于开展 20××级新生心理测试的通知

各二级学院：

为使学生了解自身的个性、人格及心理健康状况，更好地适应大学学习和生活，使学工人员以更科学合理的方式对心理危机提前防范，学校学生工作部心理咨询中心拟对××级新生进行全员心理测试，并建立学生心理健康档案。现将心理测试有关事宜通知如下：

一、测试时间

2018 年 9 月 15 日 00:00～9 月 25 日 15:00（包括本科生和研究生）

二、工作要求

（一）定点、定时完成

辅导员自行组织所带班级新生参照测试操作说明进行测试（提前告知心理咨询中心测试的时间和地点）。学生须集中在适宜的教室内完成测试。这样有利于保证测试的客观性和真实性，避免流于形式，走过场，失去测试的作用。

（二）注意引导、教育

辅导员应告知学生：所有测试结果严格保密，测试结果本人可以查看；测试结果是学生自己学业、职业规划的重要参考，本人须认真对待；心理测试并不是心理疾病的诊断，只是综合判断学生心理健康状况的参考依据。

（三）组织有序

要有专人现场组织秩序，做好教育、引导，避免学生交头接耳、相互讨论，告知学生不要乱答、快答，要认真仔细；有特殊情况，因病、因事未能到教室完成的新生可以在辅导员知晓的情况下自行测试。

三、测试操作流程（操作流程由心理咨询中心提前发送至相关学工人员）

见测试流程图

本次心理测试共有3个测试（测试列表页自动显示）

1. 16种人格因素问卷（16PF）；

2. 90项症状清单（SCL-90）；

3. UPI（University Personality Inventory，大学人格问卷）。

3个测试需全部完成。测试用时1个小时左右。

四、测试结果说明

新生测试完成后可自行查看自己的测试结果，有疑问或者需要心理咨询可联系校心理咨询中心。测试结果严格保密，请学生妥善保管自己的账号和密码，以防测试结果外泄。

全体新生测试完成后，心理咨询中心将反馈测试结果至相关学工人员；对于测试结果有异常的同学，中心将进一步约谈、分析和排查，其后将与学院联系共同商讨提供合适的心理咨询服务。

五、其他事项

"彧彧"心理同时提供心理咨询、心理健康课程、视频服务及其他心理测试服务，具体可参看微信公众号。

校心理咨询中心咨询师办公室：×××

预约方式：现场预约室×××（电话：3××××××1）；3××××××6，3××××××4，3××××××1。

预约时间：周一至周五8:30～16:00。

学生工作部（处）心理咨询中心

××年××月××日

附件

现场的导生，或其他负责的同学应告知新生：

1. 同学们好，本次心理测试共包含三部分，分别为：16种人格因素问卷（16PF）、90项症状清单（SCL-90）和UPI（大学人格问卷）。整个测试大概需要1个小时。通过这三个测试可以让同学们对自身的性格、心理状态、近期身体状况等有更具体的了解，每个项目的答案没有正确/错误之分，且与同学们的学业考试成绩评定无关。请各位同学凭第一印象作答。答题期间，请同学们不要交流和讨论。

2. 做完前一个测试请继续做后面的测试，不要漏题、漏测试。不要乱答、快答，往年有些同学胡乱作答，造成结果异常，引起了不必要的担心。

3. 结果查询：测试完成后点击列表页(3 个测试量表)的左上方“我的测试”，即可查看个人的测试结果。

4. 测试的结果严格保密，如果同学们对其中的某些项目有兴趣或者有疑惑，欢迎同学们前往学校心理咨询中心××了解更多详情。校心理咨询中心预约方式包括现场预约、电话预约和网络预约：

现场预约室：××(电话：3××××××1)；

预约电话：3××××××6，3××××××4，3××××××1；

网络预约：邮箱(××@163.com)或关注微信公众号(××)预约咨询

此外，心理咨询中心还配有沙盘游戏室、音乐放松室、情绪宣泄室等多功能室，欢迎同学们前来体验。

二、日常心理健康教育辅导

日常心理健康辅导面向的对象是校园里的广大学生，一般针对大学生在日常校园学习生活中普遍会遇到的问题，也可以提前征集一下近段时间学生关注的热点(比如临近考试周需要应对焦虑和压力)，多以团体辅导或者训练营的形式开展。

例 5-2-2　宿舍关系与自我成长团体辅导

成员招募：宿舍关系与自我成长团体辅导报名开始啦！

我们无法孤立于世，“关系”是人生饶不开的话题。

宿舍人际关系是我们进入大学后经历的最大的人际关系变化。

大家共同生活在同一个屋檐下，也许 1 年，也许 4 年。

在宿舍生活中，也许你会疑惑：

为什么我交不到好朋友？

为什么大家形同陌路？

为什么我没法走近别人？

如何在宿舍关系中游刃有余？

这里我们打算组建宿舍关系与自我成长的团体辅导小组促进我们共同进步。

团体辅导倡导的理念

我们提倡：“觉察”“责任”“自由与选择”；察觉力愈强，愈自由，自己愈能够为自己所做的决定负责；

我们强调：接纳真实的自己，不受自己或他人的操纵；

我们鼓励：“生活在现在”“生活在这里”“停止猜测，面向现实”“多去感受”“接受不愉快的情绪情感”“自己做选择，自己承担负责”。

在这里你可能会获得

1. 正面的、积极的人际价值观；

2. 提升充分感知与表达感受的能力，进而学习自我觉察、获得成长；

3. 学习自由、责任，保持健康心态；

4. 学会自我接纳与欣赏，也学会接纳和欣赏他人；

5. 学会明确界限，设置界限。

本次团体辅导的适宜对象

1. 对宿舍人际关系、自我觉察、自我负责、活在当下等自我成长议题有兴趣的同学；

2. 在宿舍人际关系方面有困扰的同学；

3. 在情绪情感处理问题方面有困扰的同学。

招募要求

1. 有改变的动机和意愿；

2. 保守秘密，尊重每位成员的隐私；

3. 坦率真诚地与其他团体成员进行交流，不掩饰自己的真实情感；

4. 按时参加每次团体活动，不迟到、不缺席；

5. 尊重他人，仔细倾听，不随意打断别人的发言。

活动详情

人数：14人，在活动开始前我们会对报名者进行约谈，并告知活动的有关事项。

活动时间：每周四13:00～14:40，共8次。

首次活动时间：2018年3月22日13:00。

活动地点：×××。

活动带领者：×××老师，学校中级心理咨询师。

报名事项

报名时间：即日起至2018年3月16日。

报名方式：如下图自制表格或者戳“阅读原文”。

填写完毕后发送邮件至：×××@163.com。邮件标题：团体名称＋姓名＋性别＋学院＋年级＋班级＋宿舍号＋手机联系方式。

例5-2-3　批判与创造性思维训练营

成员招募：批判与创造性思维训练营报名开始啦！

思维方式决定行为，思维方式决定感受，思维方式决定需求！思维方式是决定一个人幸福和成功与否的重要因素！

如何克服自欺欺人的思维恶习，认清自己的真实需求？

如何解决杞人忧天、随波逐流、求全责备的问题，更好地掌控自己的情绪和生活？

如何批判性地看待广告、影视、他人的一言一行，不被社会、媒体和他人“欺骗”与“控制”？

如何学会独立思考，走出常见的思维误区，摆脱僵化的思维定势，提出最重要的问题？

如何用理性视角观察世界，破解事物的深层含义和思维的局限，发挥你的创造性？

如果你想更好地解答这些问题

快快报名吧！

注意

本次训练营不收取任何费用。我们承诺，对参与者的个人信息严格保密。要求参与者能按照规定的时间和地点参加团体活动。

活动详情

活动目标：训练思维，让自己更聪明！

活动形式：思维游戏、绘画创作、语言创造游戏、发散思维训练等。

活动时间：每周五 13:00，90 分钟/次，共 8 次。

首次活动时间：2018 年 3 月 23 日 13:00。

活动地点：×××，心理咨询中心团体活动室。

活动带领者：×××老师。

招募人数

本次招募成员 10～12 人。

在活动开始前我们会对报名者进行约谈，并告知活动的有关事项。

报名事项

报名时间：即日起至 2018 年 3 月 20 日

报名方式：如下表自制表格或者戳“阅读原文”

填写完毕后发送邮件至：×××@163.com

往期成员经验分享

A：最大的感悟是，创造性思维可以在我们生活的各个方面得到运用，并且我们能从中受益。在几次活动当中，从对自己名字的创造性思考，到幽默人生再到对自己所接触到的世界的思辨性思考，都是运用创造性思维的体现……

B：每次活动都有针对性的活动主题，不一样的思维性小游戏，很引人入胜！我懂得了，人的思维定式真的限制了一个人对事情的分析与解答，其实，问题的本质并非“理所当然”的，逆向性思维很重要。

C：参加本次批判性思维训练营收获颇丰，亲切和蔼的老师鼓励激发我跳出思维定势，将理念付诸实践，同时教会我理性思考和情绪管理。认识了很多可爱的同学，每次来都能感受到其乐融融的温暖……

D：这次的团体辅导最大的收获在于学会了换个角度看问题。同一个图片可以进行消极解释，也可以进行积极解释。同理，生活中的很多事情也可以这样……

E：通过这次训练，我认识到自己的不足，在解不出问题的时候容易钻牛角尖，甚至最终习得性无助。经过成语接龙的等一系列游戏练习之后，我发现了中学所学的知识还是有很大用处的，但是已经被我抛弃太久了。我渐渐明白了坚持学习的重要性……

例 5-2-4 人际关系成长团体辅导

成员招募：人际关系成长团体辅导报名开始啦！

不知道你是否会因为人际关系中的困境感到苦恼和无奈？

焦虑、烦躁、愤怒，却不知道哪里出了问题？更不知道自己该怎么办？

我们打算建立一个人际关系成长方面的团体。

在这里我们将营造一个安全、信任、理解和接纳的环境，通过感知自我，连接彼此的方式，提升人际关系的能力，从而遇见更好的自己，收获最真诚的关系。

注意

本次团体辅导不收取任何费用。我们承诺，对参与者的个人信息严格保密，同时要求参与者能按照规定的时间和地点参加活动。

活动详情

活动时间：每周二 13:00，90 分钟/次，共 8 次。首次活动时间为 2018 年 3 月 20 日 13:00。

活动地点：×××，心理咨询中心团体活动室。

活动带领者：×××老师，国家二级心理咨询师，个案工作时间 2 000 小时，存在—人本主义咨询师，认知行为治疗师。

招募人数

本次团体辅导招募成员 10～12 人。

在团体活动开始前我们会对报名者进行约谈，并告知团体辅导活动的有关事项。

报名注意

报名时间：即日起至 2018 年 3 月 16 日

报名方式：如下表自制表格或者戳“阅读原文”

填写完毕后发送邮件至：×××@163.com

往期成员经验分享

A：一次次的真实交流，不经意的内心触动，都让我逐渐明白，许多亲密关系的建立依靠的是彼此信任与真诚。用心去体会，去表达和理解真实的内心感受，每一个人都会找到自己想要的归属与亲密关系。这不是一次简单的心理课程，是一段真实的内心体验与历练，很幸运遇到真诚的你们，很感恩这次团体辅导。

B：希望我真的可以将团体中的情景延续到生活中，一直开心下去，并找到自己真正想做的事情，坦白自己的内心，诚实面对自己，能对喜欢的人说：啊，我就是喜欢你……

C：一次奇妙的心灵旅程，没有方向，却有意外和惊喜。体验情绪和正视内心的过程中，我看到了自身的变化，感谢带领者和整个团队成员，绝不后悔的一次活动。

D：参加完这个团体，我对人际关系有了新的理解，不是礼貌的一声招呼，不是象征性的一个微笑，而是真诚的将心比心，当对方值得你信任时，你会有什么事都会与之倾诉……

E:这是没有过多的技巧,仅仅是一场揭示自我内心历程。你可以看到一次交往是如何启程发展与结束,真诚与信任该如何构建,或许我们依旧懵懂,但我们必能带着新的体验笃然前行。

例 5-2-5　自信心训练营

自信心训练营报名开始啦!

你是否希望自己能在人际交往中游刃有余?

你是否希望自己能更加勇敢地尝试自己感兴趣的事情?

你是否希望能深入、全面地了解自己?

你是否期待遇见一个更好的自己?

在这里,我们将营造一个安全、信任、理解和接纳的环境,通过与你有相似想法的小伙伴一起分享、讨论、创造和体验,认识、训练和悦纳自己,提升你的自信心。

注意

本次团体辅导不收取任何费用。我们承诺,对参与者的个人信息严格保密,同时要求参与者能按照规定的时间和地点参加活动。

活动详情

活动形式:团体辅导、角色扮演、冥想训练、艺术表达等。

活动时间:每周二 13:00,90 分钟/次,共 8 次。

首次活动时间:2018 年 10 月 9 日 13:00。

活动地点:×××,心理咨询中心团体活动室。

活动带领者:×××老师、×××老师。

招募人数

本次团体辅导招募成员 8～14 人。

在团体活动开始前我们会对报名者进行约谈,并告知团体辅导活动的有关事项,请留意邮件通知。

报名事项

报名时间:即日起至 2018 年 9 月 26 日

报名方式:如下表自制表格或者戳“阅读原文”

填写完毕后发送邮件至:×××@163.com

例 5-2-6　关于开展心理阅读的倡议

书单来啦——关于开展心理阅读的倡议

阅读是一种很好的放松方式,也是成长的重要途径。通过阅读,我们可以在获得知识的基础上,理论联系实际,促使生活品质的改善和提升,并油然而生一种无限的满足感。

你有多久没有好好读一本书了?

值此第 27 个“世界精神卫生日”(每年的 10 月 10 日)到来之际,心理咨询中心特提出心理阅读的倡议，以普及和推广心理健康知识，让阅读成为习惯。此外，心理咨询中心拟从以下书单中选择3～5本作为本学期心理健康知识竞赛指定书目，具体实施办法另行通知，敬请关注。还在等什么？快看一看都有哪些书吧！

推荐书单

01. 凯利·麦格尼格尔：《自控力》
02. 阿尔伯特·埃利斯：《控制愤怒》
03. 多丽丝·马丁：《内向者的天赋》
04. 威廉·克瑙斯：《终结拖延症》
05. 马克·威廉姆斯：《改善情绪的正念疗法》
06. 大卫·塞尔旺-施莱伯：《自愈的本能：抑郁、焦虑和情绪压力的七大自然疗法》
07. 米哈里·契克森米哈赖：《心流：最优体验心理学》
08. 塔玛·琼斯基：《弹性思考力》
09. 艾里希·弗洛姆：《爱的艺术》
10. 马丁·塞利格曼：《真实的幸福》
11. 埃德娜·福艾：《自我训练2：不要强迫你自己》
12. 安德斯·艾利克森：《刻意练习：如何从新手到大师》
13. 乔纳森·海特：《象与骑象人：幸福的假设》
14. 卢森堡 著、阮胤华 译：《非暴力沟通》
15. 朱迪丝·博斯：《独立思考：日常生活中的批判性思维》
16. 乔治·K.西蒙：《披着羊皮的狼：如何与控制型人格相处》
17. 乔治·范伦特：《自我的智慧》
18. [日]石田淳：《从行动开始》

同学们可自行下载或者购买相关书籍，也可以前往心理咨询中心心理阅读室借阅相关书籍。

例 5-2-7 心理韧性团体辅导

心理韧性团体辅导报名开始啦！

每个人都希望自己的生活平静顺利

可生活无法永远是宁静的港湾

我们无可避免地会遇到挑战

如何在学习和生活中积极调整自己？

如何在面对新奇情境时作出更好的反应？

如何在压力情境下更加坚韧和从容？

心理咨询中心将开展心理韧性团体辅导，以便帮助你了解和发掘你的潜在资源，提升随机应对的能力；快速地满血复活，达到积极乐观的状态。

注意

本次团体辅导不收取任何费用。我们承诺，对参与者的个人信息严格保密，同时要求参与者能按照规定的时间和地点参加活动。

活动时间

每周五 13:00，90 分钟/次，共 8 次

首次活动时间：2019 年 3 月 22 日 13:00

活动地点

×××心理咨询中心团体活动室

活动带领者

×××老师

招募人数

本次团体辅导招募成员 8～14 人。

在团体活动开始前我们会对报名者进行约谈，并告知团体辅导活动的有关事项，请留意邮件或电话等通知。

报名时间

即日起至 2019 年 3 月 17 日

往期成员感悟

A：为期 8 周的心理韧性课，让我改变了很多。在面对压力与困难时，我能以平和的心态去面对与化解。在整个学习的过程中，老师总是会耐心和认真地解答着我们的各种疑惑，小伙伴彼此之间也逐渐建立起了信任并且以自己的方式表达着“爱”。十分感谢韧性团队带给我不一样的人生态度与体验。

B：在参加辅导之前，我不擅长与他人沟通。所以老师在讲如何沟通时，我听得非常认真。懂得了沟通最重要的是主动、态度和关爱。如今我的沟通能力虽说没有突飞猛进，但也在逐步提升。我会铭记这三点，继续提高我的沟通能力。通过这次辅导，我学到了许多处理情绪的方法。更重要的是从一开始彼此不熟悉的同学，到最后慢慢熟悉起来，敢于和他人沟通，我交到了很多的朋友，很开心，得到了心与心的碰撞……

C：当时在上韧性团体课时，我正处于大学的低落期，但也正是周老师教我们的这些，让我明白，每个人都应该有一处用以平衡和安放自己的中心，它给我们提供了安定生活与处事的力量……

D：生活不可能像你想象得那么好，但也不会像你想象得那么糟。我觉得人的脆弱和坚强都超乎自己的想象。有时，我可能脆弱的一句话就泪流满面，有时，也发现自己咬着牙走了很长的路。在这个光怪陆离的人间，没有谁可以将日子过得行云流水。但我始终相信，走过平湖烟雨，岁月山河，那些历尽劫数、尝遍百味的人，会更加生动而干净。时间永远是旁观者，所有的过程和结果，都需要我们自己承担。

报名方式：

点击文章末尾“阅读原文”下载表格

填写完毕后发送邮件至：×××@163.com

主题为：姓名＋心理韧性

三、特群学生心理咨询与治疗

特群学生所需要的心理咨询与治疗往往非辅导员一己之力能够完成，需要院系与学校心理咨询中心的老师相互协作，视具体情况可能还需要将学生转介至精神卫生中心等专业机构接受药物治疗。有些情况下，普通学生由于遇到突发特殊状况而需要及时的疏导与干预，这时辅导员应当及时介入，下面引用的案例正是这种情况：

例 5-2-8　辅导员疏导干预案例

1. 案例叙述

李某是我校某院系一名女生，学习成绩优异且乐观开朗，但她却因一个电话而变得郁郁寡欢。这天，手机铃声一如往常般响起，李某接起电话，电话里传来的却是一个陌生的声音，让她至今难忘。“你身边有没有别人?”电话那头的声音严肃而诡异。

李某一愣，心瞬间被提了上来，大脑空白一片，下意识就回答没人。对方又告诉李某，她的身份证、银行卡被不法分子套用，需要花钱来解决这件事。李某起初还算理性，特地查了一下电话的可信度，竟真的查到了确实有这个号码。李某惶惶不安，最终汇款给对方 6 000 元。一段时间后，她才发觉不对，得知自己被骗。李某的家庭条件并不是很好，被骗后内心十分悲痛，但她想既然事情已经发生了，也没有办法，自己的心态也应该有所转变。然而，李某身边的同学得知此事后，很是吃惊，不敢相信平时聪明理性的李某，竟然会被骗，简直不可思议。同学们看似关心的询问，有的不经意间带着指责的口吻，这在李某心中成了一把把伤人的刀，割开血淋淋的伤口。这让李某本该忘记的痛苦一次又一次被提及，在漆黑的夜晚里，她思虑焦躁、辗转反侧，痛骂自己愚蠢，内疚自己为家庭带来了巨大的损失。就这样，李某每日精神紧张，惶惶不安，情绪十分低落，难以走出被骗的阴影，几度出现轻生的念头。她希望通过咨询得到相应的指导，从阴影中走出来。

2. 案例分析

(1) 李某的精神状态呈现出焦虑、紧张、情绪低落、痛苦、内疚感强烈等现象。生理状态上以睡眠障碍为主。同时在社会功能方面，已经影响到了正常的学习生活，甚至出现了社交回避行为和轻生念头。

(2) 李某无器质性病变，不存在幻听、妄想等精神病性症状，通过交流发现，其自知力完整，虽有过绝望，但求助欲望强，排除精神病的可能。综上判断为一般心理问题。

(3) 因其有过轻生念头，采用“贝克自杀意向量表(SSI)”进行测评，结合评估结果和交流过程来看，李某其实是个乐观开朗的女孩，在叙述自己目前境况时语气平静，已经接受了被骗的事实。尽管家庭条件不好，但被骗已成事实。

(4) 在交流过程中问及李某在什么时候、什么情境下会感到紧张焦虑。她自述事情发生后，身边的同学都觉得不可思议：自己那么聪明和理性，怎么可能会被骗，让人太难以置信。在当时的情绪状态之下，李某感到原本同学关心的话语，变成了讽刺和指责。她变得不愿意和同学交流，在社交场合十分紧张和焦虑。通过交流得知，李某对被骗一事内疚感强烈，且有轻微的自卑心理。她自身的这种自责感，通过投射在同学身上，便使自己成了“众矢之的”，产生了“周围人都在指责自己”的认知偏差。

3. 解决方案

(1) 给李某提出相应建议的前提应当是充分让其倾诉，并给其有效的回应。倾诉在让我们了解李某问题情况的同时，更能让其通过诉说的方式来正视自己内心压抑的声音，宣泄积压的无助，释放不良情绪，缓解心理压力。

(2) 疏导李某的焦虑，使其正视被骗的现实。让其剖析自己为何被骗，自己紧张焦虑的根源是什么，控制自己现在的情绪。然后模拟情景：当再次面对突发状况时，该如何保持冷静。

(3) 引导李某发觉自己的认知方式，意识到自己的认知偏差，引导她控制自己的负性情绪。

(4) 鼓励李某大胆社交，结交知心朋友，遇事学会倾诉，学会自己理性解决。

(5) 为李某提供几条途径：可以通过学校的助学金和奖学金申请，或做兼职，自食其力来减轻一些家庭的经济负担。

4. 后续

李某逐渐走出了紧张焦虑的情绪状态，清楚地知道了自己在意的是什么，焦虑的来源是什么。渐渐地变回那个乐观开朗的女孩，愿意和同学交流。

5. 经验与启示

在突发事件发生时，学生其实很多时候可以通过自我的情绪调节走出事发的阴影。然而身边的同学、朋友带似指责的关心以及舆论引导，使得学生心理一次又一次遭受“二次伤害”。在解决此类问题上，要深入挖掘学生情绪变化根本的原因，学生的心理问题不能仅着眼于解决该生实际遇到的问题上，还应该了解其成长经历、家庭背景，以及身边人的一系列影响反应，才能有效地进行沟通，让学生走出阴霾，增强其解决问题的能力。①

四、心理健康知识竞赛和心理剧比赛

心理健康知识竞赛和心理剧比赛旨在给大学生群体全面普及心理健康知识，增进学生对心理健康的关注和了解，它们以更具亲和力的校园活动形式，成为多彩校园文化的一部分。

例 5-2-9　心理健康知识系列活动

心理健康知识系列活动预告来啦！就等你们大展身手。

为全面普及心理健康知识，增进同学们对心理健康的了解和关注，学生工作部心理咨询中心将面向全校学生举办心理健康知识系列活动，以前期心理阅读推荐书目为载体，结合户外趣味运动等方式，期望同学们在阅读中放松和提升自我，有所思；在运动中

① 张静：《高校心理咨询案例研究——受电话诈骗大学生的心理疏导及相关指导》，《现代商贸工业》2020 年第 20 期。

增长知识和关注健康，有所获。

接下来我们一起看一看具体安排吧：

本学期心理健康知识系列活动分个人赛和团体赛两部分，个人赛以心理阅读征文形式和心理健康知识灯谜活动两种方式进行，团体赛以户外趣味竞技答题的形式进行。

个人赛

1. 心理阅读征文

以前期心理阅读活动推荐书目为主要参考书目，也可自行选择其他相关书籍，任选一个角度谈谈心理书籍的读后感。

体裁不限，文责自负，字数在800字内。

截止时间：11月15号，以学院为单位进行提交。

专家评选后拟于11月20日下午心理健康知识团体赛结束后统一颁发荣誉证书和奖品。

2. 心理健康知识灯谜活动

时间：2018年11月20号12:00～13:00(拟定)

书目范围：《真实的幸福》《终结拖延症》《非暴力沟通》《改善情绪的正念疗法》《披着羊皮的狼》

活动程序：活动现场分为选题区、核对区和兑换区3个区域，参与者依序前往不同区域。

注：灯谜活动无需提前报名，可当场参与，活动地点另行通知。

团体赛

每队派一定名额学生参赛，一边参与趣味项目一边答题，参照速度快慢和答题得分来计算综合得分。

时间：2018年11月20号14:00(拟定)

书目范围：同心理健康知识灯谜活动

参赛项目(暂定)

A. 50米同心协力(四人三足前进答题)

B. 50米×2气球接力(背对背双人夹气球前进答题)

活动奖品丰富，从明信片到200元当当读书卡，更有其他神秘礼物等你来拿。还等什么，快找学院负责老师报名吧！

例5-2-10 心理阅读征文比赛

悦读于心：心理阅读征文比赛开始报名啦！

除了课本你有多久没好好读一本书了？你又有多久没有十分愉悦地阅读了？

阅读是一种很好的放松方式，也是成长的重要途径。当你用心阅读时，相信你会有别样的感触。

为进一步推动我校大学生心理健康教育工作，普及大学生心理健康教育基本知识，提高大学生的心理素质，让阅读成为习惯，促使生活品质的改善和提升，心理咨询中心与文学与传媒学院现举办心理阅读征文比赛。

征稿内容：以心理阅读活动推荐书目为主要参考书目（见附录1），也可自行选择其他相关书籍，任选一个角度谈谈心理书籍的读后感。

参赛须知

1. 征文对象：××学院全体学生。

2. 截止时间：2018年11月15日。

3. 文章体裁不限，字数建议在800字以内。

4. 必须是本人的原创作品，若有抄袭一经发现即取消参赛资格。

5. 文章提交方式：

(1) 纸质版：一式五份，请于11月15日17点之前交至：×××

(2) 电子版：请于11月15日之前以Word文档附件形式发送邮件至：×××@163.com。邮件主题：心理征文＋文章标题。正文中填写作者个人信息：姓名、学院、班级、学号、微信号和手机号码，并请在正文中附上文章内容。

6. 以上所有作品将组织专家进行评选，拟于11月20日下午心理健康知识竞赛结束后统一颁发荣誉证书和奖品，获奖者名单和获奖稿件将在校内期刊上进行刊登。作品相应版权归作者本人所有。

心理阅读活动推荐书单（略）

主办单位：

学生工作部心理咨询中心；

共青团××学院文学与传媒学院委员会；

××学院文学与传媒学院心理站。

活动联系人：×××

微信：×××

飞扬时鲜：心理阅读征文比赛报名即将截止，快来投稿吧！

最近你们是不是被双十一降价的物品、各种优惠券的使用方式和各种商品的秒杀占据了大量的精力呢？满足了物质上的需求后，是不是也要满足一下精神需求呢？偷偷告诉你，我校目前正有一项比赛可以大大满足你精神上的胃口，获奖者还有荣誉证书和奖品可拿，并将获奖稿件在校内报刊上刊登哦。这就是我校举办的心理阅读征文比赛啦！

想报名的同学要赶紧啦，因为比赛11月15日就截止了哦。

征稿内容：以心理阅读活动推荐书目为主要参考书目

详情请见我们之前的心理阅读征文比赛报名推送。链接：https://×××；也可自行选择其他相关书籍，任选一个角度谈谈心理书籍的读后感。

参赛内容

1. 征文对象：××学院全体学生。

2. 截止时间：2018年11月15日。

3. 文章体裁不限，字数建议在800字以内。

4. 必须是本人的原创作品，若有抄袭，一经发现即取消参赛资格。

5. 文章提交方式：

(1) 文章格式要求：标题，三号黑体；正文，四号；正文间距，28 磅。

(2) 纸质版：一式五份，请于 11 月 15 日 17 点之前交至×××。

(3) 电子版：请于 11 月 15 日之前以 Word 文档附件形式发送邮件至：×××@163.com。邮件主题：心理征文＋文章标题。正文中填写作者个人信息：姓名、学院、班级、学号、微信号和手机号码，并请在正文中附上文章内容。

6. 以上所有作品将组织专家进行评选，拟于 11 月 20 日下午心理健康知识竞赛结束后统一颁发荣誉证书和奖品，获奖者名单和获奖稿件将在校内期刊上进行刊登。作品相应版权归作者本人所有。

距离心理阅读征文比赛稿件报名的报名时间只剩 2 天了，大家赶快投稿报名吧！

主办单位：

学生工作部心理咨询中心；

共青团××委员会；

××心理站；

活动联系人：××

微信：××

各位老师早，“悦读于心”征文比赛即将报名截止，请大家按要求提交：(1)纸质版：一式五份，请于 11 月 15 日 17 点之前交至×××(2)电子版：请于 11 月 15 日之前以 Word 文档附件形式发送邮件至××@163.com。邮件主题：心理征文＋文章标题。正文中填写作者个人信息：姓名、学院、班级、学号、微信号和手机号码，并请在正文中附上文章内容。各位辛苦啦！

各位老师，心理健康知识团体赛的程序如果同学们反映有难操作的地方请尽快反馈，下周我们就要确定下来最终的详细程序和计分方式啦。

老师们，心理健康知识竞赛将于下周二在比赛馆进行，请老师们明天之前把下周二灯谜活动(11 月 27 日 12:30～13:30)参赛人数以及团体赛(11 月 27 日 14:00～16:00，初赛：50 米同心协力两两 PK；决赛：50 米气球接力)队伍名称、队伍人数报给我，谢谢！

老师们，全校共报名 20 支队伍参加团体赛，感谢大家的支持！参赛队伍请于 13:50 准时在比赛馆签到处统一抽签决定初赛 PK 队伍。团体赛共两轮：首先进行初赛，之后择优进入决赛中，最终选出一等奖 1 名，二等奖 2 名，三等奖 3 名，其余为优胜奖。20 支参与队伍都有奖项，初赛后务必留下一位同学领取奖状和奖品。我把更加具体的项目内容、规则和项目前进示意图发给老师们，大家转发给参加的同学们让大家看看规则。活动当天主持人也会首先宣读下活动规则，最终解释权归心理咨询中心和心理协会所有，同学们如果有疑问可联系心协××同学、××同学。

各位老师好，“悦读于心”心理阅读征文比赛结果已经出来，感谢各学院的大力支持，恭贺所有获奖同学！

悦读于心：心理阅读征文比赛获奖名单出炉！

历时一个月的“悦读于心”心理阅读征文比赛已经完全结束啦！

本次征文比赛评分着重考察对书中心理知识体系理解准确性、从理论到应用的程度以及语言流畅性、表达观点创造性等方面。最终选出 13 个获奖作品。

其中：一等奖 1 名，二等奖 3 名，三等奖 4 名，优胜奖 5 名。获奖同学都会颁发获奖证书和奖品。

例 5-2-11　校园心理剧活动

通知：关于开展第三届校园心理剧活动的通知

为促进大学生积极人格特质的形成和完善，强调当代大学生积极乐观的精神风貌，关注大学生心灵成长，推进我校心理健康教育事业的发展，值 5·25 大学生心理健康日即将到来之际，学工部心理咨询中心拟结合当代大学生的心理需求及表达特点，依托积极心理学相关理论，联合各二级学院开展第三届校园心理剧活动，现将具体工作安排通知如下：

一、活动主题

新时代，心智慧，心梦想

二、参赛对象

全体在校本科生，鼓励研究生、留学生积极参与

三、大赛安排

1. 各学院选出 1～2 支队伍（如果一个学院有多支队伍，请自行选拔）代表本学院参赛，也可跨学院自由组队参赛。

2. 本次大赛分为剧本审核、初赛、决赛等阶段。比赛剧本请在 2019 年 4 月 5 日前提交审核，审核所需时间 3～5 日。初赛时间：2019 年 4 月 16 日 13:00～21:00；地点：×××。决赛时间：2018 年 5 月 7 日晚 18:00～21:00；地点：×××。如有变动另行通知。

四、参赛要求

1. 剧本内容

剧本要求原创，杜绝抄袭。禁止使用重复或与往届相似度过高的剧本，一经发现将取消参赛资格。

剧本内容应贴近大学生日常的生活、学习、工作，要能折射出“责任、幽默、友善、希望、爱”等积极人格特质（详情见附件 1），体现当代大学生常见心理冲突及对自我的探索，重点在于反映出角色的内在心理冲突的产生、发展、调整和解决过程。内容健康，积极向上，能给人启迪。

2. 剧目时长

每个剧目时长为 8～15 分钟。

3. 形式

作品表演形式不限，鼓励创新，可采用话剧、小品、哑剧、音乐剧、歌舞剧等形式。

五、评分细则

本次大赛采用百分制评分：

1. 剧本内容(20 分)：内容清晰、完整，紧扣主题，属于原创

2. 主角主题(10 分)：围绕大学生当前存在的现实问题

3. 演员展示(40 分)：主角、配角等在表演时行为表达流畅、配合默契、剧情过渡自然

4. 舞台技术(20 分)：体现出心理剧的技术以及舞台音乐、道具等的使用

5. 观众反应(10 分)：能感染观众，引起观众情绪体验的共鸣与思考

按得分高低选出队伍参加校级决赛，决赛第一名代表我校参加全国心理剧比赛。

六、其他事项

1. 评选表彰

本次活动由我校学工部心理咨询中心主办，心理协会承办，由学工部心理咨询中心邀请专家评委进行打分并评选出一等奖、二等奖、三等奖、优秀奖若干名，同时还将评选出若干单项奖并予以表彰。

2. 报名事宜

各学院于 3 月 29 日前将报名表(见附件 2)报学工部心理咨询中心×××，同时将电子稿发至×××@qq.com 并抄送至×××@163.com；于 4 月 5 日前将参赛剧本发送到上述邮箱中。

中心将根据各学院参赛质量和数目给予适当经费支持，有兴趣快去咨询各学院心理辅导员老师吧。

附件：

1. 积极人格定义及心理学视角举例(略)

2. 2019 年校园心理情景剧大赛报名表(略)

温馨提醒：老师们，本周五是心理剧报名截止时间，大家记得把报名表于 3 月 29 日前(见附件 2)报学工部心理咨询中心×××，同时将电子稿发至×××@qq.com 并抄送至×××@163.com；同时，于 4 月 5 日前将参赛剧本发送到上述邮箱中。

各位老师好！请各学校核对下报名情况有无遗漏，有问题联系我！谢谢同学们的积极参与，另：各学院请选出 1～2 支队伍(如果一个学院有多支队伍，请自行选拔)。比赛剧本请在 2019 年 4 月 5 日前发至×××@qq.com 并抄送至×××@163.com，审核所需时间 3～5 日。初赛时间：2019 年 4 月 16 日 13:00～21:00；地点：××楼××室。决赛时间：2018 年 5 月 7 日晚 18:00～21:00；地点：×××。如有变动另行通知。请老师们和同学们提前做好准备。

各位老师好，经过初赛的激烈角逐，我们选取前 50%进入决赛，已将晋级通知过队伍负责人，现将决赛队伍公布给各位老师，详见截图(略)。

以下剧目进入决赛，请相关团体进一步排练；决赛时间定在 5 月 7 日 13:00 开始，预计 17:00 结束；决赛地点定在×××。请各位老师多加指导和督促。

第六章　职业规划与就业创业指导

第一节　职业规划与就业创业指导工作重点

一、职业规划与就业创业指导工作的意义

职业规划与就业创业指导工作是学生的大学学习与社会工作之间的一座桥梁，正是通过职业规划与就业创业指导工作，学生主动思考自己的职业道路，作出选择并付诸努力。毕业季的学生面临着就业、创业、考研、出国、考公务员等各种不同选择，他们需要专业的指导。

对辅导员来说，就业指导工作具有较强的专业性，要求辅导员掌握系统的理论知识，能够掌握和解读国家相应的方针政策；要开展学生情况调查，了解所带毕业生的具体情况、学生对就业能力的自我评估等；同时，开展企业用人要求调查，搜集就业市场以及企业职能需求的信息，了解掌握企业用人的要求，将其及时反馈到就业指导工作中。

二、职业规划与就业创业指导工作的内容

高校的职业生涯规划教育应当有始有终地贯穿于学生完整的大学生活之中，从大一入校，至大四毕业，针对不同年级学生的不同需求、不同发展阶段和不同心理特点，积极有效地组织开展与学生各个阶段发展相适应的职业生涯规划教育。比如：

大一年级，职业生涯启蒙，主要注重学生职业意识的启迪，通过职业生涯规划配套课程使学生初步形成职业生涯规划的概念，帮助学生正确认识自我，并根据社会需求，结合所学专业和个人兴趣制订未来职业发展规划。

大二年级，职业生涯准备，引导学生通过专业学习有意识的了解专业发展方向，加强专业知识积累，选修辅修可能与未来发展相关的领域内容。同时，鼓励学生多参加社会实践和实习，参加互联网＋、创新创业训练营等创业比赛，尝试将所学知识有效的运用到实践中，在实践实习中不断提高自身素质和职业技能，增进对社会需求的认识，提高就业竞争力。

大三年级，职业生涯定向，帮助学生确定未来发展目标，明确毕业后的发展方

向——就业、出国、考研还是创业,加强专业方向与就业形势的教育,让学生充分认识本专业工作领域的特点,结合自身优势,培养和发展与其职业目标相适应的素质能力,充实自身硬件条件,考取各种等级证书及职业资格证书,为将来参与竞争增加筹码,开展创业教育,通过创业课程、讲座、丰富多彩的活动,各种创新创业比赛,激发大学生的创新精神和创造能力。

大四年级,职业生涯预备,着重对学生进行择业、考研等方面的指导,引导毕业生进行角色转变,尽快适应社会。主要工作是提供各种信息咨询服务,及时给予求职指导,帮助学生修正就业创业目标,确定合理的就业创业期望值。举办就业创业政策、就业创业指导讲座,提供用人单位信息,组织毕业生招聘会,为毕业生求职营造一个良好的外部环境。指导毕业生参与实习工作,积累实践经验,引导毕业生逐步向社会人转换。①

第二节 职业规划与就业创业指导工作内容

一、掌握毕业生信息

自学生进入大四毕业年级起,有大量毕业相关信息需要汇总确认,如生源信息、就业意向等。辅导员在收集这类信息的同时,应当抓住机会详细了解学生的就业意向和具体就业进展,并适时提供对方需要的建议和帮助。

例 6-2-1 毕业生生源信息上报和就业意向情况摸底调查

带毕业班的各位老师好。一、“20××届毕业生生源信息上报表”是每位毕业生都需要完善的,每人一行。(1)确认表格中已有的信息是否正确,如果有误请直接在上面修改后用红色标注并且再单独告诉我一下。(2)其余各空白列请参照“20××届毕业生生源上报代码表”填好,请注意:地区信息、政治面貌、民族和困难生都是要填代码的(请一定参照代码表填代码,不要填文字)。二、“20××届全校毕业生就业意向情况摸底调查表详细及上海生源摸底表”,这个请以班级为单位或者以辅导员为单位汇总填写,上海生源指的是高考之前户籍在上海的同学,具体在哪个区县以当时户籍所在区县为准。两份表格请于 9 月 30 日下午 2 点前发至邮箱××@sina.com,谢谢。

例 6-2-2 毕业生就业信息管理系统确认

各位老师,请通知 20××届毕业生登入我校就业信息管理系统 http://×××(账号:学号;密码:默认身份证后六位)进行个人毕业信息的确认,辅导员请在学生确认后登入系统审核学生信息(账号:教师工号;密码:教师工号)。完成审核后辅导员可在系统中查看毕业生总数,并进行后续的毕业生就业去向登记、报到证打印管理。请在下周五前要求学生完成系统确认。

① 刘景宏:《高校大学生职业生涯规划教育存在的问题及对策》,《创新与创业教育》2001 年第 3 期。

二、鼓励学生求职创业

辅导员可以通过多种方式鼓励并帮助学生求职创业，比如帮学生把好简历关，指导学生参加创新创业大赛，毕业班学生还可以申请求职创业补贴。

例 6-2-3　创新创业大赛

[“互联网＋”创新创业大赛重要通知]

第六届“互联网＋”大学生创新创业大赛校内选拔工作开始啦！请大家查收通知！在此有以下几点需要作出说明：

1. 根据校团委对于项目的数量要求××学院分配到的名额比较多，大一至大三每班至少报名 3 个项目，研究生每班至少报名 3 个项目。

2. 为保证参赛项目数量，请积极动员学生参赛，鼓励参赛团队结合大创训练项目、“挑战杯”大学生创业计划竞赛项目以及以往的互联网＋大赛申报项目，应注重项目的持续深入推进。

3. 参赛团队即日起通过登录“全国大学生创业服务网”(cy.ncss.cn)或微信公众号(名称为“全国大学生创业服务网”或“中国互联网十大学生创新创业大赛”)任一方式选择对应赛道进行报名。线上报名截止时间 7 月 3 日。

4. 各项目负责人于 7 月 4 日 13:00 前将学院参赛项目申报材料电子版发送院团委创新创业部邮箱：××@163.com，统一命名为“班级＋赛道＋‘互联网＋’＋项目名称＋负责人姓名”。申报材料包括申报书(详见附件 3)、学院参赛队伍汇总表(详见附件 4)、创业计划书、创业佐证材料等。

5. 参赛同学请加入 QQ 通知群(×××××××××)，之后的最新通知将会在该通知群发布。

[2020 年大学生创新创业训练计划项目通知来啦！]

这个比赛分为创新训练项目、创业训练项目、创业实践项目三类，若能立项成功，学校资助金额还是很诱人的(可看文件详细介绍)。

本次比赛每个团支部须至少提交 3 个项目(本科＋研究生)本期创新创业训练计划项目结束后，将结合各团支部参加项目数、立项数量、中期及结项检查通过率等指标评出优秀组织奖若干名，请各团支部积极动员学生参与。

各项目负责人于 7 月 2 日之前将项目申报书及项目正文和项目汇总表电子版打包，命名为“班级＋负责人姓名＋项目名称＋申报类别”发至邮箱：××@163.com。纸质版于 2020 年秋季学期正式返校后第一周周四前交至×××。

例 6-2-4　毕业生求职创业补贴申请

[毕业班辅导员请注意]请转发下述求职创业补贴的信息给毕业生们

各位毕业班同学，本市高校毕业生求职创业补贴发放工作已启动，现将有关事项通知如下：

一、发放对象

本市普通高校在毕业年度内有就业创业意愿的以下学生：

1. 享受城乡居民最低生活保障家庭的毕业生；

2. 残疾毕业生；

3. 就读期间获得国家助学贷款的毕业生；

4. 贫困残疾人家庭的毕业生；

5. 建档立卡贫困家庭的毕业生；

6. 特困人员中的毕业生。

以上皆指全日制学生，不包括已确定升学、出国留学的毕业生。

二、申请材料包括

1. “高校毕业生求职创业补贴申请表”(见附件1)；

2. 本人身份证复印件(正反面复印在一张纸上)；

3. 本人银行卡复印件(用学校发的农行卡，正反面复印在一张纸上)；

4. 相关证明材料。

符合本通知第一条第一款和第六款规定的对象还需提供户籍所在地民政部门出具的有效证明；符合第二款规定的对象还需提供残疾证复印件；符合第三款规定的对象还需提供国家助学贷款合同复印件；符合第四款和第五款规定的对象还需提供户籍所在地乡镇人民政府或街道办事处出具的有效证明。

三、补贴标准

补贴标准为每人1 000元，每人限领一次。

四、申请办法

坚持自愿申请、公开公正的原则，请有意愿申请的同学于4月10日下午4点前将申请表纸质版和佐证材料纸质版交给辅导员。

三、处理毕业事项

毕业相关事项包括集体户口迁移、报到证打印、档案寄送、毕业照和毕业典礼等，在这些事项的处理过程中，辅导员可以见缝插针了解学生就业创业进展，为学生提供积极的建议和帮助。

例6-2-5 毕业生集体户口迁移

[毕业生集体户口迁移，请通知班级同学]

亲爱的毕业生们，集体户口迁移工作开始了，请毕业班班长将以上文件(通知+附件1+附件2+附件3+征询表)转发到班级群并请同学们：

(1) 务必仔细阅读通知文件，尤其涉及暂缓迁移、更改迁移地址和户口迁移证有效期。

(2) 迁回原籍的学生递交附件1+附件3+身份证正反面复印件，附件1正反打印，手写签名日期，附件3直接打印，三项均交纸质版。

(3) 关于附件 1,附件 1 不需要全部填写,只需填写标红的区域即可(姓名、性别、出生日期、申请入户地址、居民身份证号码、原籍户口簿地址)。

(4) 关于附件 1 中的申请入户地址,户口默认迁回原籍地址(详见征询表,研究生无),如需更改,需提供迁往新地址"准予迁入证明"原件(由落户地派出所开具),才可办理户口迁移证。

(5) 暂缓的学生只需递交附件 2,打印并手写签名日期。

(6) 班长汇总时,请将征询表中自己班级的一页也打印出来放一起。

(7) 所有材料请于 5 月 23 日下周四下午 4 点前汇总给各班辅导员。

例 6-2-6 毕业生报到证打印

[2019 届毕业生就业报到证开始集中受理打印]注意事项如下,请大家务必仔细阅读

一、每位同学对照自身具体情况:

A. 如果你是上海生,并且你有工作,与单位签署了就业协议,协议上填写了信息登记号,请将你就业单位的名称全称报给辅导员。

B. 如果你是上海生,并且你没有工作,那么不需要打印报到证。

C. 如果你是非上海生,并且你有工作,打电话问你的工作单位,是否需要报到证,如果对方答复需要,请将你就业单位的名称全称报给辅导员;如果对方答复不需要,参照 E 或 D。

D. 如果你是非上海生,并且你没有工作,请在《2018 年报到证派遣地址参考》这个文件里找到你的户籍所在地的那一行,打电话过去问他们:(1)你的档案将要寄回自己的户籍所在地,是否需要报到证(一般情况下都是需要的,如果需要而档案里没有,对方会不收档案,到时候会比较麻烦)。(2)报到证的确切抬头是什么,要全称,要准确,一字不能差,将报到证抬头名称报给辅导员。

E. 还有一种特殊情况,有部分同学可能在自己的非生源地就业了,并且档案寄到就业单位所在区县的主管部门,那么请在《2018 年报到证派遣地址参考》这个文件里找到该区县所在那一行,后续操作同 D。

F. 如果你已考研成功(单指考研,不包含出国),不需要打印报到证。

二、学校集中打印时段 vs.学生自行打印时段:根据市学生事务中心统一要求,我校集中打印受理时间为 6 月 14 日～7 月 5 日(周五),过时学工部就业服务中心将不再集中受理。之后,须由学生个人自行前往上海市学生事务中心打印报到证。建议大家尽量在时段内完成集中打印,之后自行前往打印会比较麻烦。

三、每周受理时间:6 月 14 日～7 月 5 日,学校每周二集中打印一次报到证,学院每周一将报到证信息上交就业办,所以请确认了报到证抬头信息的同学尽量每周五之前将准确的报到证抬头名称发给自己的辅导员,这样学院周一完成汇总,正好周二交学校。

四、打印出来的报到证分两联,一联放入大家的档案,一联大家来领取后自行保管。报到证非常重要,请大家一定要妥善保管,尤其是回原籍的同学,今后如果改派,原

来的两联是需要收回的，如果遗失了还需要办理遗失证明，会比较麻烦。

例 6-2-7　毕业生档案寄送

［20××届毕业生档案寄送注意事项］

A. 除已经录取国内高校研究生的同学档案寄往对方学校外，其他同学的档案一般情况下都是寄回原籍。

B. 原籍接收档案的主管单位原则上都是当地的区/县一级的人才服务中心或就业服务中心或人力资源和社会保障局，等等。

C. 各个地方的具体名称是不一样的，请每位同学务必询问准确。建议每位同学至少本人进行电话确认，如果家人在原籍老家的话最好能抽时间上门问一下。毕竟档案是大事，寄丢了非常麻烦。不要随便报一个网上查到的名称地址，它们不一定准确。

D. 需要大家确保问到的是：自己户籍所在地档案接收单位的(1)单位名称；(2)邮寄地址；(3)单位邮编；(4)单位电话；(5)接收人姓名。今天是 6 号，请大家 17 号前(正好有一周的工作日可供大家电话或上门询问确认)将自己的档案寄送信息报给班长，班长 Excel 汇总后发辅导员。

每位同学发送给班长的样例：

学号：152017××××；姓名：×××；单位名称：××市人力资源办公室；邮寄地址：××省××市××路×号×服务中心一楼××号窗口；单位邮编：××××；单位电话：××××××；接收人姓名：×××。

班长 Excel 汇总在“档案邮政特快专递交寄单”里，按学号排序，最后要分页，10 个人一页，每一页的编号都是 1～10，不要依次编成 11～20 之类的。

例 6-2-8　毕业照和毕业典礼

请毕业班辅导员转发毕业班同学

［关于毕业照和毕业典礼的通知］

(1) 学院拟定于 6 月 28 日上午 10 点在图书馆门前拍毕业照，学校拟定于 6 月 28 日 13:00 在××馆)举行毕业典礼。

(2) 具体时间(肯定要提前到)和注意事项下周会再发通知，请大家提前安排好自己的行程。

(3) 请班长统计拍毕业照的人数和参加毕业典礼的人数，并于明天(6 月 20 日周四)上午 10 点前发给各自辅导员。

(4) 毕业照共三张，一大两小，大毕业照是全学院的，21 元，小毕业照是班级的，一张严肃、一张活泼，每张 6 元，故毕业照每人 33 元。如班级班费仍有余额，可以先使用班费，余下的费用所有拍毕业照的同学一起分担，班长收齐后交各自辅导员。

(5) 四年的岁月将伴随毕业典礼结束，最终定格在毕业照上的每一张笑颜里。毕业照和毕业典礼是青春的见证，是大学的重要高光时刻，所以请每位同学慎重对待，珍惜大学的最后一刻，没有非常特殊的原因请不要随意请假缺席，谢谢大家。

第七章　学生园区建设与危机事件应对

学生园区建设与校园危机事件应对，是辅导员的重要工作职责。《普通高等学校辅导员队伍建设规定(第 43 号令)》第五条"辅导员的主要工作职责"中明确规定："校园危机事件应对、组织开展基本安全教育，参与学校、院(系)危机事件工作预案制定和执行、对校园危机事件进行初步处理、稳定局面控制事态发展、及时掌握危机事件信息并按程序上报、参与危机事件后期应对及总结研究分析。"学生园区是大学生主要的生活学习空间，也是大学生人际关系矛盾积聚、爆发的重要场所，校园危机事件发生通常与学生园区关系密切，辅导员在实际工作中应当注意学生园区建设与校园危机事件应对的内在勾连。

第一节　学生园区建设

学生园区，通俗地讲，是指学生宿舍区，主要功能是为学生提供生活休息的场所。不过，随着高校后勤社会化，大学生诉求需求的多元化、个性化和差异化，以服务为中心的社会理念逐渐被引入高校，学生宿舍区逐渐衍生成几乎涵盖学生衣、食、住、行等多方面的综合生活社区，因此，有些高校称之为学生社区，有些高校则称之为学生园区，从名字的演变足以可见，学生宿舍区内部结构日益复杂、功能日趋开放多元。正因为如此，学生园区建设是一项系统性工程，它需要高校学生工作、后勤管理、信息管理、保卫、教务等部门多维度、多层次协同合力推进。从学校顶层设计，到职能部处与院系联动，再到学生公寓办与辅导员具体落实，学生园区建设已然形成自上而下、分层分级的统一体系。在这一体系当中，作为处在学生管理和大学生思想政治教育的第一线，辅导员同学生接触最为频繁、联系最为紧密、感情最为亲密，因此，辅导员队伍自然是学生园区建设一支不可或缺的关键力量。

一、学生园区建设工作重点

学生园区是集生活休息、学习交流、人际交往等多功能于一体的大学生综合生活空间。加强学生园区建设，营造良好的园区环境，既能够促进学生学习生活顺利开展、人际关系的和谐，也有助于维护学校正常的教育教学秩序。以服务为中心的社会理念不断凸显以学生为本的高校办学理念，在此基础上，随着高校思想政治工作会议上提出的立德树人根本办学宗旨，高校不断强化育人功能，逐渐成为全员、全过程、全方位的合力协同育人共同体，学生园区则逐步成为管理、服务、育人的重要场所。习近平总书记强调："好的思想政治工作应该像盐，最好的方式是将盐溶解到各种食物中自然而然吸收。"思政育人离不开日常工作，因此，学生园区建设工作重点在于如何将管理、服务与育人融为一体。换句话说，也就是如何将育人工作自然而然融入学生园区日常管理与服务当中。

围绕全员、全程、全方位育人工作导向，众多高校积极探索学生园区思想政治教育工作模式，尝试将思政育人工作融入学生园区管理和建设中。有些高校以一年级为基础成立实体化的社区学院，积极同学生社区管理部门联动融合，整合校内各方资源，将新生适应性教育、基础通识教育和学生社区自我成长教育结合起来，帮助新生明确人生发展目标，奠定全面发展的基础。有些高校积极推动书院制改革，集合各方资源在学生园区打自造我管理、自我教育、自我历练的生活社区，书院既是实现文化育人的住宿园区，也是师生共享的公共空间，更是学生自我管理的教育平台。还有些高校在学生园区以特征鲜明的宿舍楼为基础打造特色楼宇文化，例如"党员楼""爱心屋"等，将党建、专业、诚信、慈善等众多元素融入学生园区建设当中，利用集体主义教育、朋辈教育、"传、帮、带"等方式开展学生园区思想政治教育。总的来说，以上高校探索学生园区思想政治教育工作模式，基本立足点在于不是将学生园区仅作为学生宿舍区，而是将其作为一个相对开放、主体多元、资源共享的生活空间，每一主体通过其间的交往、互动、共建而获得教育和提升。

思政育人工作融入学生园区日常管理与服务，并不是"野蛮式"的内容介入，将学生园区建设直接转变为空间转换的"园区思政课堂"，而是"创造性"的内容转化嵌入，在正常开展园区日常管理与服务过程中，重点做到价值导向、内容安排以及形式呈现等方面的调整。一是学生园区管理避免单向维度，强调多主体互动，尤其是学生自我管理。高校主动创造条件和机会，让学生在自我管理过程中接受成长教育。二是学生园区服务避免包办一切，应当有所禁止。高校不能陷入纯市场化的等价交换服务之中，应当坚守自身的育人初心，引导学生在主动服务、克服困难、磨炼自我过程中接受成长教育。

二、学生园区建设工作主要内容梳理

学工队伍在学生园区建设工作中通常发挥着主导性作用。从辅导员角度来看，学生园区建设工作主要包括园区学生日常管理与服务、学生突发事件干预和园区文化建设三个方面。通过对主要内容的梳理，将思政育人工作融入其中，尝试厘清辅导员在这一板块内容中的工作思路，并为新入职辅导员提供一定借鉴经验和方法。

（一）园区学生日常管理与服务

作为学生日常事务的管理者，根据具体内容划分，辅导员园区学生日常管理与服务工作主要包括安全卫生管理、宿舍矛盾纠纷调解、宿舍谈心谈话。

1. 安全卫生管理

园区学生管理通常是双向的，既有学生园区管理中心（或学生公寓办）、辅导员这样的教师管理队伍，也有园区学生党员、学生园区自治管理委员会这样的学生自治力量。在教师管理队伍主导下，充分调动学生自治管理力量，发挥学生自治队伍在群体沟通、带头示范、规范朋辈等方面的积极作用，不仅能够提高园区学生日常管理效率，也能够让学生在自我管理过程中获得能力锻炼、经验提升和成长教育。辅导员园区安全卫生管理主要涉及学生住宿、人身财产、宿舍卫生等方面。

学生住宿安全主要包括学生就寝、用电、用水、防火等，它是园区建设工作的基础内容，也是辅导员日常事务管理的基础工作。

（1）同园区学生自治管理力量合作，开展园区住宿安全日常巡视排查，及时了解学生未就寝信息、是否存在使用大功率电器以及提醒用水防火等情况。

（2）组织班委制定检查奖惩机制，将园区住宿安全纳入学生综合素质测评，以制度约束强化学生安全意识、规范学生日常行为。

（3）组织开展园区安全教育主题班会，将活动地点放在学生园区，通过专题讲座、现场演绎、问辩环节等形式，加强学生住宿安全教育宣传。

例 7-1-1　××大学××学院美好生活之家社团章程

第一章　总则

第一条　名称

××大学××学院美好生活之家

第二条　组织性质

美好生活之家是在××学院社区中心监督和指导下自主建设、自我管理、自我发展的公益性学生服务团体组织。

第三条　社团宗旨

坚持学生社区“文化共建、文化共治、文化共享”原则，丰富学生社区活动内容，打造学生社区文化品牌，提升学生社区生活质量，致力于安全社区、文明社区、健康社区、和谐社区建设。

第二章　会员

第四条　入会

凡能遵守国家宪法及法律法规，承认本协会章程，自愿履行社团义务的在校全日制学生均可申请成为社团成员。

第五条　会员入会的程序

（一）提出入会申请；

（二）经社团理事会商讨通过；

（三）报校社团联备案。

第六条　会员享有的权利

（一）社团的选举权、被选举权和表决权；

（二）参加社团活动的优先权；

（三）获得校社团联及社团的服务；

（四）对社团工作的批评建议权和监督权；

（五）参与校社团联及社团的评优工作；

（六）入会自愿、退会自由。

第七条 会员履行的义务

（一）遵守学校、校社团联各项规章制度及社团章程；

（二）执行社团的各种决议；

（三）维护校社团联及社团的合法权益；

（四）按有关规定交纳会费；

（五）完成社团布置的任务；

（六）积极参与社团每项活动；

（七）向社团反映情况，提供有关资料。

第八条 退会

（一）由本人提出书面申请，经社团理事会审核通过后方可退会；

（二）严重违反社团章程或触犯法律法规者，经社团理事会审核通过后撤消其会员资格；

（三）未履行协会义务或不参加协会活动规定次数以上者视为自动退会；

（四）退会前应结清会费余额并予以清还。

第三章 组织机构和负责人产生、罢免

第九条 社团管理机构设社长一名、副社长一名，社团管理机构成员必须具备以下条件：

（一）熟悉协会工作，有一定组织能力；

（二）思想积极上进，乐观开朗；

（三）工作积极主动，团结同学，乐于助人，有奉献精神。

第十条 社长的权利和义务

（一）服从社联、团委的领导；

（二）定期召开例会并制定社团的规章制度、活动计划；

（三）组织社团成员开展各项活动；

（四）根据社团规章制度收取管理、使用会费，吸收和处分会员；

（五）负责开展各项活动，并做好工作记录及活动总结；

（六）加强校内、外之间的社团交流，扩大社团影响，树立社团良好形象；

（七）培养推荐社团接班人，做好负责人换届选举工作。

第十一条 社长职责

（一）负责确定社团各个阶段的工作目标和任务；

（二）领导各部门及下属组织日常工作，主持工作例会；

（三）监督各部门工作，对各部门工作进行考评；

（四）负责社团重大活动的筹备和组织；

（五）加强内部人员的团结，充分调动各方面积极性，协调各方关系，争取各方支持。

第十二条　副社长协助社长处理日常工作，必要时代理社长工作

第十三条　社团下设组织部、外联部、宣传部，各部门职能具体如下：

（一）组织部

1. 负责社团活动的策划、组织工作；

2. 负责社团活动所需的后勤保障工作；

3. 协调社团各部门之间的沟通和联系。

（二）外联部

1. 负责社团对外联系、洽谈，为社团争取赞助和合作，为同学们提供良好的锻炼机会；

2. 加强社团和社会各界的联系，树立社团良好的形象。

（三）宣传部

1. 负责整体活动宣传方案的拟订和各项宣传工作，如海报、传单制作编排，横幅内容的拟订以及场地整体布置；

2. 通过海报、标语、板报等形式，做好协会的内、外宣传工作，提高社团的知名度；

3. 通过微信、微博推送等方式，对社团的各项活动进行前期、中期、后期的宣传报道，及时准确地向同学们传递各种信息。

例 7-1-2　××大学××学院美好生活之家温馨提示（住宿篇）

转眼间，湿冷的冬季已经来临，××学院美好生活之家在此温馨提示：根据最近社区那边反映，××学院部分宿舍卫生环境堪忧，下周起学校将进行冬日大检查，希望同学们在用电安全和卫生方面多加注意：

1. 不得违规使用大功率电器，包括电热棒、电炉、电饭锅、电磁炉、电饭煲、电热壶、电热杯、电暖器、电热毯等电器设备，一经发现，取消本年度所有评优资格，并按违规违纪处理。

2. 严禁在宿舍内私拉乱接电源线、电话线、网络线。

3. 严禁撕毁电表上的密封标签，私自改动电表内的电路连接。

4. 保持宿舍整洁干净，注意通风，及时进行打扫。近期，学院老师会进行宿舍不定期检查，请各位同学务必整理好内务。

天气湿冷，早晚气温比较低，请各位同学千万要注意保暖。美好生活之家与您相伴！

学生人身财产安全主要来自网上网下的人身财产安全风险。一方面，处在当下信息泛滥、纷繁复杂的网络社会，各类网络诈骗层出不穷，学生经常遇到网络诈骗而蒙受财产损失，甚至牵涉人身安全；另一方面，学生园区是一个相对开放的生活空间，时有外部人员混入园区，对学生进行人身财产诈骗。辅导员可以组织班委，或联合园区学生自

治管理力量在重要时间节点开展集中性安全提醒活动，帮助学生养成日常安全文明习惯，进出关门，锁好门窗，增强安全防范意识。

例 7-1-3 ××大学××学院“美好生活之家温馨提示”【案情通报】

① 9 月 10 日，××派出所接到我校两起学生被电信网络诈骗事件，涉及金额分别为 8 000 元、3 500 元。

② 9 月 14 日，一名女生被以手机充话费为名骗走 300 元。

美好生活之家在此温馨提示你，提高警惕，防止受骗。

1. 如有遇到要求转账、充话费等事宜，应先核实情况。不能自行核实情况的，请大家及时与辅导员、保卫处联系。

2. 对陌生人不可随意轻信和盲目随从，切忌贪小便宜，学会自我保护，交友要谨慎，同学之间要相互沟通、相互帮助。

3. 不要将自己或同学的姓名、信息、身份证号码、手机号码、家庭住址、父母工作单位及电话号码等轻易泄露给别人，特别要警惕冒充警察、医生、老师等人员，以交通事故或疾病等需要费用为名，向你的同学或家人实施行骗。

4. 发现被骗之后，保持冷静不慌张，及时报警。

祝大家身体健康！美好生活之家与你相伴！@所有老师　请提醒班里同学！

学生宿舍卫生主要包括宿舍个人卫生和公共卫生两部分。作为高校学生园区卫生管理的一支重要组成力量，辅导员需要加强对园区学生宿舍卫生情况的监管。由于学生宿舍处于相对隐蔽的空间，学生园区管理中心（学生公寓办）很难介入其中，学生自治管理力量有时也难以发挥有效作用，在这种情况下，就需要辅导员适时介入。一是定期到宿舍开展卫生检查，督促卫生环境差的宿舍及时整改。二是调动学生自我管理积极性，组织开展男女宿舍卫生环境互评活动。三是加强学生宿舍规章制度建设，将学生宿舍卫生情况也纳入学生综合素质测评当中，以制度激励学生养成良好卫生习惯，营造整洁美好的宿舍环境。

例 7-1-4 ××大学××学院学生社区文明建设与综测关联评价实施方案

宿舍是学生学习、生活、休息的主要场所，宿舍文明建设直接体现了学生的整体精神面貌和综合素质，关系着学生的习惯养成和身心健康，直接反映着一个学院的学风、院风。为了提高我院学生宿舍卫生安全水平，增强我院学生在宿舍生活卫生安全方面的自律意识，创建安全、文明、和谐、舒适的宿舍环境，根据学校学生手册有关规定拟定本草案。

一、组织机构

××学院学工团队指导和监督该评价方案的制订与实施，社区条线美好生活之家学生社团具体负责方案的实施。

二、奖惩依据

1. 宿舍管理员评分表。

2. 连续未就寝汇总表。

3. 学生社区每月违章违纪汇总。

4. 美好生活之家社团查寝评分表。

三、奖惩原则

坚持公平、公正、公开的原则，参照数据采集和考核过程讲求公开透明，所有奖惩结果进行记录归档，作为本学年度学生评奖评优的考核依据。

坚持鼓励先进、鞭笞落后的原则，将学生宿舍文明建设同学生评奖评优结合，既能有效督促学生养成良好习惯，全面提升学生综合素养，也能够实现全过程育人。

四、奖惩对象

××学院全体住校学生。

五、奖惩实施

1. 宿舍管理员评分制度

美好之家社团分派干事定期走访宿舍楼管，依据管理员提供的宿舍评分表，进行汇总排名，评选出××学院优秀学生宿舍，具体细则如下：

(1) 社团干事走访宿舍管理员的周期为 4 周，每学期共进行 4 次评比，截至第 16 周。

(2) 社团依据宿舍管理员提供的××学院宿舍评分表，对四周评分汇总的平均分进行排名，由高到低的前 20 名录入考核(具体名数根据具体情况适当调整)。

(3) 社区干事对前 20 名宿舍再次查寝打分，以社区干事 30%权重和宿舍管理员 70%权重，进行最终的排名。

(4) 排名靠前的 15 个宿舍为优秀宿舍，所在宿舍每位成员在本学年度综测德育评分当中加 0.1 分，上述分数可累计。

(5) 奖励结果直接关系到学生本学年度的评奖评优，每位同学务必认真谨慎对待。

(6) 走访干事不得走访其所在宿舍楼。走访时需注意数据准确，保证信息完整，公平允正，不得偏私。

2. 连续未就寝考核制度

根据学生社区反馈的连续未就寝情况汇总，无故连续一周未就寝的学生，经学院核实，累计超过 2 周(含 2 周)以上的，应当在其本学年度综测德育评分当中扣除 0.2 分，此后每累加一周，则在原有的基础上再扣除 0.2 分，扣减分数可累加。对于无故连续一月未就寝(含一月)以上的学生，经学院核实，应当直接取消该学生本学年度所有评奖评优资格。

3. 学生宿舍违章违纪考核制度

依据学生社区每月违章违纪汇总情况，凡是被学生社区计入违章违纪的学生，且确实无正当理由的，经学院核实，应当直接取消该学生本学年度所有评奖评优资格。

4. 社团查寝评分制度

××学院美好学生之家社团每学期计划进行两次学院卫生安全评比活动，依据重要时令节点确定具体活动开展时间，每次活动打分汇总排名选出优秀宿舍，且采取相应的奖励举措。具体细则如下：

（1）社团干事分成若干小组，挨个走访每个宿舍楼层，现场评比打分；

（2）根据评分汇总排名情况，每次活动排名靠前的15个宿舍为优秀宿舍，将获得美好生活之家社区发放的精美礼品若干，所在宿舍每位成员在本学年度综测德育评分当中加0.1分，上述分数可累计。

（3）奖惩结果直接关系到学生本学年度的评奖评优，每位同学务必认真谨慎对待。

（4）走访干事不得走访其所在宿舍楼。走访时需注意数据准确，保证信息完整，公平允正，不得偏私。

六、奖惩公示

每月进行学院内部奖惩结果公示。公示形式分为学院公告栏张贴公告和辅导员线上班级群公示。公示内容以宿舍为单位的采取公示专业、班级、楼号、宿舍号字段，涉及以学生为单位的则公示专业、班级、楼号、宿舍号、学号后四位等字段。

本方案自公布之日起正式生效，最终解释权归××大学××学院美好生活之家所有。

2. 宿舍矛盾纠纷调解

随着网络社会大学生群体“宅在宿舍”“宅在网上”发展趋势的加剧，虚拟社交不断挤压现实社会空间，部分学生现实社交能力受到削弱；同时，扁平延伸、即时共享的互联网思维推动当代大学生多元化、差异化个性需求。来自不同地区、不同家庭的学生，通常因为生活习惯差异而导致宿舍关系紧张、矛盾积聚与爆发，而生活习惯差异背后反映的是社交能力、思维认知、个性需求等方面的不同。

每一个带班辅导员几乎都会碰到学生宿舍矛盾纠纷的情况，而这也是辅导员带班工作的必答题。但是，长期处于相对私密狭小的共同生活空间，且产生的原因十分繁杂，不少辅导员很难给出圆满的解决方案。辅导员肯定需要介入学生宿舍矛盾纠纷，但某种程度上这是一种被动介入，调解空间已然大打折扣。因此，首先还是要介入其中，分离矛盾双方对抗情绪，缓解紧张关系；其次，暂时搁置矛盾，侧面了解矛盾纠纷产生的内外原因，形成对矛盾纠纷初步判断；再次，分别耐心谈话，找准矛盾的症结所在，在此过程中通常双方各执一词，各说各的道理、各诉各的委屈，由此可能需要经过反复多次沟通；最后集体谈话，加强沟通交流，提出问题的应对举措，尝试化解矛盾。

例7-1-5 ××大学××学院学生宿舍矛盾案例

案例陈述：大四阶段，4人间宿舍剩下两人入住（其他两位同学回家居住，不常回学校），小刘和小王都是外地人，仍住校。小王喜欢去图书馆复习备考，只有中午和晚上回来休息，小刘愿意待在宿舍。考研前夕，小王找到辅导员，向辅导员大倒苦水，说小刘天天待在宿舍打游戏，敲击键盘声和开语音，吵得中午睡不着觉，已经提醒过好多次，甚至发生过一两次争吵，但没有用。

案例分析：（1）小王和小刘同住一间宿舍已经3年多，但两人学习生活习惯不同。

(2)据了解,几年来小王几乎不怎么待在宿舍,只有中午和晚上回宿舍休息,宿舍个人区域卫生现状堪忧。(3)小刘虽然待在宿舍,爱打游戏,但个人也会在宿舍学习看书,对自己的未来有较为明确的打算,并已经顺利通过司法考试。(4)小刘对小王的个人卫生习惯,以及睡觉打呼噜现象也难以忍受,最近夜里还出现将正在睡觉打呼噜的小王叫醒的情况。(5)小王和小刘的确存在学习生活习惯不同,但从分析来看,其实两人之间的矛盾并不是大四阶段产生的,而是长期集聚形成的。(6)追溯矛盾产生的原因,两人之间长期缺乏有效沟通是主要原因。在了解过程中,两人更多看到对方身上所谓的"缺点"和"不配合",却没有看到自己需要改进的地方。尤其对于小王来说,其实个人存在自卑心理倾向,似乎不怎么会同别人社交。

矛盾症结:以自我为中心,导致有效沟通不足,逐渐产生疏离与不满情绪,在毕业升学压力下,最终矛盾彻底爆发。

解决方案:一是分别到宿舍找两人谈话,全面了解两人之间存在的矛盾。二是帮助分析两人的个性、性格和习惯,要求两人同时做出改变:小刘注意打游戏的时间和声响;小王搞好个人卫生。三是帮助梳理并解释彼此不满情绪产生的过程,找出其中的主观部分和客观部分。四是结合毕业现状,引导双方克服自己的困难,包容接纳对方。五是设置两个星期的适应期,从最后的适应结果来看,两人最终和平相处到第二年6月毕业。

3. 宿舍谈心谈话

学生工作说到底是做人的工作,包括做通人的思想和做顺人心两个部分。作为高校学生思想政治教育和管理工作的组织者、实施者、指导者,政治属性是辅导员第一属性,做通人的思想是辅导员工作的根本目标,而做顺人心是前者实现的重要保证。因此,辅导员应当努力成为学生成长成才的人生导师和健康生活的知心朋友。一是重视情感培养。辅导员只有主动关心学生、服务学生,同学生培养感情,才能建立彼此之间的信任关系,逐步实现对学生思想与行为的引导。二是在生活中培养感情。作为思想政治教育工作者,辅导员与学生之间本质上是师生关系,存在传统意义上的权威关系。然而,面对主张个性自由、平等对话的当代大学生,要想做他们的知心好友,辅导员需要真正走进学生生活,同他们面对面平等坦诚交流沟通。

在学生园区建设方面,作为当代大学生为数不多的线下生活据点,辅导员要主动、经常到宿舍,走进学生生活空间。首先,辅导员要学会转换话语体系,主动学习并运用学生听得懂、愿意听的话语进行沟通互动。其次,辅导员在事先做好攻略的基础上主动关心学生生活中的小困难、小烦恼,给予理解和适当帮助。再次,辅导员要耐得住性子、安静地倾听学生的意见和建议,了解学生真实的需求和想法。最后,辅导员务必及时反馈学生的意见和诉求,要以心交心、以情换情同学生探讨提出的问题或存在的困惑,通过现身说法,以过来人的身份讲述自己的故事,多给一些不同的意见,少做一些单向的决定,善于引导学生在自我思考中获得感悟和成长。

(二) 学生突发事件应对

如上所述,校园危机事件同学生园区关系密切。综合实践而言,校园危机事件绝大多数情况是发生在学生园区内。因此,辅导员园区建设工作另一块内容就是应对园区学生突发事件。当前高校对此普遍的做法就是"谁家的孩子谁家抱"。由于学生突发事件的不确定性,高校目前只有做好事先预防、事中应对、事后总结工作,才能有效处理校园突发事件。辅导员在应对学生突发事件时,不要慌乱脚步,按照学校、学院事先制订好的应急预案,结合现场实际的情况,做好自己分内的工作。一般而言,辅导员尽可能第一时间赶到现场,尽快了解情况并报告所在学院领导,同时寻求学校相关部门帮助。关于这一部分具体内容将在本章第二节详细阐述,此处就不再赘述。

（三）园区文化建设

学生园区文化建设,既是顺应当前高校学生园区多元化、内涵化的发展趋势,也是深入推进园区思想政治教育的内在要求和生动实践。园区文化建设主体是学生,主导是教师,其中发挥关键作用的是辅导员。从辅导员角度来看,参与园区文化建设工作主要包括落实部门或配合其他部门开展园区文化建设行动和自主组织开展园区特色文化活动两个部分。

1. 落实部门或配合其他部门开展园区文化建设行动

为践行文化育人理念,丰富学生园区文化氛围,当前众多高校专门打造"文化园区"概念,以学工部门为主导,联动其他相关部门,整合并投入各方资源与要素,共同建设有文化涵养、文化品质的学生园区。辅导员工作重点在于落实落细学工部门工作部署,分类细化工作流程,有针对性、有特色地开展组织宣传动员工作。比如,从学生"受益处、受教育"角度出发,动员学生参与学生公寓"六 T"创建活动、学生园区文化节、"园区之星"评比等活动;引入党建要素,配合学校团委,专门组织入党积极分子、学生党员开展"党员进社区"、党员垃圾志愿者等公益志愿活动,将党建文化融入园区文化建设,同步实现党建文化育人目的;结合所在学院特色,将学院文化与楼宇文化相结合,组织学生全员参与学院楼宇文化创建活动;配合后勤、保卫等部门,组织学生参与园区安全知识竞赛、消防安全演练等活动。

例 7-1-6　××大学"学生园区文化月"——××学院宿舍设计大赛活动通知

为了发挥学生社区的文化育人功能,营造高尚、健康、和谐、幸福的社区文化氛围,××学院在"学生园区文化月"活动中举办宿舍设计大赛。

一、活动流程

（一）宿舍报名(截止日期为 10 月 27 日)

宿舍设计大赛分 3 个子参赛单元,即宿舍文化设计评比(必选)、安全文明宿舍评比、特色宿舍评比,除了宿舍文化设计评比必须参加外,安全文明宿舍评比、特色宿舍评比可选择性参加,可以选择参加其中一项,也可选择全部参加。要求按照参赛单元填写好申报表(附件 1、2、3),在 10 月 27 日之前发到邮箱:×××@163.com。

（二）宿舍设计(截止日期为 11 月 2 日)

宿舍成员发挥各自积极性和创造力,对宿舍进行自主设计,要求在 11 月 2 日前完成宿舍设计和布置。

（三）宿舍评比（11 月 3 日）

由辅导员和各班生活委员组成评审组，宿舍文化设计评比、安全文明宿舍评比按照设计要求打分；特色宿舍评比按照设计要求的标准筛选后进行微信投票，按照票数而非特色宿舍系列排名。

（四）公示和颁奖（11 月 4 日～6 日）

对获奖宿舍予以公示 3 天，接受广大同学监督，公示结束后对无异议的宿舍予以奖励。

二、设计要求

（一）宿舍文化设计评比（满分 100 分）

1. 整体效果

（1）美观大方、清洁整齐、空气清新。（最高 10 分）

（2）主题鲜明、整体和谐一致、有浑然一体的效果。（最高 10 分）

（3）充分发挥想象力、独创性，新颖的设计和布置，体现个性与温馨。（最高 20 分）

（4）宿舍形象代言人（宿舍内部指定）对自己宿舍创意与布置的讲解（对命名、作品等要讲解来历、创作过程、寓意等）。（最高 20 分）

2. 内容积极、健康、向上

（1）反映新时代大学生的精神风貌，表现青春朝气、激情与梦想。（最高 10 分）

（2）环保，提倡手工制作。（最高 10 分）

（3）有美感，雅致。（最高 10 分）

（4）体现人文关怀，温馨舒适。（最高 10 分）

3. 注意事项

（1）布置要安全、合理，不得违反学校有关规定，不得有安全隐患。

（2）节约，杜绝铺张浪费，支持节约型校园建设工作。

（3）违反注意事项前两条的，不予进行奖项评比。

（二）安全文明宿舍评比（满分 100 分）

1. 宿舍卫生（最高 20 分）

（1）墙壁：天花板、墙壁干净，无明显污痕、蛛网等。

（2）床铺：铺面平整、被褥干净，被、枕、衣叠放整齐，归于靠墙一侧，无乱搁、乱放物品，床下鞋及其他物品摆放有序。

（3）地面、门、窗台：地面干净，无纸屑、污物和水渍，门窗及窗台无灰尘，玻璃干净明亮。

（4）物品摆放：书架、行李架内物品摆放整齐，铁橱内衣物摆放整齐。

（5）桌椅：桌椅摆放整齐，桌面干净无杂物，电话、洗漱用具等摆放有序。

（6）门口：宿舍门口无堆积垃圾、杂物，无污水。

（7）卫生间、洗漱间：卫生间的便池及地面、墙壁保持清洁；洗漱间的地面、墙壁及洗脸池保持清洁。

（8）宿舍成员个人卫生良好，宿舍平时卫生状况良好。

2. 宿舍文化(最高 20 分)

(1) 宿舍内不求装饰豪华但求朴素、大方、协调、文雅。

(2) 宿舍有整体风格,或温馨,或高雅,或具专业特色,或具浓郁的文化气息。

(3) 宿舍墙壁上无乱钉乱贴现象。

3. 宿舍学习(最高 20 分)

(1) 宿舍成员学习目的明确,爱读书、勤钻研、注重科学文化素质的培养和提高。

(2) 宿舍学习气氛浓厚,宿舍成员学习成绩优良。

(3) 宿舍学风严谨,积极向上。

4. 文明修养(最高 20 分)

(1) 宿舍内有正气,有积极向上的氛围。

(2) 成员间融洽相处、相互友爱。

(3) 宿舍成员尊敬师长、礼貌待人、言语文明、爱护公物。

5. 安全秩序(最高 20 分)

(1) 宿舍成员树立"安全第一"的思想,做到警钟长鸣。

(2) 遵守作息制度,按时起床,按时熄灯,熄灯后不点蜡烛,无熄灯后乱喊乱叫影响他人休息者。

(3) 无喝酒、打麻将现象,不在宿舍内打扑克、下棋等。

(4) 不在宿舍内从事经商活动。

(5) 宿舍内无吸烟、私扯电线、违章使用电器等现象,对本宿舍存在的不安全因素和事故隐患能及时汇报,并主动防范。

(6) 无打架斗殴现象,无男女互串宿舍现象。

(三) 特色宿舍评比(满分 100 分)

1. 评比内容

特色宿舍评比奖项共分 8 个系列,即学习优秀型宿舍、科技创新型宿舍、党员示范型宿舍、才艺出众型宿舍、运动健康型宿舍、绿色文雅型宿舍、安全卫生型宿舍,其他类型的特色宿舍。每个宿舍只能申报一个系列的特色宿舍评比。

2. 基本标准

自觉遵守《高等学校学生行为准则》和学校的各项规章制度;说话和气、举止文明,同学间和睦相处,团结友爱;无损坏公物现象。以宿舍环境和卫生为突破口,要求符合宿舍卫生检查标准,做到:地面净、玻璃净、桌椅净、床上用品及洗漱用品净;无垃圾、无宠物、无异味、无杂物、无违禁电器;室内物品摆放整齐;床上用品及衣物叠放整齐;本学期内宿舍卫生检查无不及格,卫生巡查无违规;宿舍成员无违纪行为,严格遵守公寓各项规章制度;本学年内无宿舍成员受通报批评和纪律处分。

3. 具体标准

各类型特色宿舍除满足基本标准外,还要符合以下标准:

(1) 学习优秀型宿舍:①宿舍成员学习态度端正,形成比、学、赶、帮的浓厚学习氛围;②宿舍成员本学年内无补考、无考试违纪行为;③宿舍成员半数以上在本学年获得过院三等及以上优秀学生奖学金。

(2) 科技创新型宿舍：累计2人及以上宿舍成员符合以下条件之一。①获得省级及以上学科竞赛三等奖及以上奖项；②以第一作者在国内外公开发行的刊物上发表专业论文；③获得计算机软件著作权、发明专利、实用新型、外观设计专利。

(3) 党员示范型宿舍：①宿舍成员2人及以上为中共党员或预备党员；②宿舍成员在学生组织中起到了先锋模范作用，在政治理论学习、模范带头作用方面做出了突出成绩；③宿舍成员半数以上在本学年获得过院优秀团、学干部荣誉称号。

(4) 才艺出众型宿舍：至少满足两项。①宿舍成员中能歌善舞，积极参加校内外各项活动，如"十佳歌手"等，并取得相应奖项的；②宿舍成员中能够演奏某种乐器，并达到一定水平的(有此类等级证书)；③宿舍成员中有自己的书法、绘画、剪纸等作品被发表的(有相关报纸杂志、图片影像材料或证书)；④宿舍成员有参加学院艺术团或和此类相同的组织团体的。

(5) 运动健康型宿舍：①宿舍成员中有人参加院级或院级以上运动会并取得一定名次的(有相关获奖证明)；②宿舍成员有会滑板、旱冰、街球等各类型运动的(并有相关图片影像材料证明的)；③宿舍成员中有人参加过义务献血，并有相关证明的。

(6) 绿色文雅型宿舍：①宿舍成员中利用废弃物制作成相关工艺品——"变废为宝"；②宿舍经过认真精心地布置和装饰，令人赏心悦目，体现文化的气息；③宿舍卫生状况良好，并能凸显"绿色文雅"的特色，宿舍整体布局体现环保舒适的理念。

(7) 安全卫生型宿舍：①宿舍成员个人仪表端正，服装整洁，衣着得体，举止大方；②宿舍安全卫生检查评分本学期均为95分以上，随时保持窗明几净、井然有序。

(8) 其他特色宿舍：宿舍成员半数以上在某方面表现突出，形成特色，同时符合特色宿舍基本标准，而以上类型设置未考虑在内的，可以设计符合自身特点的宿舍类型进行申报。

4. 微信投票

××学院官方微信公众号将发起微信投票，按照票数而非特色宿舍系列排名。

三、奖项设置

宿舍设计大赛的3个子参赛单元分别设立一等奖1个宿舍、二等奖2个宿舍、三等奖3个宿舍，按照每个子参赛单元评分获得；宿舍设计大赛设立一等奖1个宿舍、二等奖1个宿舍、三等奖1个宿舍，按照3个子参赛单元累计评分获得。对参赛宿舍按照子参赛单元个数敲学生活动章；对获奖宿舍给予物质奖励、颁发获奖证书；所有获奖宿舍都将被学院推优到学校参加校级比赛。

2. 自主组织开展园区文化建设活动

当前高校普遍将学生园区建设与学生工作相结合，每个学院都有一名辅导员对接学生园区建设，负责本学院学生园区的文化活动、安全教育等工作。同时，学校将辅导员考核与学生园区建设相结合，对辅导员在学生园区开展的学生党建、文化活动、安全教育等指标进行量化考核。为此，对接学生园区辅导员需要自主组织开展本学院园区文化建设活动。

(1) 组建学院园区学生自治管理队伍，在全院范围内选拔学生加入，一般以学院各班级生活委员为主体，组织策划、配合辅导员开展本学院园区文化建设活动。

(2) 结合学院专业特色，将学生园区生活内容融入专业课程教学。比如，邀请学院专业教师到学生园区进行授课，采用情景式、生活化教学方式，提高学生课堂接受度和参与度；再如将法学调解知识与学生园区宿舍矛盾相结合，开展“学生园区调解课堂”活动。

(3) 依托学生自主性和创造性，大胆创新学院园区文化活动形式。以当代大学生喜闻乐见的形式样式，组织开展学院园区创意秀、创意T台秀、大咖宿舍直播、园区趣味运动会、园区情景剧大赛等活动，让学生在自我组织、自我锻炼中获得自我成长。

例 7-1-7 “演绎青春，品读生活”——××学院学生园区情景剧大赛通知

为了活跃校园文化气氛，展现当代大学生园区学习生活的精神风貌，提升当代大学生的文化素养，××学院美好生活之家社团将携手××学院经英苑社团共同举办学生园区情景剧大赛活动。

一、活动主题

“演绎青春，品读生活”

二、活动对象

全体在校学生。

三、活动内容

此次大赛活动共分为初赛、复赛和决赛3个环节。初赛以网络作品参赛，复赛和决赛以现场竞演形式进行。活动对象以宿舍为单位参赛，参赛小组可以根据实际需要组成多宿舍或者跨宿舍团队。参赛队伍可以围绕学生园区可能存在的防诈骗、宿舍安全、宿舍矛盾、人际交往以及文明卫生等内容进行剧本创作和编排导演，要求作品的思想内容积极向上、富有青春朝气和创新精神，鼓励原创作品。比赛采取评委评分制，最后评出一、二、三等奖，并颁发证书和奖品。

四、活动流程

1. 初赛(VCR版)

每支参赛团队可以将自己的作品以VCR形式提交到活动主办方那里，根据主办方邀请的评审团给出的计算平均分进行排名，前12名团队进入复赛。

具体要求：

活动主办方安排专人汇总参赛队伍的作品，所有参赛团队务必在截止时间前提交作品，逾期不收。

提交作品可以进行剪辑或者不剪辑，但是，请确保内容完整、格式正确无误，若由于视频文件自身原因所造成的不良后果，责任由参赛团队自负。

提交作品时长应控制在10～20分钟，不宜过短或过长，超出时长范围可能会影响初赛成绩。

作品内容与形式鼓励创新，欢迎天马行空的想象和新技术手段的运用。

2. 复赛(现场版)

(1) 团队竞演

按照事先抽签顺序,每支参赛队伍进行10分钟左右的表演,评委进行现场打分。

(2) 评委点评

所有参赛队伍演出完毕,邀请评委老师进行现场点评。

(3) 颁奖环节

根据评委打分,颁发一(2名)、二(4名)、三(6名)等奖证书和奖品。

3. 决赛(现场版)

(1) 团队竞演

按照事先抽签顺序,每支参赛队伍进行12分钟左右的表演,评委进行现场打分。

(2) 评委点评

所有参赛队伍演出完毕,邀请评委老师进行现场点评。

(3) 颁奖环节

根据评委打分,颁发一(1名)、二(2名)、三(3名)等奖证书和奖品。

五、活动时间

复赛4月下旬,决赛5月中旬。

六、活动地点

××楼(复赛)、学生礼堂(决赛)。

第二节　校园危机事件应对

目前,我国正处于高等教育大众化阶段。随着高校办学规模不断扩大,加之碎片化时代信息对大学生意识形态的冲击、时代变迁和社会问题的频频发生,使得高校内外部环境日益复杂化,是导致近年来高校危机事件频发的重要导火索,涵盖了外部的社会问题和高校内部自身问题而引发的各类校园公共危机事件。这些事件如果不能及时有效处理,将会演变成恶性事件迅速蔓延,甚至成为引发社会公共危机事件的隐患,继而影响国家的长治久安和社会稳定。

一、校园危机事件应对工作重点

高等学校不仅是社会的重要组织,更是培养大学生德、智、体、美、劳全面发展的教育场所,兼具共性和个性,一旦发生危机事件,不仅影响学校的发展,而且对社会的稳定、和谐也产生一定的影响。

(一) 校园危机事件的类型

1. 社会安全类事件。主要包括:校园内外涉及师生的各类非法集会、游行、示威、罢课、上访、聚众闹事等群体性事件、校园治安、刑事案件等。

2. 事故安全类危机。主要包括:由人为原因造成的紧急事件,如车祸、建筑物倒塌、拥挤踩踏等安全事故。

3. 学校管理类危机。主要包括:利用校园和社会网络、微信及其他媒体传播谣言、煽动事端,发送诈骗、色情、迷信、反动和危害国家安全等有害信息。

4. 大学生心理类危机。主要包括:大学生因学习生活上的压力、失恋、人际交往、性格等原因引起心理扭曲而导致危机爆发,如自杀、暴力等。

(二) 校园危机事件应对体系构建的基本原则

校园危机事件应对体系构建的基本原则有以下几点:预防为主,疏堵结合;统一指挥,分级负责;以人为本,快速反应决策。

二、校园危机事件应对工作重点流程范例

在有限信息、有限资源、有限时间的条件下,寻求危机事件“满意”的处理方案,迅速地从正常情况转换到紧急情况的能力是危机事件应对的核心内容。校园危机事件应对包含对危机事前、事中、事后的管理。有效的应对通常需要转移或缩减危机的来源、范围和影响,提高危机初始管理的地位,改进危机冲击的反应管理,完善修复管理,以便迅速有效地减轻突发危机造成的损害。

一般来说,危机的发生并非毫无征兆,这需要我们,特别是高校辅导员提高认识,发挥主人翁精神,强化责任意识,时刻将自己定位为校园危机的参与者与监督员,正确认识校园危机事件的诱因,有哪些征兆,如何将它们尽早化解,将危机应对工作渗透到学生教育管理的各个环节。

(一) 校园危机事件应急预案

在校园危机事件的潜发期,对危机事件进行应急管理。应急预案是危机事件管理的基础,是危机管理体系建设的首要工作。因此,应急预案的制订既要科学规范,又应该针对本校突发危机事件的性质、类型和实际情况,这是高校危机事件处置的关键之处。健全分类管理、分级负责、条块结合的应急管理体制也是应急预案制订的准则和应急管理体制的要求。一般主要包括应急管理部门,领导人,教职工,学生应该做什么、怎么做以及何时做等,只有这样才能实现源头控制,将损失降到最低。

例如,各高校每年例行的宿舍搬迁工作,稍有不慎,就容易形成网络舆情事件。这就需要事先做好危机事件预警工作,一旦引发,及时启用学校预先制订的应急预案控制舆情。另外也可结合平时的网络思政教育,坚持“预防为主,疏堵结合”和“以生为本,快速反应”原则。如若持续发酵,则还需第一时间做好“带头者”的思想政治教育工作,牢固把握信息发布和舆论控制的主动权,及时化解矛盾,防止事态扩大。特别是辅导员在此工作中,更要注意坚守底线,在重大原则问题上旗帜鲜明、当机立断、坚决处置。

(二) 校园危机事件应急管理:危机控制(管理机制)

在校园危机事件的爆发期,对危机事件进行应急控制。这是校园危机事件有效应对的关键一环,在预案的基础上,利用校内外一系列资源、相应措施和制度对危机事件进行有效控制。危机事件的应急管理是一个综合的、动态的过程,需要一个完整的应急体系来支撑其运行,而这个应急体系的构成应该包含多个内容和功能各有侧重的系统。具体说来,主要包括预防准备、监测预警、信息报告、决策指挥、有效沟通、应急保障等内

容，各个系统相互配合，分工合作，对危机所处的阶段进行决策和评估，并且要根据危机的时事变化及时调整决策方案，将损失降到最低。

例 7-2-1　课堂"猥亵"事件应急处置

（一）案例介绍

20××年××月××日星期×，在××教室C老师××课堂上，××学院××班级男生A伸手抚摸邻座女生B的腿部。B向老师C反映邻座男生对其性骚扰，随即后排××学院××班女生D和E指认她们也曾经在其他课堂上被A以同样方式骚扰。至此，A承认自己所作行为。后3个女生(B、D、E)委托保卫处报警，这几个学生全部前往××派出所，接受询问并做笔录。

与此同时，又有几名不愿透露姓名的同学，通过网上的照片指认自己曾经在课堂上以同样的方式被该男同学骚扰。此外，××学院××班女生F也提供证明材料，表示其于××月××日在××课堂上及下课时被该男生蹭腿。

（二）处置过程

男生A的辅导员和学院主管领导，女生B、D、E、F的辅导员和学院主管领导在接到任课老师C的电话后，立即赶往涉事教室分别了解情况，安抚学生情绪，并将涉事学生带离教室前往学校保卫处，学院主管领导也及时将此突发事件告知学校主管领导，听取校领导的处理意见，并电话告知学生家长，要求学生家长尽快来学校。3个女生(B、D、E)随即委托保卫处报警，短暂等待之后，大家全部前往××派出所，接受询问并做笔录，辅导员和学院主管领导全程陪同，在配合派出所工作的同时，全力安抚学生情绪，征求学校心理咨询室老师的建议和意见，做好学生的心理疏导工作。派出所的工作完成后，学院召开党政联席会议，根据学校相关规定，给予男生A相应处分并及时送达其父母，做其父母的思想工作，并要求其父母严肃对待此次事件，做好孩子后续的管理教育工作，树立积极健康的价值观。

××月××日，××市公安局××分局出具《××市公安局××分局行政拘留家属通知书》，把男生A的行为定性为"猥亵"，对其处以行政拘留××日的处罚。

事件发生后，男生A对自己的行为坦白承认，认错态度良好，深刻认识到自己所犯错误，并且为此深感后悔不已。据了解，A从小表现良好，自小学起多次获得三好学生等荣誉。进入大学后，一直担任班级的宣传委员，在个人的学习、生活和工作等方面俱表现良好。

学院意见：男生A此次行为对其他学生造成了伤害，对学校造成了不良影响，已经受到了××市公安局××分局行政拘留的处罚。根据《学生手册》"××学校本科学生管理暂行办法"第××章第××条第××款，学生受到治安管理处罚，情节严重，性质恶劣的，学校可以给予××处分；《学生手册》"××学校学生违纪处分规定"第××条，行为有违公序良俗，情节严重，影响恶劣的，给予××处分。

鉴于其受治安管理处罚行政拘留××日，不属于情节严重的情况(行政拘留期限一般为10日以内，较重的不超过15日)，同时该生以往表现良好。因此本着"惩前毖后、治病救人”的原则，坚持“教育与惩戒相结合，以教育为主”的原则，经××学院党政联席会议决定，建议给予A同学××处分。

（三）教育策略及效果

1. 安抚并稳定所涉学生的情绪是处理此次事件的关键第一步

安稳的情绪是处理矛盾的关键，当一个人情绪很激动时，往往会影响事件的解决，打乱事件的节奏，甚至情绪化的指控有时只会演变成网络暴力，更加激化矛盾。针对此次事件，学院分管领导和各自辅导员，第一时间赶往事发教室，及时安抚学生的情绪，并向学生保证，一定会积极配合校保卫处和××派出所的工作，合法公正地处理此次事件，给学生和家长一个交待，也给正在上课受到“惊吓”的学生和老师一个积极负责的正面形象，这种做法一方面掌握了处理此次事件的主动权，不回避、不隐瞒、不信谣、不传谣；另一方面稳定了学生的情绪，避免事件继续发酵扩大演变成网络舆论事件。

2. 处理突发危机事件必须要有明朗的处事态度和合适的方法

在处置此次突发危机事件的过程中，学校、学院尊重学生的处事态度，及时将情况告知学生家长，向受害女学生家长表达歉意，对学生加大教育力度，加强约束，督促整改，并表示学校愿意承担相应的责任。第一时间在校内各个学院进行通报告知，并积极配合××派出所做好学生的调查、询问、做笔录等工作，可被视为高校应对危机事件的正确“打开方式”。

3. 提升危机事件的处置能力需要及时的心理干预和经验总结

及时有效的心理干预是学校对学生真正的精神关怀，而且也有利于帮助学生恢复正常的生活和学习。在危机事件发生后，在尊重学生隐私的基础上，辅导员以召开班会的形式，引导班级学生正确认知此事，确保男生A在今后返校学习和生活的过程中，得到同学的尊重和接纳，创造一个善意的环境。学院召开讨论会，及时总结经验教训，邀请心理学老师做专业指导，帮助施害学生及家长正确认识这个事情，接受应有的处分，并从中吸取教训。对受害学生及家长的心理变化进行跟踪，对他们进行心理干预，帮助他们尽快摆脱伤痛；及时将处理结果进行公布，并且以讲座的形式培养学校老师和同学知法学法懂法、关注自身健康的意识，避免此类事件再次发生。

（四）校园危机事件事后管理：经验总结

在校园危机事件的恢复期，及时总结经验，健全危机事件心理干预体系建设。一方面，辅导员、心理咨询处的老师需要对学生进行及时的心理辅导，必要时借助医疗资源进行治疗；另一方面，学校、学院及时进行经验总结，调整不适宜的策略，修改不实用的应急预案，提升危机事件的预警能力，确保危机事件再次发生时能够更好地应对。

第八章 理论与实践研究

第一节 辅导员理论学习的重要性与内容

一、辅导员加强理论学习的重要性

2017 年教育部修订通过的《普通高等学校辅导员队伍建设规定》第四条关于辅导员工作的要求:“恪守爱国守法、敬业爱生、育人为本、终身学习、为人师表的职业守则;围绕学生、关照学生、服务学生,把握学生成长规律,不断提高学生思想水平、政治觉悟、道德品质、文化素养;引导学生正确认识世界和中国发展大势、正确认识中国特色和国际比较、正确认识时代责任和历史使命、正确认识远大抱负和脚踏实地,成为又红又专、德才兼备、全面发展的中国特色社会主义合格建设者和可靠接班人。”辅导员作为高校教师的重要组成部分,是从事高校德育工作、开展大学生思想政治教育的骨干力量,是大学生健康成长的指导者和引路人。如果辅导员自身的理论学习不够,知识储备不足,则无法在实际工作中引领学生不断提升思想高度、以科学的方法应对学生管理中出现的各种问题和挑战。正如习近平总书记提到“打铁还需自身硬”,加强理论学习,有利于辅导员提高自身政治站位,站在时代前沿,引领学生提高自身思想;有利于及时更新工作方法,更好面对日常工作的各种挑战,能够紧扣时代脉搏,了解新时代学生心理特征,理解学生需求,与学生打成一片,更好做好学生管理工作。因此,辅导员需要充分认识到理论学习的重要性,意识到理论学习是辅导员不可或缺的重要工作,坚持学习,终身学习。

二、辅导员应具备的素养

专业素养是高校辅导员从事学生工作的必备素质,是高校辅导员队伍建设的核心内容。根据我国教育部、市教委及我校的相关要求,高校辅导员应该从三个方面系统地储备专业素养。

(一) 专业理想与教育理念

辅导员应该有崇高的专业理想,体现为较强的事业心、责任感和积极性。其核心应是对学生的爱心和对学生工作的热爱。辅导员应把教书育人同培养社会主义建设者和接班人的崇高事业相结合。此外，辅导员应具备科学的教育观、学生观和教育活动观。围绕促进大学生全面发展为目的，培养学生的个性并为之提供展现的空间和机会，尊重学生的权利，鼓励学生民主参与，积极引导学生实现自我管理、自我教育和自我服务，用发展的眼光看待学生，善于发现学生的长处，在教育活动中建立人格平等的新型师生关系，尊重学生的思想、情感和行为方式；尊重学生的个性特征，因材施教，使每一个学生都得到充分发展。

（二）专业知识与技能

高校辅导员是学生思想的引领者。因此，深厚的思想政治教育专业理论知识是辅导员工作必不可少的理论武器。只有对党的路线方针政策有比较深刻的认识和理解，特别是对党在新时期的教育方针有深刻领会，才能够从理论上科学地把握思想政治教育的规律，才能帮助大学生在思想形成的过程中解决问题，使学生的整体思想向着符合社会主义道德和法制规范的方向发展。

辅导员应该具备一定的教育学、心理学知识，这样才能实现与学生的良好沟通，促进学生健康人格的形成和良好心理状态的建构。辅导员岗位具备管理与教育的双重身份，因此，辅导员更应该掌握人才学和现代管理的科学知识，从而做好学生的日常管理工作。辅导员应该具备一定的交往能力、组织管理能力、教育教学能力、科学研究和创新能力，这样才能够在日常的辅导员工作中游刃有余。

此外，根据辅导员的日常工作内容，辅导员应该具备以下专业技能：职业生涯辅导技能、学习辅导技能、生活辅导技能、心理疏导技能、就业指导技能等。

（三）专业道德与专业精神

专业道德体现为高度的责任感、自律性、非营利性的服务动机、奉献精神、善于合作的品行和对学生公正无私的关爱。只有具备高尚的专业道德情操，才能够获得学生的尊重，使辅导员工作向着良性的方向发展。而专业精神则是辅导员从事该职业的内在精神动力，也是辅导员提高专业素养的动力基础。

总之，辅导员的专业道德与专业精神是辅导员从事该职业的思想前提和根本动力；专业知识与专业技能使辅导员具备从事该职业的本领与技术；而专业理想与教育理念则是辅导员从事该职业的基础。三者相辅相成，缺一不可。

第二节　辅导员加强理论学习的途径

近些年来，随着网络技术的发展，理论知识也不断更新。辅导员理论学习的途径越来越丰富。关于理论学习的途径有很多种，辅导员可通过阅读书籍、杂志、报刊等纸质媒介进行学习，也可通过网络平台进行学习。网络学习可在各类官方平台中学习辅导员工作理论，亦可在“学习强国”等手机软件中学习时事热点，从而更好地理解党的相关理论。

一、理论学习资源与平台

例 8-2-1 辅导员工作理论参考书目

1. 陈立民:《高校辅导员理论与实务》,中国言实出版社 2006 年版。

2. 唐红波:《梦想实践家——一个高校辅导员的思考和实践手记》,中国出版集团世界图书出版公司 2012 年版。

3. 高治军:《辅导员工作 100 个怎么办》,广西师范大学出版社 2007 年版。

4. 沈壮海:《思想政治教育有效性研究》,武汉大学出版社 2008 年版。

5. 罗国杰:《马克思主义思想政治教育理论基础》,高教出版社 2002 年版。

6. [美]弗洛伦斯·A.汉姆瑞克等,游敏慧等译:《学生事务实践基础:哲学、理论、教育成果正强化》,四川大学出版社 2009 年版。

7. 朱孔军等:《大学生管理理论与方法》,人民出版社 2010 年版。

8. 石国亮:《高校学生干部培训教程》,中国青年出版社 2007 年版。

9. [美]哈里斯,陈兹勇译:《构建创新团队:培养与整合高绩效创新团队的战略及方法》,经济管理出版社 2005 年版。

10. 王传中等:《高校辅导员工作指南》,武汉大学出版社 2009 年版。

11. 杨敏毅等:《学校团体心理游戏教程与案例》,上海科学普及出版社 2006 年版。

12. 樊富珉:《团体咨询的理论与实践》,清华大学出版社 1996 年版。

13. [德]埃克哈特·托利著,曹植译:《当下的力量》,中信出版社 2016 年版。

14. [法]居斯塔夫·勒庞著,胡小跃译:《乌合之众——群体心理研究》,浙江文艺出版社 2015 年版。

15. 夏凤琴、孙崇勇、白素娥主编:《高等教育心理学》,高等教育出版社 2019 年版。

16. 耿乃国:《高校辅导员工作理论与实务》,北京师范大学出版社 2021 年版。

17. 马琼、高平平:《高校辅导员工作理论与实务——基于西南交通大学学生工作实践》,西南交通大学出版社 2021 年版。

18. 陈虹、赵鹏:《高校辅导员工作理论与实务知识》,天津社会科学院出版社 2021 年版。

19. 樊富珉、何瑾、贾烜:《辅导员团体辅导工作技能》,高等教育出版社 2021 年版。

20. 徐川等:《高校辅导员的七项修炼》,人民出版社 2022 年版。

21. 杨彬峰:《高校辅导员职业能力及其发展研究》,中国社会科学出版社 2022 年版。

22. 侯士兵:《高校辅导员工作案例精选》,上海交通大学出版社 2022 年版。

23. 冯刚:《新时代高校辅导员培训教程》,人民出版社 2022 年版。

例 8-2-2 自主网课学习平台参考

1. 中国教育干部网络学院学习平台

2. 全国高校教师网络培训中心
3. 高校辅导员网络学院
4. 高校辅导员网络培训中心
5. 各类辅导员在线学习平台或者相关的MOOC平台
6. 学习强国平台
7. 各类辅导员工作相关微信公众平台

二、理论与实务培训课程学习

辅导员岗位十分强调理论与实践的相结合，每隔一段时间，上级教育主管部门、高校以及所在二级学院都会组织辅导员开展岗位相关的理论与实务培训课程学习。以上海为例，很多高校有明确规定，辅导员年度考核、职称评定必须完成相应量的理论与实务培训。不过其目的还是希望辅导员在学与做、学与思当中不断总结经验、不断提升自我。

例 8-2-3　部分理论与实务培训项目

1. 辅导员网络思想政治培训
2. 网络舆情与风险防范培训
3. 少数民族辅导员能力培训
4. 心理健康教育与咨询培训
5. 新进辅导员岗前培训
6. 学生宿区辅导员专项培训
7. 学生职业生涯与规划培训
8. 高校基层团干部技能培训
9. 学生党支部书记能力培训

除了阅读相关文献、书籍，利用线上资源及各高校提供的培训资源外，辅导员的理论学习途径还有很多。辅导员通过总结提炼工作经验，形成理论，从而更好地运用到实际工作中。辅导员还可以通过申报多类课题研究项目，进一步深入研究探索；通过学术交流、辅导员竞赛等实践活动，丰富工作经验，从而进一步提升理论学习水平。

第三节　学术与实践交流

辅导员是一个学与思、思与行的岗位。在理论与技能学习过后，学术思考和实践交流是必不可少的内容。通过理论指导实践，再从实践反思中获得新的经验知识，这是一个实践和创造的过程，某种意义上也是一种学术创造的过程。根据《××大学学生思想政治教育教师系列初级和中级专业技术职务聘任实施办法》的相关规定，辅导员应在相应的职称年限内开展不同层次、不同数量的学术研究。这些为辅导员主动开展理论研究与实践，起到重要的导向性作用。

辅导员可以将自己的实践经验和理论思考撰写成学术论文，也可以申请相关的科研项目或课题，还可以参加一些学术论坛、专业会议进行交流。

一、撰写学术论文

辅导员兼具教师和管理者的双重身份，长期的学生管理和思想政治教育实践为辅导员积累了大量的学术思考空间和理论经验。同时，很多高校辅导员还承担着形势与政策、思想道德修养与法律基础等公共必修课。学与教、教与思，是统一的过程。长期的教学实践会带来学术上的思考，学术研究又能不断提升教师的教学水平，所谓“教学相长”说的就是这个道理。此外，高校辅导员可以双线晋升，辅导员队伍在职称评定时，需要公开发表学术作品。

例 8-3-1 部分学术期刊、杂志、报纸目录

1.《思想政治教育研究》（国家级期刊，双月刊，主管单位：中华人民共和国教育部）

2.《比较教育研究》（北大核心期刊、CSSCI 南大核心期刊，月刊，主管单位：中华人民共和国教育部）

3.《教育探索》（省级期刊，月刊，主管单位：黑龙江省教育科学研究院）

4.《中国教育学刊》（北大核心期刊、CSSCI 南大核心期刊，月刊，主管单位：中华人民共和国教育部）

5.《周学刊杂志》（省级期刊，旬刊，主管单位：河北省教育厅）

6.《当代教育理论与实践》（省级期刊，月刊，主管单位：湖南省教育厅）

7.《学校党建与思想教育》（北大核心期刊、CSSCI 南大核心期刊，半月刊，主管单位：湖北省教育厅）

8.《学习与实践》（北大核心期刊、CSSCI 南大核心期刊，月刊，主管单位：武汉市社会科学院）

9.《中国高教研究》（北大核心期刊、CSSCI 南大核心期刊，月刊，主管单位：中华人民共和国教育部）

10.《高教探索》（北大核心期刊、CSSCI 南大核心期刊，月刊，主管单位：广东省教育厅）

11.《思想政治教育》（CSSCI 南大核心期刊，双月刊，主管单位：哈尔滨理工大学）

12.《高校辅导员学刊》（省级期刊，双月刊，主管单位：安徽省教育厅）

13.《思想政治课研究》（国家级期刊，双月刊，主管单位：中华人民共和国教育部）

14.《思想理论教育导刊》（CSSCI 南大核心期刊，月刊，主管单位：中华人民共和国教育部）

15.《思想理论教育》（CSSCI 南大核心期刊，月刊，主管单位：上海教育委员会）

16.《解放日报》《中国青年报》和各省（自治区、直辖市）党委机关报

二、申请科研项目

作为高校思想政治教育的骨干力量，同时具有不同的学科背景，辅导员能够申请很

多相关的课题或者科研项目。在参与相关的课题申报、立项、结项过程中，辅导员能够养成稳定的科研习惯，在学与思的互动当中不断提升自身的理论素养与实务技能支撑。

根据《××大学科研成果认定工作思政教育专项附加目录》，现列举部分相关项目信息。

例 8-3-2　辅导员适合申请的部分课题项目列表

序号	项目名称	主办单位	申请周期	级别
1	上海市“阳光计划”项目	上海市教卫工作党委、上海市教育委员会、上海市教育发展基金会	每年一次	厅局级
2	上海市“晨光计划”项目	上海市教育委员会、上海市教育发展基金会	每年一次	厅局级
3	上海学校艺术科研项目	上海市教育委员会	两年一次	厅局级
4	上海市学校体育科研项目	上海市教育委员会	每年一次	厅局级
5	上海市学校党建研究课题	上海市教卫工作党委	每年一次	省部级—校级
6	上海市教卫党委系统党建研究课题	上海市教卫党委系统党建研究会高校专委会	每年一次	厅局级—校级
7	上海市教卫党委系统统战研究课题	上海高校统一战线理论研究会	每年一次	厅局级—校级
8	上海学校德育课题	上海市教卫系统思想政治工作研究会	每年一次	厅局级—校级
9	上海教育科学研究项目	上海市教育委员会	每年一次	省部级—厅局级
10	上海学校共青团工作研究课题	共青团上海市委	每年一次	厅局级—校级
11	国家社科基金高校思想政治理论课研究	全国哲学社会科学工作办公室主办	每年一次	国家级
12	所在高校研究课题，视各高校情况而定。			

注：此表格中第 8 项“上海学校德育课题”2021 年起并入“上海教育科学研究项目”中。

（一）上海市学校党建研究课题（上海市教卫工作党委主办，校党委组织部负责组织申报）

例 8-3-3　市教卫工作党委关于做好 2019 年度
上海市学校党建研究课题申报工作的通知

各高校党委、民办高校党工委，各区教育局党（工）委：

为深入学习贯彻习近平新时代中国特色社会主义思想和党的十九大精神，落实全国和上海组织工作会议的重大决策部署，进一步提升本市学校党建研究的整体水平，全面提升学校党建工作质量，市教卫工作党委决定开展 2019 年度上海市学校党建研究课题的申报工作。现将相关事项通知如下：

一、总体要求

围绕贯彻落实党的十九大、全国和上海组织工作会议关于新时代党的建设的重大决策部署，着眼新时代学校党建工作中面临的重大理论问题、决策问题、实际问题，聚焦学校党的组织体系建设、党务工作队伍建设、党员教育管理、领导班子建设和干部工作、高层次人才工作等重点领域，研究学校党的建设和组织工作的科学规律，推动教育现代化背景下的党建工作新体系、新模式的理论研究和实践探索，为本市学校党建工作创新和质量提升提供理论支撑和智力支持。

二、课题类型及相关要求

上海市学校党建研究课题包括党建重大课题、重点课题、一般课题。

（一）党建重大课题

申报对象：本市从事学校党建工作的资深管理者和研究者。

研究方向：研究学校党建工作决策面临的关键问题，为推动学校党建工作提供决策咨询，须依据《2019 年度上海市学校党建研究课题指南》（附件 1，以下简称《课题指南》）直接选题。

资助经费：5 万元。

研究年限：1 年（跨年度的发展报告为 2 年）。

成果要求：结题须递交课题研究报告和相关工作文件（草案）或专项工作的调研报告或特定对象的决策咨询报告等。

（二）党建重点课题

申报对象：本市从事学校党建工作的资深管理者和研究者。

研究方向：研究制约学校党建工作的重点、难点问题，为学校党建工作提供理论支撑，可根据《课题指南》进行选题或自拟题目申报。

资助经费：3 万元。

研究年限：1 年。

成果要求：结题须递交课题研究报告，并在相关核心期刊上公开发表相关论文 1 篇。

（三）党建一般课题

申报对象：各级各类学校和相关单位中的一线党务工作者和从事相关工作的管理者、研究者等。

研究方向：聚焦学校党建工作的现实问题，开展应用型研究。

资助经费：2 万元。

研究年限：1 年。

成果要求：结题须递交课题研究报告，并公开发表相关论文 1 篇。

三、申报办法

课题申报人按要求填写《2019 年度上海市学校党建研究课题申报书》（附件 2）有关内容，于 10 月 31 日前报至各高校组织部门和区教育局党（工）委组织科。

各单位要对各类课题申请进行初步审核，在 11 月 12 日前将拟上报的申请材料纸质版一式五份盖章后，统一寄送至市教卫工作党委组干处，同时将《2019 年度上海市学校党建研究课题上报一览表》(附件3)电子版发送至 shjwzgc@126.com。党建重大课题、重点课题申报无名额限制;一般课题每个高校、区最多申报不超过5个,并进行排序。

四、有关要求

1. 每位课题负责人限承担一项课题,主要参加人最多可参与两项课题。同年度准备或已申报市教卫工作党委、市教委各类课题的,不得申报本年度学校党建研究课题;不能以本人或课题组已获得过资助的课题,内容相同或相近选题申报上海市学校党建研究课题。未按规定完成的课题负责人,3年内不得申报上海市学校党建研究课题。

2. 市教卫工作党委将组织专家对上报的2019年度上海市学校党建研究各类课题进行评审,并公布评审结果。同时,将相关课题的立项计划列入2019年度上海市学校党建研究课题专项预算方案中,给予经费支持。

3. 各单位在组织上海学校党建研究课题申报工作的同时,也可在本单位(区)内组织开展相应的党建课题研究,更加广泛地提升学校党务工作者的理论研究水平,不断提升学校党建工作的针对性和实效性。

中共上海市教育卫生工作委员会

2018年10月18日

例8-3-4 2019年度上海市学校党建研究课题指南

一、党建重大课题

1. 坚持和完善高校党委领导下的校长负责制研究
2. 高校领导班子任期目标责任制研究
3. 基于分类管理的高校领导班子绩效考核工作研究
4. 高校党建工作质量评价体系研究
5. “双带头人”教师党支部书记培养机制研究
6. 规范高校发展党员流程研究
7. 优化高校人才工作体制机制研究
8. 中小学校实施党组织领导下的校长负责制研究

二、党建重点课题

1. 新时代学校组织工作体系建设研究
2. 高校党组织政治建设研究
3. 学校基层党组织政治功能发挥研究
4. 学校党组织领导基层治理、推动改革发展研究
5. 学校基层党支部履行职责有效性研究
6. 高校年轻干部培养机制研究
7. 组织员队伍专业化发展研究
8. 注重从“高知”“海归”群体中发展党员研究
9. 提高学生党员发展质量研究
10. “不忘初心、牢记使命”主题教育实践研究

11. 加强党员经常性教育研究
12. 增强组织生活(主题党日)有效性研究
13. 严格党员教育管理监督研究
14. 加强教师队伍思想政治工作研究
15. 中小学党组织在办学治校过程中能力提升研究
16. 学校党建融入城市基层党建工作研究
17. 提升民办学校党的组织和党的工作有效覆盖研究
18. 加强中外合作办学党建工作研究
19. 完善中小学党建工作机制研究
20. 提升中小学党建工作质量研究
21. 中小学党建工作督导评价体系研究
22. “党管人才”在高校的实践研究
23. 高校人才评价与考核机制研究
24. 加强对高校高层次人才的政治引领和政治吸纳机制研究
25. 长三角教育人才一体化研究

三、党建一般课题选题参考

围绕习近平新时代中国特色社会主义思想和党的十九大精神，重点聚焦全国、上海组织工作会议的重大决策部署落实、落细、落小，围绕学校党建工作面临的新情况、新问题，有针对性地进行选题，重点分析现状、存在问题，探索实践新的模式和解决途径，形成可转化、可运用、可推广的经验总结和实践成果，推动上海学校党建工作体系建设。

高校基层党建方面，重点关注高校二级院系党组织建设、专职组织员队伍建设、教职工和学生党支部建设、党员发展和教育管理等，深入开展实践探索和应用型研究，推动高校基层党建工作质量提升。

高校干部队伍建设方面，落实激励广大干部新时代新担当新作为要求，重点关注年轻干部培养培训、考核评价等，提升高校干部队伍建设水平。

高校人才工作方面，重点关注“党管人才”实践、人才政策落地、对高层次人才政治引领和吸纳等，深入开展实践探索和应用型研究，推动高校人才工作质量提升。

中小学基层党建工作，重点关注党组织领导下的校长负责制、党建工作创新和质量提升等，深入开展实践探索和应用型研究，推动中小学基层党建工作质量提升。

(二) 上海市教卫党委系统党建研究课题(上海市教卫党委系统党建研究会高校专委会主办，校党委组织部负责组织申报)

例 8-3-5　上海市教卫党委系统党建研究会高校专委会 2022 年课题指南及申报要求

各高校团体会员单位：

现将市教卫党委系统党建研究会 2022 年课题指南下发，请按申报要求抓紧组织落实。

一、课题指南

1. 在严肃党内政治生活中锤炼初心、体悟使命研究

2. 用伟大建党精神教育引导党员干部担当作为研究
3. 将伟大建党精神融入立德树人全过程研究
4. 巩固拓展党史学习教育成果研究
5. 推动党建和事业发展深度融合研究
6. 把思想政治工作贯穿党的建设始终研究
7. 进一步增强基层党组织生机活力研究
8. 党组织抓好后继有人根本大计的实践研究
9. 全面落实意识形态工作责任制研究
10. 铸牢中华民族共同体意识教育研究
11. 深化提升纪检监察工作综合效能研究
12. 基层党组织做好党管人才工作评价体系研究
13. 落实高校党建工作“见人见事见精神”研究
14. 推动构建高质量的高校党建工作体系研究
15. 高校院(系)党组织充分发挥领导核心作用研究
16. 党支部书记“双带头人”工作室建设成效研究
17. 推进大学生社区、生活园区党建工作研究
18. 医院党建工作高质量创新发展研究
19. 建设公立医院高质量发展新文化研究
20. 医院科室党支部在核心小组管理中的作用研究
21. 落实中小学校党组织领导的校长负责制研究
22. 把中小学基层党组织建成学校教书育人坚强战斗堡垒研究
23. 机关党支部在推动业务工作中的战斗堡垒作用研究
24. 民办学校党组织参与学校重大决策并实施监督的研究
25. 发挥离退休老同志在家庭教育、家风传承中的积极作用研究

二、申报要求

1. 课题申报由各高校组织。经各高校有关部门审定后报秘书处。

2. 申报人可在25个课题指南范围内根据实际选报,可围绕一个课题从不同角度进行研究。各高校确定上报的立项课题应从严掌握,一般掌握在8个以内。

3. 请按申报表所列项目逐项填写。

4. 根据市教卫党委系统党建研究会的统一要求确定2022年正式立项的课题。对所立项的课题,专委会将加强督促与检查,各课题负责人要切实履行责任,确保研究质量。

(三) 上海市教卫党委系统统战研究课题(上海高校统一战线理论研究会主办,校党委统战部负责组织申报)

例8-3-6　关于开展2022年度上海市统一战线理论研究会课题招标的通知

2022年是党的二十大和市第十二次党代会召开之年,是党的统一战线政策提出

100 周年，也是开启统一战线事业第二个百年的重要一年。为深入学习贯彻习近平总书记关于加强和改进统一战线工作的重要思想，贯彻落实《中国共产党统一战线工作条例》，加强统一战线领域重点难点问题研究，着力推出有价值的研究成果，为上海统一战线在新时代开创新局面、展现新作为奠定更加坚实的理论政策基础，上海市统一战线理论研究会现面向研究会各理事、会员及统战理论研究人士开展 2022 年度课题招标活动。具体如下：

一、总体要求

以习近平新时代中国特色社会主义思想以及党的十九大和十九届历次全会精神为引领，围绕学懂弄通做实习近平总书记关于加强和改进统一战线工作的重要思想和党中央关于统一战线一系列重大决策部署精神，紧紧围绕中央、市委的决策部署，围绕学习宣传贯彻《中国共产党统一战线工作条例》，推动理论创新、政策创新、实践创新，以统战理论研究创新的实际行动迎接党的二十大胜利召开。

二、选题方向

1. 习近平总书记关于加强和改进统一战线工作的重要思想研究
2. 贯彻落实《中国共产党统一战线工作条例》的实践与思考
3. 统一战线百年重大成就、历史经验与现实启示
4. 统一战线与国家治理现代化
5. 新时代统一战线理论与实践创新
6. 统一战线领域风险防范与化解研究
7. 统一战线在基层社会治理中作用的发挥
8. 统一战线视角：全过程人民民主理论与实践
9. 协商民主和中国特色社会主义新型政党制度
10. 民营经济高质量发展与统一战线工作
11. 新的社会阶层人士统一战线工作的拓展与创新
12. 一国两制与港、澳、台研究
13. 海外统一战线工作和侨务工作新情况、新问题、新趋势研究
14. 民主党派历史与人物研究

三、招标对象

上海市统一战线理论研究会全体理事、会员及统战理论研究人士。为提高研究成果的理论性、实践性和实用性，本次招标提倡理论研究人员与一线统战干部联合组成课题组。

四、招标办法

1. 课题分为理论研究和调研报告两类，全文 8 000 字左右。文尾标注作者姓名单位、职务职称、联系方式等；以课题组冠名的，提供课题组成员名单。

2. 招标通知发布后即可申报，课题申报截止时间为 2022 年×月×日。

五、资助经费

立项的课题每项资助 1 万元研究经费，具体分两次拨付，签订《委托研究协议书》后

拨付50%，研究成果经课题评审验收合格后再拨付50%。被评为不合格的课题，将不拨付另外50%的课题研究费用。如无特殊原因或未经同意，未按约定期限提交研究成果者视为违约，需退还已拨付的课题研究经费。

（四）上海学校德育研究课题（上海市教卫系统思想政治工作研究会主办，校党委宣传部负责组织申报）

例8-3-7 关于2020年度上海学校德育研究课题申报工作的通知

各二级学院、部、处、办：

为深入学习宣传贯彻落实习近平新时代中国特色社会主义思想和相关论述及重要会议精神，进一步提升本市学校德育研究的整体水平，市教卫系统思研会决定开展2020年度上海学校德育课题研究工作，现将相关申报事项通知如下：

课题类型及相关要求

（一）德育理论研究课题

申报对象：本市从事宣传思想文化和德育工作的资深管理者和研究者。课题资助经费5万元。研究期限1—2年，申请人可根据《2020年度上海学校德育研究课题指南》（附件1）的“选题要求”及参考题目选题/自定题目及研究期限（注：经费使用期是2020年当年）。结题需提交课题研究报告，并在相关核心期刊上公开发表相关论文1篇。

（二）德育决策咨询课题

申报对象：本市从事宣传思想文化和德育工作的资深管理者和研究者。课题资助经费5万元，研究期限：一般1年。申请人须依据《课题指南》选题。结题需提交课题研究报告和相关工作文件（草案）或专项工作调研报告或特定对象的咨询报告等。

（三）德育实践研究课题

申报对象：本市一线教师和从事相关工作的管理者、研究者等。课题资助经费2万元，研究年限1年。申请人可依据《课题指南》中的“选题要求”自拟题目。结题需提交课题研究报告，并在学术期刊上公开发表相关论文1篇。

凡在近3年内未按时完成上海学校德育相关课题研究（含已结题但未交全材料）的课题负责人，将不得参与本年度各类德育课题的申报。

例8-3-8 2020年度上海学校德育研究课题指南

第一部分 德育理论课题选题要求及参考

2020年度上海市学校德育理论研究课题，资助金额5万元/项。课题结项时需提交课题结题报告（结题书表格可从申报平台下载）、课题研究报告，并在相关核心期刊上发表相关论文1篇。申报者可根据下列选题要求及参考题目，直接选题或自拟相关题目，明确研究要点/成果及期限等（注：研究经费的使用期为2020年当年）。

1. 习近平新时代中国特色社会主义思想

习近平新时代中国特色社会主义思想系统、科学地回答了“新时代坚持和发展什么样的中国特色社会主义、怎样坚持和发展中国特色社会主义”的重大时代课题，如何理解其产生的理论渊源、实践基础和时代背景？如何把握其主题、基本内容、体系结构、主要特征、总目标、总任务和历史定位？如何正确看待习近平新时代中国特色社会主义思想的思想性与时代性，正确把握习近平新时代中国特色社会主义思想与马克思主义理论的关系？如何有效将习近平新时代中国特色社会主义思想融入高校思想政治教育，推动其进课堂、进学生头脑？大、中、小不同学段，思想政治理论课进行习近平新时代中国特色社会主义思想教育教学的侧重点是什么？

2. 新时代高校思想政治工作研究

做好高校思想政治工作要遵循思想政治工作规律、遵循教书育人规律、遵循学生成长规律，不断提高思想政治工作针对性和有效性。如何把握新时代思想政治工作的特点和问题？如何有效将思想价值引领贯穿教育教学各环节，形成教书育人、科研育人、实践育人、管理育人、服务育人、文化育人、组织育人的全员全过程全方位育人的长效机制？如何与其他学科协同创新，借鉴其他学科研究成果，增强思想政治工作的理论宽度与深度？在互联网＋和大数据的背景下，如何运用新媒体手段和信息化教育技术，创新思想政治工作平台、载体与方法，提升思想政治工作的时、度、效？

3. 社会主义核心价值观及中华优秀传统文化融入思想政治工作研究

培育和践行社会主义核心价值观“落细、落小、落实”，目前已成为学校德育工作的重要课题。如何把社会主义核心价值观的相关元素融入学校思政理论课教育教学；融入职业生涯和心理健康教育；融入法治教育和学生核心素养培育过程？如何以社会主义核心价值观来引领校园文化建设？如何将传统文化节日纳入学校德育实践环节？如何通过调整和完善相关体制、机制，形成有效工作平台和渠道？

参考题目

(1) 习近平新时代中国特色社会主义思想“三进”研究
(2) 习近平新时代中国特色社会主义思想融入高校思政工作研究
(3) 习近平关于思想政治工作重要论述研究
(4) 高校思想政治工作顶层设计研究
(5) 新时代高校思想政治教育的特点及趋势研究
(6) 高校思想政治工作中的文化自信研究
(7) 高校思想政治理论课创新发展规律研究
(8) 新时代高校马克思主义理论教育传播有效性提升研究
(9) 专业课程育人规律与基本范式研究
(10) 百首音乐歌曲背后中国共产党党史资源研究
(11) 大数据时代学校思想政治教育创新研究
(12) 大学生思想状况与行为特点研究
(13) 基于学生发展理论的环境育人研究
(14) 新时代学校美育教育体系构建研究
(15) 新时代教师队伍思想政治工作研究

(16) 上海高校辅导员队伍建设研究

第二部分　德育决策咨询课题选题要求

2020年度上海市学校德育决策咨文课题申报者须依据本《课题指南》直接选题。课题研究期限1年,资助经费5万元。结题时需提交课题结题报告(空表可从申报平台下载表)、课题研究报告和相关工作文件(草案)或专项工作咨询报告、调研报告等。

1. 上海高校马克思主义学院发展状况研究

研究要点:贯彻教育部《新时代高校思想政治理论课教学工作基本要求》(教社科〔2018〕2号)精神,聚焦高校马克思主义学院组织管理、学科建设、教学改革、师资队伍、人才培养、理论研究以及社会服务等多方面,调研梳理总结年度上海高校马克思主义学院(社科部)建设总体状况,形成年度报告。

成果形式:《上海高校马克思主义学院2019年度报告》。

2. 上海高校思想政治教育质量评价研究

研究要点:围绕教育现代化对于高校思想政治教育提出新要求,聚焦习近平总书记在全国教育大会提出"六个下功夫"主要内容,构建一套系统、量化、可测的彰显上海特点、有国内可比性的高校思想政治教育质量评价的标准、指标与工具,为开展高校思想政治教育发展指数评估提供有效工具。

成果形式:《上海高校思想政治教育质量评价指标》。

3. 上海市大中小学思想政治理论课教师专业发展状况研究

研究要点:贯彻落实习近平总书记在学校思政课教师座谈会上重要讲话精神,围绕大中小学思政课教师专业发展现状,研究建设机制、路径、举措、资源共享等要素,为推进大中小学思想政治课教师专业发展一体化提供决策参考。

成果形式:草拟《上海市大中小学思政理论课教师专业发展方案》。

4. 上海市"领导干部上思政课"课程内容需求研究

研究要点:聚焦习近平新时代中国特色社会主义思想宣传教育任务,结合上海推进"五个中心"和"四大品牌"建设重点任务,梳理挖掘上海市委市政府领导、各委办局领导、各区委区政府主要领导岗位对应的思想政治教育资源,研制上海市领导干部上讲台开展思想政治教育课程内容需求清单,为组织开展"领导干部上思政课"教育教学计划编制、教学活动组织实施提供依据和参考。

成果形式:编制《上海市"领导干部上思想政治课"课程清单》。

5. 新时期高校辅导员"三同"工作机制研究

研究要点:结合高校辅导员当前"三同"(同吃、同住、同学习)工作实际,按照"三全育人"工作要求,研究辅导员"三同"新内涵,重点结合宿舍思政、组织思政、网络思政等内容,提出工作任务和实施路径,探索将思政政治教育融入学生成长全过程的机制。

成果形式:草拟《新时期高校辅导员"三同"工作机制指导意见》。

6. 上海高校师生党员思想政治状况调查研究

研究要点:了解上海高校师生党员的思想政治意识、行为表现以及思想政治学习情况,着重总结上海高校师生党员思想政治建设所取得的基本经验,分析当前存在的现实问题，为进一步提升上海高校党建质量提出有针对性的对策和建言。

成果形式：《上海高校师生党员思想政治状况调查研究报告》。

7. 上海高校辅导员队伍专业化职业化研究

研究要点：对照全国高校思想政治工作会议、全国教育大会和《普通高等学校辅导员队伍建设规定》要求，调研并梳理上海高校辅导员队伍在职责、身份、配备、发展、能力、保障和考核等方面现状，就破解当前上海辅导员队伍建设工作瓶颈提出针对性意见，切实增强辅导员队伍专业化职业化建设。

成果形式：草拟《关于进一步加强上海高校辅导员队伍专业化职业化建设的指导意见》。

8. 大学生实践育人教育教学体系研究

研究要点：强化社会实践育人，系统研究设计实践育人教育教学体系，分类制定实践教学标准，广泛开展社会公益活动，把志愿服务纳入学分。坚持理论教育与实践养成相结合，强化项目管理，丰富实践内容，培养学生的创新精神和实践能力，养成尊重劳动的思想品德。

成果形式：草拟《上海高校实践育人工作方案》。

9.《道德与法治》课有效实施"五育并举"的实践研究

研究要点：本课题拟通过对国家统编课程《道德与法治》的课程内容、课程实施、课程资源的研究，以"五育并举"为重点，聚焦学生核心素养和教师专业发展，形成道德与法治课实施"五育并举"的有效策略。

成果形式：草拟《道德与法治》课"五育并举"实施指导手册。

10. 新时期学校行为规范教育的目标框架和实施内容研究

研究要点：依据教育部颁布的《中小学德育工作指南》精神，以及细化教育部《中小学生守则(2015 年修订)》要求，开展学校行为规范教育的相关理论研究和实践探索，在教育综合改革的新形势下，为新时期学校行为规范教育明确基本定位，确立目标框架，厘清实施内容，增强学校行为规范教育的针对性、科学性和实效性，从而切实提高学生的文明道德素养，为学生终身发展奠定基础。

成果形式：修订《上海市中学生日常行为规范》(草案)、《上海市小学生日常行为规范》(草案)。

11. 新时代上海市家庭教育指导纲要研究

研究要点：落实全国教育大会和《中小学德育工作指南》精神，依托家庭教育现状调研大数据，开展不同年段学生身心发展特点、家庭教育重点以及家庭教育指导的需求研究，编制上海市各学段家庭教育指导纲要，为家长开展有效的家庭教育提供支持和服务。

成果形式：草拟《上海市 0～18 岁家庭教育指导纲要》。

12. 中职学校德育体系构建研究

研究要点：开展现状调研，从应然出发，以理论和政策为经，以德育的目标、内容、途径、方法、管理、评价 6 个分系统为纬，横向贯通、纵向衔接，梳理内容，统筹时间，整合空间，进一步提升育人的整体效应。

成果形式：《上海中职学校德育工作指南》。

13. 上海学校心理健康教育教师队伍建设状况研究

研究要点：为贯彻中共教育部党组2018年7月颁布的《高等学校学生心理健康教育指导纲要》(教党〔2018〕41号)和《上海市教育委员会关于"十三五"期间加强中小学心理健康教育教师队伍建设的实施意见》(沪教委德〔2017〕12号)文件精神，深入调查分析学校心理健康教育师资配备、功能定位以及工作量测算等情况，为进一步有针对性地培养学校心理健康教育师资队伍提供决策意见。

成果形成：《上海学校心理健康教育教师队伍建设状况研究报告》。

14. 上海高校心理健康教育课程教学状况报告

研究要点：贯彻中共教育部党组2018年7月颁布的《高等学校学生心理健康教育指导纲要》(教党〔2018〕41号)，明确要求把心理健康教育课程纳入学校整体教学计划，规范课程设置，对新生开设心理健康教育公共必修课，同时大力倡导面向全体学生开设心理健康教育选修和辅修课程。调研梳理上海高校心理健康教育必修、选修课教学状况，总结经验，发现典型，分析难点，建构立体多元模式，打造覆盖全上海高校学生的心理健康教育课程的优质资源。

成果形式：《全方位推进上海高校心理健康教育必修课工作方案》。

15. 大中小学心理健康教育衔接研究

研究要点：在目前大中小德育一体化体系的建设要求下，通过现状调研和梳理，结合学生身心发展的特点，研究构建心理健康教育纵向衔接的内容体系，以及心理健康教育衔接的策略方法。

成果形式：《上海市大中小心理健康一体化建设方案》。

16. 上海高校学生极端危机事件心理案例分析研究

研究要点：为贯彻教育部《高等学校学生心理健康教育指导纲要》，在"四位一体"格局下有效进行预防和干预，通过开展学生极端危机事件个案归纳叙事分析心理解剖，对当事人的心理轨迹进行定性分析，在精神科诊断、功能水平等方面进行定量分析，综合研究学生极端危机事件中的规律性内容，探寻其中关键的、可控的影响因素，从而为有效减少学生极端危机事件的发生提供借鉴。

成果形式：《上海高校学生极端危机事件心理案例分析报告》。

17. 区域心理健康教育特色课程建设推进研究

研究要点：切实贯彻《中小学心理健康教育指导纲要》和《上海学校心理健康教育指导意见》，在学生心理危机干预与预防、班主任心理健康教育、家庭心理健康教育指导等方面，总结区域与上海的经验，形成系列心理特色课程，在全市乃至全国范围进行交流、辐射与推广。

成果形式：《区域心理健康教育特色课程建设与推进方案》。

18. 推进长三角校外教育资源图谱建设的机制研究

研究要点：从校外教育的基地建设、资源供给、活动设计、师资配备、评价机制等几个方面着手，加快研究探索区域校外教育资源共享、内容共建的机制安排和政策举措，为长三角区域的青少年提供更为优质均衡的校外教育服务，并为辐射全国探索可推广的成功经验。

成果形式：《长三角区域青少年学生校外教育资源图谱》。

19. 教育综改背景下初中综合素质评价社会实践工作研究

研究要点：在上海中考制度改革进程中，推进初中学生综合素质评价社会实践工作，丰富学生社会实践基地的资源、项目、满足初中学生社会实践需求，是做好初中学生评价工作的前提。基于初中学生社会考察、公益劳动、职业体验、安全实训等丰富多彩的社会实践，探索研究有效开展学生社会实践写实评价，为提高学生综合素质和学校育人工作提供重要抓手。

成果形式：《上海市初中社会实践工作指南》。

20. 综合素质评价改革背景下学生课外体育锻炼的运行机制研究

研究要点：根据《国家中长期教育改革和发展规划纲要(2010～2020 年)》《切实保证中小学生每天一小时校园体育活动的规定》《关于强化学校体育促进学生身心健康全面发展的意见》等文件精神，结合上海市教育综合改革和学生综合素质评价设定的有关目标，研究制定“学生每天锻炼一小时”的评价标准；在全市开展正确的生活方式养成方面的有效性研究；结合学校、家庭、社会三方实际情况以及学生、家长、教师等不同群体的特点，研究具有可操作性的记录工作模式，设计合理的记录平台与流程，以及过程管理和工作督导机制等。

成果形式：《上海“学生每天锻炼一小时”课外评价工作方案》。

21. 高校“开门办思政”理论与实践路径研究

研究要点：就推进“开门办思政”的理念、思路、平台、载体、保障机制等进行研究，重点围绕整合社会场馆资源、社会师资力量、企事业单位育人资源，校外育人的课程设计、管理机制等进行研究，提出政策建议。

成果形式：草拟《关于推进上海高校“开门办思政”的指导意见》。

22. 上海高校哲学社会科学管理信息系统建设研究

研究要点：着眼于加强全市高校哲学社会科学建设管理，结合上海高校的特点，研究运用现代信息技术，开发管理信息系统，分析该系统的整体建设思路、架构、要素、字段信息等，为软件开发提供前期需求分析报告。

成果形式：《上海高校哲学社会科学管理信息系统需求分析报告》。

23. 上海高校智库建设工作研究

研究要点：针对本市高校智库建设情况进行全面调查，注重通过数据分析，总结本市高校智库建设取得的成效和经验，梳理存在的问题与不足，围绕国内主流第三方智库评价指标，聚焦进一步提升本市高校智库建设能级，提出对策建议。

成果形式：《上海高校智库建设年度报告》。

24. 大学生视角下的校园文化建设需求研究

研究要点：广泛开展大学生关于校园文化建设需求的调研，在充分了解学生思想动态基础上，按照上海高校校园文化建设相关任务目标，围绕培育和践行社会主义核心价值观这一主线，以传承弘扬中华优秀传统文化、革命文化和社会主义先进文化为主要内容，分析提出具有可操作性的建议措施。

成果形式：《上海大学生校园文化建设需求分析报告》。

25. 媒介融合背景下高校校园文化传播创新研究

研究要点：梳理分析目前高校校园文化传播现状，从媒介融合角度明晰校园文化传播的功能定位，剖析存在的问题，围绕高校校园文化传播特点、文化育人需求特点、媒介融合特点等，创新提出促进高校校园文化传播的有效路径和对策建议。

成果形式：《媒介融合背景下高校校园文化传播创新研究报告》。

26. 高校学生思想动态跟踪分析研究

研究要点：构建能深度学习，智能挖掘并应用结构化观测系统，建立分析模型，分别对不同地域年级性别的高校青年学生的政治态度、社会心态进行观察和研判。研究青年学生对国内外重大事件发展前后态度倾向和评价立场的变化曲线。通过抓取语料库，研究青年学生的网络态度、社交态度。分析高校不同年级学生的意识形态立场和政治认同度，为提升高校思想政治教育效能提供借鉴。

成果形式：《上海高校学生网络态度分析研判报告》。

27. 当前大学生网络活动特点及其规律研究

研究要点：以上海高校大学生网络活动为例，在广泛调研的基础上，分析研究当前大学生网络活动规律及网络舆情产生的关联因素，进而有针对性地探索网络舆情监测的策略和方法，探索解决当前大学生"在哪里""想什么"的问题，进一步增强意识形态安全，提升思想政治工作的有效性、针对性。

成果形式：《大学生网络活动规律研究报告及舆情监测实践案例》。

28. 新媒体视域下"00后"大学生网络行为引导策略研究

研究要点：以新媒体视域下"00后"大学生的网络行为为研究对象，通过问卷调查和单独访谈形式研究分析"00后"大学生的上网时间、上网目的、网络行为以及影响，为规范引导"00后"大学生的网络行为提供具体策略。

成果形式：《"00后"大学生网络行为引导策略研究报告及案例》。

29. 上海大学生网络社交的特征及引导策略研究

研究要点：研究梳理上海各高校大学生运用微信、微博、QQ等自媒体进行网络社交的状况，通过实证调研等方法，重点分析上海大学生网络社交的行为特点、存在问题，为进一步加强和规范大学生网络社交提供对策建议。

成果形式：《上海大学生网络社交状况调研报告》。

30. 以"抖音"等短视频为载体的大学生网络舆情工作对策研究

研究要点：研究"抖音"等短视频传播现象背后的社会学、心理学原因，总结近年以短视频为载体的新型舆情事件传播路径和方式，探索应对此类新型舆情事件的关键点，并针对短视频的风行，针对性地设计舆情工作策略。

成果形式：《以短视频为载体的大学生网络舆情工作对策建议》。

31. 上海教育系统新闻危机防范和舆情处置案例研究

研究要点：结合上海教育系统具有典型性的突发新闻事件，研究相关新闻危机防范和舆情应对处置的工作机制和举措，包括新闻舆情监测、舆情研判、舆情处置、舆论引导机制等，为提升新闻宣传和舆情应对时、度、效提供决策参考。

成果形式：《上海教育系统新闻危机防范和舆情处置工作手册》。

32. 上海教育系统评论员队伍建设研究

研究要点：调研上海教育系统开展新闻评论舆论引导工作的现状、难点和任务，结合当下的时代背景和媒体融合的环境，以加强新闻评论员队伍建设为切入点，研究推进上海教育系统开展新闻评论舆论引导的体系建设，为重大政策发布、重要舆情引导等提供智库支撑。

成果形式：《上海教育系统新闻评论员队伍建设方案》。

33. 教育系统政务新媒体传播有效性研究

研究要点：对教育系统政务新媒体的内容策划、传播形式、线下推广、读者互动等方面进行调研，结合时代背景和媒体融合环境，对教育系统政务新媒体传播有效性进行深入研究，提出增强教育新媒体传播有效性举措和工作建议，为政务类新媒体的创新发展提供有益借鉴。

成果形式：《提升上海教育系统政务新媒体传播有效性建设方案》。

34. 高校思想文化阵地建设管理研究

研究要点：按新时代加强高校各类思想文化阵地建设管理的要求，全面梳理当前有关思想文化阵地建设管理的各类政策、文件、规章制度和已有机制，查漏补缺，列出当前高校思想文化阵地建设管理的难点、短板和堵点。重点就高校抵御非法宗教活动、防范西方错误思潮和意识形态渗透、加强对外活动管理等进行研究，提出意见建议。

成果形式：提交 2 篇本市高校思想文化阵地建设咨询专报。

35. 上海市高校思想文化阵地管理状况研究

研究要点：就当前高校思想文化阵地管理的若干领域，在全面梳理政策文件基础上，分门别类提出管理指导意见，就管理主体、管理职责、管理机制、管理流程等，面向高校思想文化阵地管理工作实践层面，提出具有可操作性的指导意见。

成果形式：草拟《关于进一步加强和改进高校思想文化阵地管理的若干指导意见》。

36. 上海高校师德师风建设研究

研究要点：贯彻落实中央关于新时代教师队伍建设的要求，着眼进一步加强高校教师思想政治工作，突出师德师风建设，调研分析当前上海高校师德师风现状和师德师风建设工作情况，梳理存在的问题与不足，提出对策建议。

成果形式：《上海高校师德师风建设研究报告》。

37. 上海高等学校思想理论教育研究会及会刊建设回顾研究

研究要点：梳理上海高校思想理论教育研究会及会刊《思想理论教育》的建设历程，回顾历史，总结经验，在不忘来时路中探寻新时代继续发展提升的思路及路径。尤其以重点人物作为研究的核心环节，串联起发展历程中重要事件和重大决策部署，通过口述史整理的办法，讲好思研会及会刊发展历程中的故事。

成果形式：草拟《上海市高教思研会工作报告》。

38. 上海高校思想政治工作专门队伍建设研究

研究要点：贯彻落实全国高校思想政治工作会议精神，聚焦高校思想政治工作专门队伍建设，就本市高校思想政治理论课教师、辅导员、党务工作者等的配备、培养、管理、激励等工作进行梳理，查找问题不足，分析原因，提出对策建议。

成果形式：草拟《关于进一步加强上海高校思想政治工作专门队伍建设的指导意见》。

39. 共建大中小幼一体化红色基因教育资源选题参考研究

研究要点：按照中共中央、国务院《关于加强和改进新形势下高校思想政治工作的意见》和教育部等 11 部委《关于推进中小学生研学旅行的意见》等文件要求，研究如何共建大中小幼一体化红色基因教育资源，梳理整合校内外各类爱国主义教育资源，以学生需求为导向，共同打造"建党历史资源高地""建党故事传播高地""示范教学基地"和"思想理论宣传高地"，提出咨询建议，使红色资源与学校教育全方位对接、全过程融入。

成果形式：《上海市大中小幼一体化红色基因教育资源目录》。

40. 上海市中小学师生国家安全意识调研

研究要点：调研目前本市中小学师生对于国家安全意识内涵的认知状况，对于开展国家安全教育方式的看法以及如何完善中小学国家安全教育。

成果形式：《上海市中小学校师生国家安全意识调研报告》。

41. 国家安全教育融入中小学德育课程系列研究

研究要点：德育作为价值线，对于中小学生价值观形成起着潜移默化的重要作用，如何借助德育课程系列深度融入国家安全教育内容，推动中小学生国家安全教育走向规范、深入。

成果形式：《国家安全教育融入上海中小学德育课程方案/纲要》。

42. 区域生涯教育社会实践基地建设研究

研究要点：根据《上海学校生涯教育实施意见》，探索区域生涯教育实践的经验，挖掘、建设区域生涯教育的实践基地，总结学校、社区合作开展学生生涯教育的途径、方法与机制，打造区域生涯教育的实践经验与特色，在区域乃至市级层面进行推广、辐射与交流。

成果形式：《上海市区域生涯教育社会实践基地建设标准》。

43. 进一步提升高校思想政治理论课教学质量研究

研究要点：贯彻落实习近平总书记在学校思想政治理论课教师座谈会上重要讲话精神，聚焦当前高校 4+1 门思想政治理论课教育教学，总结梳理当前上海高校思想政治理论课教育教学面临的不足、困难、问题，分析其原因，围绕提高课堂教学针对性、生动性和亲和力，推进党的理论教育入脑入心，就改进教学内容、创新教学形式、改进教学方法、做好教师备课、提升教师素养、加强教学督导、构建合力教学体系等提出意见建议。

成果形式：草拟《关于进一步改进高校思想政治理论课教育教学的指导意见》。

44. 推进大中小学思想政治理论课一体化建设研究

研究要点：贯彻落实习近平总书记在学校思想政治理论课教师座谈会上重要讲话精神，研究在大中小学不同学段，科学设计教学内容和方法，各有侧重地开展思想政治课程教学，提高不同学段学生的接受度，增强大中小学思想政治理论课教学整体效果，提出政策建议。

成果形式：草拟《关于推进上海大中小学思想政治理论课一体化建设的指导意见》。

例 8-3-9 2020 年度德育实践类课题选题参考

2020 年度上海市学校德育实践类课题申报者可根据本《选题参考》要求，自拟题目申报。资助经费：2 万元。研究年限：1 年。结项时需提交：①课题结题报告（结题书表格）；②课题研究报告；③在相关学术期刊上公开发表的相关论文 1 篇。

1. 高校思想政治工作实践类课题选题参考

围绕贯彻落实习近平总书记关于思想政治工作系列重要论述，推进上海高校“三全育人”综合改革试点，构建上海“三圈三全十育人”体系，聚焦课程育人、科研育人、文化育人、实践育人、网络育人、心理育人、资助育人、管理育人、服务育人、组织育人等板块工作，就加强高校思想政治工作的内容供给、主体供给、资源供给，改进思想政治工作思路、方法、载体，增强思想政治工作针对性、亲和力、有效性等进行研究。

2. 普教德育实践类课题选题参考

围绕习近平新时代中国特色社会主义思想和党的十九大精神进课堂、进教材、进头脑，融入学校教育教学全过程的要求，贯彻落实《中小学德育工作指南》，从中小幼学生的身心发展和认知规律出发，聚焦当前德育工作的难点和瓶颈问题。重点研究与探索课程育人、文化育人、活动育人、实践育人、管理育人、协同育人等的德育目标、内容载体与落实途径等的创新；加强对研究中小学生涯规划指导、学生心理健康教育、教师育德意识与育德能力提升与创新、上海喀什校外教育体系构建等方面的研究与实践探索，并提供有效路径与方案，形成可复制、可推广的研究成果。

3. 中职德育实践类课题选题参考

落实《中职生德育大纲》，围绕习近平新时代中国特色社会主义思想和党的十九大精神进课堂、进教材、进头脑，融入学校教育教学全过程的要求，从中职学生的特点和需求出发，以培养“准职业人”为导向，聚焦当前中职德育工作的难点和瓶颈问题。重点探索如何将劳模精神、工匠精神融入职业教育全过程；探索加强中职生理想信念教育、德育课建设、实训实习等环节实践育人功能创新，加大对学生生涯规划辅导、心理健康教育、德育队伍建设、学生综合素质评价、网络德育、中职生家庭教育指导、企业文化融入学校文化建设等方面的研究和实践探索，并提供有效路径与方案，形成可复制、可推广的研究成果。

4. 新闻宣传、网络舆情实践类课题选题参考

围绕习近平新时代中国特色社会主义思想和党的十九大精神，聚焦新时代新闻宣

传、网络舆情、文明文化等的建设与创新。新闻宣传方面积极构建教育系统大宣传格局，研究与探索教育宣传思想工作内容体系、制度体系和路径方法等的创新，并做好专家智库、评论员和新媒体群的建设；网络舆情方面，探索网络舆情监测、研判、应对、处置、引导等工作的方法创新、效能提升，完善工作队伍体系，积极维护教育系统网络意识形态安全和校园安全稳定等进行研究。

5. 文明文化建设实践类课题选题参考

围绕贯彻落实文化育人要求，聚焦加强大中小学学校精神文明建设与校园文化建设，结合"文明校园""文明单位"评选，探索如何将中华优秀传统文化融入各级各类校园文化建设中，努力把学校建设成为精神文明建设的示范区和辐射源等。

6. 学生心理健康教育实践类课题选题参考

围绕习近平新时代中国特色社会主义思想，结合新时代学生的心理特点与成长机制，聚焦学生心理健康教育工作中的重点和难点问题，积极开展对大学生心理健康水平和理性平和心态、人格发展状况、择业心理、心理异常、大学生自我接纳和亲密关系、积极心理品质培养和心理健康促进及心理危机干预进行研究；开展对高校心理健康教育教学、实践育人氛围、危机预警预防及干预等研究；探索研究大学生心理咨询效果、本土化及队伍建设。

7. 国家安全教育实践类课题选题参考

根据习近平总书记提出的总体国家安全观精神，结合学校德育特点，思考国家安全教育深度融入学校教育教学、课程思政及人才培养过程中的理念、平台和方式方法；了解和把握目前学校开展国家安全教育教学工作的现状及存在的问题；研究开发国家安全教育教材课件，研究中小学国防教育、爱国主义教育等与国家安全教育的关系，拓展教育内涵，提升相关课程的针对性、实效性。

例 8-3-10　关于组织申报 2023 年度上海市教育科学研究项目的通知

各二级学院、部、处、办、研究院(所、中心)及相关教师：

根据《上海市哲学社会科学规划课题管理办法》和《上海市教育科学研究项目管理办法(2019 年修订)》的规定，为做好 2023 年度上海市教育科学研究项目申报工作，现将有关要求通知如下：

一、申报类别

本次申报的项目包括上海市哲学社会科学规划教育学一般项目(省部级)、上海市哲学社会科学规划教育学青年项目(省部级)、上海市教育科学研究一般项目(厅局级)。

上海市哲学社会科学规划教育学一般项目和上海市哲学社会科学规划教育学青年项目须自拟项目名称进行申报。

上海市教育科学研究一般项目可以选择《2023 年度上海市教育科学研究一般项目指南》(以下简称《指南》，见附件 1)中的项目名称进行申报，也可以自拟项目名称进行申报。选择《指南》进行申报的项目，其名称须与《指南》保持完全一致，不得自行更改或添加副标题。为进一步贯彻落实全国教育大会精神,研究阐释习近平总书记关于教育的重要论述,《指南》设立习近平总书记关于教育重要论述专题研究。

(一) 上海市哲学社会科学规划教育学一般项目(省部级)

上海市哲学社会科学规划教育学一般项目,鼓励广大教育工作者围绕教育改革和发展的重点领域开展教育理论和实践创新探索,研究周期为3年,资助标准为8万元/项。

(二) 上海市哲学社会科学规划教育学青年项目(省部级)

上海市哲学社会科学规划教育学青年项目,鼓励青年教育工作者围绕教育改革和发展的重点领域开展教育理论和实践创新探索,研究周期为3年,资助标准为6万元/项。

(三) 上海市教育科学研究一般项目(厅局级)

上海市教育科学研究一般项目,鼓励学校一线教育工作者积极关注教育实践中的现实性、应用性问题,开展多样化、个性化、特色化的教育科学研究,研究周期为3年,资助标准为5万元/项。

2023年度上海市教育科学研究项目新设立上海高校哲学社会科学专项,包含"高校马克思主义学院和思想政治理论课建设研究""大学生思想政治教育研究""伟大建党精神研究"等研究领域,具体申报要求另行通知。

二、申报条件

上海市教育科学研究项目的申请人应符合以下条件:

(一) 遵守中华人民共和国宪法和法律。

(二) 须是申请单位的全职在岗人员。

(三) 须是项目的实际主持者,具有独立开展研究和组织开展研究的能力,能够承担实质性研究工作。

(四) 申请人只能申报1个项目,特别提醒不能同时申报新设立的上海高校哲学社会科学专项。在申报截止日之前,已作为项目负责人承担在研的省部级及以上项目或者承担在研的上海市教育科学研究项目的人员,不得申请。

(五) 不得以本人或项目组已获得过资助的项目,内容相同或相近选题申报上海市教育科学研究项目。

(六) 2022年度申报国家社科基金项目、国家自然科学基金以及其他国家级、省部级科研项目的项目申请人,不应申请。

(七) 申请哲学社会科学规划教育学一般项目应具有副高级及以上专业技术职务(职称),或者具有博士学位。不具有副高级及以上专业技术职务或博士学位的高等学校和专业机构的申请人,须由两名同一学科、具有正高级专业技术职务人员的书面推荐。哲学社会科学规划教育学青年项目的申请人年龄不超过35周岁(1988年1月1日以后出生),且尚未取得副高级及以上专业技术职务。

(八) 申报《指南》"习近平总书记关于教育重要论述专题研究"项目的申请人应具有3年以上从事与所申报项目内容有关的研究或者管理工作经历,有较强的组织和协调能力，以及较高的理论素养和分析解决问题的能力。同时，申请人须具有副高级及以上专业技术职务(职称)。

例 8-3-11　2023 年度上海市教育科学研究一般项目指南

一、习近平总书记关于教育重要论述专题研究

1. 贯彻落实习近平总书记关于新时代教育公平重要指示精神研究
2. 贯彻落实习近平总书记关于新时代职业教育发展要求的实现路径研究
3. 高校推进习近平新时代中国特色社会主义思想“三进”工作的实践探索及成效研究
4. 高校落实习近平总书记法治人才培养要求的方法和路径研究
5. 习近平总书记关于“培养担当民族复兴大任的时代新人”重要论述的践行路径研究
6. 习近平总书记关于新时代劳动教育的重要论述研究
7. 习近平总书记关于教育领域党的建设重要论述与上海贯彻实践研究

二、其他一般项目

1. 提升高校人文社科领域有组织科研的路径研究
2. 高校心理健康教育体系高质量建设研究
3. 新时代教育督导背景下的高校质量文化建设研究
4. 上海高校分类评价视域下的“新高职”办学质量评价研究
5. 产教融合背景下应用技术型高校中外合作办学模式与建设路径研究
6. 总体国家安全观视野下高校保卫干部队伍建设研究
7. “双碳”目标下高校生态文明建设路径研究
8. 完善上海部市共建经费投入体制机制比较研究
9. 上海地方高校“双一流”建设经费投入机制改革研究
10. 高校继续教育转型发展研究
11. 新时期职教学分制实施策略研究
12. 新发展阶段上海职业教育体系建设策略研究
13. 中小学幼儿园发展性督导的区域实施机制研究
14. 新时代完善中小学幼儿园责任督学岗位建设研究
15. 义务教育教师交流轮岗的区域推进与督导机制研究
16. 城市数字化转型背景下中小学生数字素养测评研究
17. 义务教育学校教师弹性工作制与课后服务质量研究
18. 新模式基础教育数字化转型：探索线上线下融合教学
19. 专门学校定位及功能的实现研究
20. 中外特大型城市中小学安全教育比较研究
21. 新形势下构建中小学校体育人才培养体系研究
22. 新时代中小幼学生校园健康建设路径研究

23. 新时代高校辅导员队伍专业化建设研究
24. 大中小法治教育一体化实践探索研究
25. “双减”背景下教育培训机构信用监管研究
26. 提升港澳台侨学生国情教育有效性的实践策略研究
27. 上海市校外培训综合执法机制研究
28. 影响校外培训市场主体有序退出的因素分析与退出机制研究
29. 优化完善新时代人才评价体系实践研究
30. 新形势下高校人才安全面临的问题及对策研究
31. 教育元宇宙的理论构建与探索性应用研究
32. 高校审计数字化建设路径研究
33. 数字技术赋能教育评价研究
34. 教育数字化转型标准体系研究
35. 数据驱动大规模因材施教育人的路径与模式研究
36. 上海中小学校建立党组织领导的校长负责制机制研究
37. 上海高校推动党建工作和事业发展深度融合机制研究
38. 老年教育助力“老有所为”的研究

（五）××学校共青团工作研究课题（共青团××市委主办，校团委负责组织申报）

例 8-3-12　关于申报 2022 年度××学校共青团工作研究课题的预通知

为认真学习宣传贯彻党的二十大精神，全面贯彻习近平新时代中国特色社会主义思想，进一步整合高校科研力量，提出具有创新性、指导性、实践性的工作机制、模式、方法、对策，并推动研究成果向工作成果转化，现决定开展 2022—2023 年度上海学校共青团课题研究。

（一）课题研究应具有建设性、指导性意义

课题研究周期为半年。在研究周期内，各课题均需开展真调研，进行真研究，反映真问题，解决真需求。课题要强调制度机制、工作规律、工作机制、工作模式、工作方法、工作对策等创新。

各课题组应从现实工作中发现问题，通过立项申报思考问题，经过课题研究解决问题；充分发挥前期的研究积累，注重对研究课题开展深入、连贯研究。课题成果应具有创新性、指导性、实践性，对共青团决策优化、政策制度和基层建设具有指导意义。

（二）团组织应广泛动员各领域青年积极申报

各高校团委和各区教育团工委要高度重视工作研究课题申报工作，广泛发动、认真组织本单位团学干部和青年教师积极申报；鼓励学校系统团组织与地区等不同条线团组织充分合作，共同申报；鼓励高校校级专职团干部牵头，充分发动政治学、经济学、管理学、社会学、法学、教育学、心理学、新闻传播学等哲学社会科学的青年教师、在读研究生和博士生广泛参与，组建多角度、宽领域、跨学科的课题组，共同参与申报；鼓励各高校社会科学相关专业的青年教师及在读研究生单独申报。

工作研究课题的申报及立项情况将纳入2022年××学校共青团考核指标体系。

共青团××市委员会

××市学生联合会

2022年×月×日

例8-3-13　2022～2023年度上海学校共青团工作研究参考选题

1. 中国特色社会主义道路与习近平新时代中国特色社会主义思想理论体系研究
2. 中国共产党创建与伟大建党精神形成的关系研究
3. 习近平总书记关于青年工作重要思想的历史考察与逻辑研究
4. 党的二十大精神融入思政课体系研究
5. 弘扬伟大建党精神，引领新时代中国青年的理想信念和精神世界研究
6. 新时代中国青年发展基本状况、趋势特征及国际比较研究
7. 青年一代健康成长与国家发展活力、国家核心竞争力的战略对应关系研究
8. 新时代中国青年面临社会思潮影响和现实思想困惑的解析应对研究
9. 百年大变局下的青年外交形势和青年参与构建人类命运体的路径机制研究
10. 坚持自信自立，建构中国特色青年发展指标和话语体系研究
11. 坚持系统观念，推进青年工作能力和体系的现代化研究
12. 青年政治观、历史观、民族观、国家观形成规律研究
13. 青年大中学生思想动态、时代特征、精神素养研究
14. 青少年网络思政教育机制研究
15. 人民城市理念和青年发展型城市建设规划及实施路径研究
16. 上海“Z”世代青年群体思想观念与流行文化现象研究
17. “00后”沪上青少年群体思想状况与行为特征研究
18. 伟大建党精神与共青团组织文化塑造关系研究
19. 中国式现代化与共青团提升大局贡献度的路径机制研究
20. 党建带团建的创新方法及实现路径研究
21. 共青团青年思想引领工作的百年历程与经验研究
22. 共青团在发展全过程人民民主中发挥作用的路径、机制和项目研究
23. 共青团在重大突发公共事件中的作用研究
24. 新时代共青团青年人才工作体系机制研究
25. 推动党、团、队育人链条衔接贯通的价值意蕴和实践优化研究
26. “青马工程”培养体系与实践路径研究
27. 共青团融入长三角一体化发展的实现路径和实效研究
28. 长三角一体化背景下高校共青团组织联动与协同育人一体化路径和实效研究
29. 上海共青团参与基层社会治理问题研究
30. 上海高校共青团青年工作品牌建设研究

31. 学校系统团干部队伍建设与培训机制研究

32. 高校团属新型主流媒体建设、管理与网络影响力研究

（六）国家社科基金理论课研究（全国哲学社会科学工作办公室主办，高校科研处组织申报）

例 8-3-14　关于组织申报 2022 年度国家社科基金高校思想政治理论课研究专项的预通知

各二级学院、部、处、办、研究院（所、中心）及相关教师：

经全国哲学社会科学工作领导小组批准，2022 年度国家社科基金高校思想政治理论课研究专项（以下简称研究专项）申报公告已经发布，因该类项目实行限额申报，为做好该类项目申报工作，现将项目申报事项预通知如下，具体申报安排和时间要求待上海市哲学社会科学规划办公室安排后补充通知。

一、项目宗旨

深入贯彻落实习近平总书记在学校思想政治理论课教师座谈会上的重要讲话精神，认真落实《国家“十四五”时期哲学社会科学发展规划》和《关于深化新时代学校思想政治理论课改革创新的若干意见》以及《中央宣传部教育部关于在高校思想政治理论课中进一步加强习近平新时代中国特色社会主义思想教育教学工作的通知》等文件精神，围绕着力解决好培养什么人、怎样培养人、为谁培养人这个根本问题，落实立德树人根本任务，深入研究思想政治理论课基本规律和重大问题，推动思想政治理论课改革创新，不断增强思政课的思想性、理论性和亲和力、针对性，努力培养担当民族复兴大任的时代新人，培养德智体美劳全面发展的社会主义建设者和接班人。

二、资助对象与额度

研究专项主要面向全国普通高校思政课教师及相关研究人员，省级以上党校（行政学院）思政教学科研人员，军队院校政治教员。一般项目每项资助 20 万元，重点项目每项资助 35 万元。

申报条件

（一）课题申请人须具备下列条件

1. 申请人须遵守中华人民共和国宪法和法律，坚持正确的政治方向、价值取向和研究导向，遵守国家社科基金有关管理规定。

2. 申请重点项目需具有副高级以上（含）专业技术职称；申请一般项目需具有中级以上（含）专业技术职称，或者具有博士学位。

3. 在研的国家社科基金项目、国家自然科学基金项目的负责人不得申请研究专项，申报 2022 年度国家级科研项目的负责人及其课题组成员不得以相同或相近选题申请研究专项，承担教育部人文社会科学项目的负责人不得以相同或相近选题申请研究专项。

4. 凡以博士学位论文或博士后出站报告为基础申报本次研究专项，须在“国家社科基金高校思想政治理论课研究专项申请书”（以下简称“申请书”）中注明所申请项目

与学位论文(出站报告)的联系和区别,申请鉴定结项时须提交学位论文(出站报告)原件。不得以已出版的内容基本相同的研究成果申请本次研究专项。

(二) 课题申请人所在单位须具备下列条件

1. 在相关研究领域具有较强的科研力量和深厚的学术积累。

2. 设有专门负责科研管理工作的职能部门。

3. 能够为开展研究工作提供必要条件,并承诺信誉保证。

三、其他事项

如有涉密或者不宜公开的内容,请勿在互联网填写信息,应按照有关规定线下报送申报材料("申请书"2份,"活页"5份)。

申请人可根据研究实际需要自主确定科研团队,申请时可以不列出参与者(申报大中小学思政课一体化建设方面的项目除外)。申请人可根据《2022年度国家社科基金高校思想政治理论课研究专项选题指南》(见附件)设计具体题目,也可根据不同研究角度、方法和侧重点,对选题的文字表述进行适当修改。鼓励根据研究兴趣和学术积累申报自选课题。自选课题与按《选题指南》申报的选题在评审程序、评审标准、立项指标、资助强度等方面同等对待。项目完成时间为2年。

申请人应按照《国家社会科学基金管理办法》和《国家社会科学基金项目资金管理办法》(详见国家哲社办网站)的要求,根据实际需要编制科学合理的经费预算。

申报课题须按照"申请书"和"活页"要求,如实填写材料,保证没有知识产权争议,不得有违背科研诚信要求的行为。凡存在弄虚作假、抄袭剽窃等行为的,一经发现查实,取消五年申报资格,如获立项即予撤项并通报批评,列入不良科研信用记录。

课题负责人在项目执行期间要遵守相关承诺,履行约定义务,按期完成研究任务,结项成果形式原则上须与预期成果一致;获准立项的"申请书"视为具有约束力的资助合同文本。最终成果实行匿名通讯鉴定,鉴定等级予以公布。除特殊情况外,最终研究成果须先鉴定、后出版,擅自出版者视为自行终止资助协议。

××处

2022年×月×日

例 8-3-15 2022年度国家社科基金高校思想政治理论课研究专项选题指南

1. 习近平总书记关于思想政治理论课重要论述研究

2. 习近平总书记关于党的青年工作重要论述研究

3. 习近平总书记关于少年儿童和少先队工作重要论述研究

4. 在高校思想政治理论课中进一步加强习近平新时代中国特色社会主义思想教育教学研究

5. 党的十八大以来学校思想政治理论课建设基本经验研究

6. 构建新时代学校思想政治理论课教育体系研究

7. 全面加强各级党委对思想政治理论课建设的领导研究

8. 人类文明新形态融入高校思想政治理论课教学研究

9.“两个结合”融入高校思想政治理论课教学研究
10.“两个确立”融入高校思想政治理论课教学研究
11. 铸牢中华民族共同体意识融入立德树人全过程研究
12. 培育和践行社会主义核心价值观融入大学生思想政治教育工作全过程研究
13. 发挥红色文化资源的教育功能研究
14. 推动党史学习教育常态化长效化机制研究
15. 中共党史党建学融入学校思想政治理论课教学研究
16. 中国共产党精神谱系融入学校思想政治理论课教学研究
17. 推动理想信念教育常态化制度化研究
18. 高校思想政治理论课培育大学生大历史观和增强历史自信研究
19. 新时代大学生价值观教育引导研究
20. 大学生思想政治状况评价指标体系建设研究
21. 加强新时代大中小学爱国主义教育研究
22. 加强新时代大中小学国防教育研究
23. 加强新时代大中小学国家安全教育研究
24. 全面提升青少年宪法意识研究
25. 新时代大中小学思想政治理论课教学质量评价研究
26. 马克思主义理论知识体系建构研究
27. 马克思主义理论学科建设质量评估研究
28. 新时代马克思主义理论学科建设研究
29. 新时代同频共振的育人格局建设研究
30. 新时代高校马克思主义理论人才培养研究
31. 马克思主义理论学科引领作用研究
32. 加强新时代马克思主义学院建设研究
33. 构建新时代学校思想政治工作体系研究
34. 高校思想政治理论课考核评价研究
35. 高校思想政治理论课名师工作室建设成效研究
36. 高校本硕博思想政治理论课教学有机衔接研究
37. 善用“大思政课”培根铸魂研究
38. 在社会大课堂中讲好“大思政课”研究
39. 新时代提升思想政治理论课教材质量研究
40. 加强大中小学思想政治理论课教材一体化研究
41. 现代信息技术在高校思想政治理论课中的应用研究
42. 新时代统筹推进大中小学思政课一体化建设研究
43. 职业院校思想政治理论课改革创新研究
44. 加强民办高校思想政治理论课建设研究
45. 中外合作办学院校思想政治理论课建设研究

46. 高校思想政治理论课实践教学创新研究
47. 推进党、团、队一体化建设研究
48. 中国少年儿童运动史的经验及启示研究
49. 少年儿童政治启蒙的特点、规律及有效路径研究
50. 加强新时代少年儿童精神素养培养研究
51. 少先队辅导员政治素质和履职能力提升路径研究
52. 中学生认知特点、思维方式与思想政治理论课学习状况调查研究
53. 教育引导青少年增强做中国人的志气、骨气、底气研究
54. 内地高校港澳台学生爱国主义教育课程建设研究
55. 引领香港青少年增强民族自豪感和主人翁意识研究
56. 挖掘整理校史资源立德树人研究
57. 推动新时代家庭家教家风建设高质量发展研究
58. 教育系统弘扬北京冬奥精神研究
59. 全面加强和改进新时代学校美育工作研究
60. 艺术教育与思想政治教育有机融合研究
61. 优秀文艺作品的思想政治教育功能研究
62. 全面加强新时代大中小学劳动教育研究
63. 网络传播的价值导向与青少年思想引领研究
64. 新时代学校思想政治理论课的本质研究
65. 大中小学校党组织书记和校长带头推动思想政治理论课建设研究
66. 推动军地思想政治理论课教育教学资源共建共享研究
67. 党的十八大以来军队院校政治理论课建设基本经验研究
68. 深化军队院校新时代政治理论教学改革创新措施研究
69. 军队院校政治理论教学评价基本问题研究
70. 新时代军队院校学员精神素养培塑研究
71. 新时代军队院校学员坚定历史自信研究
72. 加强军队院校文职政治教员队伍建设研究
73. 构建新时代人民军队思想政治教育体系研究

三、参加实践交流

辅导员岗位既需要不断地理论学习和思考，更需要经常性的实践交流与学习，通过实务经验的及时分享与交流，更好地服务于辅导员的日常事务管理工作。上级教育主管部门、高校自身通常都会搭建辅导员之间的交流分享平台，例如辅导员论坛、辅导员专项培训、学工年会、各种辅导员工作室等，辅导员在这些平台能够寻找志同道合的同仁、朋友，探讨工作当中的困难和问题，分享工作体会和感悟，总结交流方法和技巧，能够在这里获得群体的归属感和工作的认同感。

例 8-3-16 部分学生工作年会、论坛

（一）高校学生工作年会
（二）辅导员学术论坛
（三）辅导员之家工作室
（四）高校辅导员队伍建设月活动
（五）上海政法学院辅导员双月论坛
（六）上海市辅导员论坛
（七）高校学工队伍互访活动

例 8-3-17 部分辅导员竞赛、评比

（一）高校辅导员素质拓展活动
（二）高校辅导员职业能力大赛
（三）优秀辅导员评选
（四）高校辅导员年度人物评选

总之，当代社会在发生着剧烈的变化，我国经济、社会、文化等各方面都在飞速发展，这使得高校辅导员所处的工作环境、所需的工作方式、面对的工作对象都在发生着深刻变化，对高校辅导员的要求越来越高。因此，需要高校辅导员加强理论学习、注重实践总结，并且坚持终身学习。要求高校辅导员在开展日常思想政治教育、维护教学秩序、促进大学生发展的同时，也要不断地提高自身理论素养和专业素养，从不断学习中汲取营养，在工作实践中加以应用，不断总结提升，形成良性循环，推动辅导员不断发展。

图书在版编目(CIP)数据

高校学生工作手册 / 闯晓燕主编.— 上海 ：
上海社会科学院出版社，2022
ISBN 978-7-5520-3622-0

Ⅰ. ①高… Ⅱ. ①闯… Ⅲ. ①高等学校—学生工作—
手册 Ⅳ. ①G645.5-62

中国版本图书馆 CIP 数据核字(2021)第 235416 号

高校学生工作手册

主　　编：闯晓燕
副 主 编：蒋存耀
责任编辑：董汉玲
封面设计：裘幼华
出版发行：上海社会科学院出版社
　　　　　上海顺昌路 622 号　邮编 200025
　　　　　电话总机 021-63315947　销售热线 021-53063735
　　　　　http://www.sassp.cn　E-mail:sassp@sassp.cn
照　　排：南京理工出版信息技术有限公司
印　　刷：上海景条印刷有限公司
开　　本：787 毫米×1092 毫米　1/16
印　　张：17.5
插　　页：2
字　　数：400 千
版　　次：2022 年 11 月第 1 版　2022 年 11 月第 1 次印刷

ISBN 978-7-5520-3622-0/G·1187　　定价：88.00 元